동영상강의 www.pmg.co.kr



박문각

기출로 합격까지

# 송우석 기출문제

## 부동산학개론 1차

박문각 공인중개사

브랜드만족 1위 박문각

2025

근거자료 별면표기

박문각 공인중개사

# 목 차


| 구분 | | 번호 | 핵심내용 | 페이지 |
|---|---|---|---|---|
| **총론** (3문제) | | 01 | 부동산학 개요(정의, 학문적 성격, 부동산업) 외 | 4 |
| | | 02 | 토지의 용어 외 | 9 |
| | | 03 | 토지의 특성과 파생현상 | 14 |
| 각론 | 부동산 경제론 (5문제) | 04 | 수요와 공급 외 | 17 |
| | | 05 | 균형점의 이동(그래프) 균형점의 이동(계산문제1) | 22 |
| | | 06 | 탄력성의 개념 외 | 28 |
| | | 07 | 탄력성 기본공식, 탄력성(계산문제2) | 31 |
| | | 08 | 부동산경기변동, 거미집이론(계산문제3) | 33 |
| | 부동산 시장론 (4문제) | 09 | 부동산시장 외, 정보의 현재가치(계산문제4) | 37 |
| | | 10 | 지대와 지가 외 | 46 |
| | | 11 | 도시공간(성장)구조이론, 입지계수(계산문제5) | 52 |
| | | 12 | 상업입지론 : 크 ⇨ 레일리 ⇨ 컨버스 ⇨ 허프 외 입지론(계산문제6) : 레일리, 허프, 컨버스 | 57 |
| | 부동산 정책론 (5문제) | 13 | 정부의 시장개입근거 외 | 65 |
| | | 14 | 국토법상 용도지역지구제 | 72 |
| | | 15 | 부동산정책 종합정리 | 75 |
| | | 16 | 임대주택 정책 외 | 80 |
| | | 17 | 부동산조세의 의의와 기능 외 | 87 |
| | 부동산 투자론 | 18 | 부동산투자의 장점과 단점, 자기자본수익률 (계산문제7) | 92 |
| | | 19 | 부동산투자의 수익, 기대수익률(계산문제8) 외 | 96 |
| | | 20 | 평균분산모형 외 포트폴리오의 기대수익률 (계산문제9) | 102 |
| 각론 | 부동산 투자론 (7문제) | 21 | 화폐의 시간가치 (계산문제10) 외 | 106 |
| | | 22 | 현금수지의 측정 (계산문제11) | 110 |
| | | 23 | 할인현금수지분석법(DCF 기법) 이론 외, 할인법(DCF)(계산문제12) | 116 |
| | | 24 | 비할인법(어림셈법, 비율분석법) 이론, (계산문제13) | 121 |
| | 부동산 금융론 (5문제) | 25 | 부동산금융 개요 외 융자가능금액(계산문제14) | 128 |
| | | 26 | 원리금상환방법 비교, (계산문제15) | 134 |
| | | 27 | 저당유동화 개요 외 | 140 |
| | | 28 | 부동산투자회사 개요 외 | 148 |
| | | 29 | 프로젝트 금융 외 | 152 |
| | 부동산 개발 및 관리론 (5문제) | 31 | 부동산개발 개요 외 | 156 |
| | | 32 | 민간에 의한 부동산개발 방식 외 | 161 |
| | | 33 | 부동산관리의 구분 외 | 169 |
| | | 34 | 부동산 마케팅의 개요 외 | 175 |
| 감정평가론 | 기초 이론 (3문제) | 35 | 감정평가 개요 외 | 179 |
| | | 36 | 가격제원칙 외 | 188 |
| | | 37 | 감칙 제8조~제13조 : 절차 외 | 196 |
| | 평가방식 (2문제) | 38 | 원가법(계산문제16) 수익환원법(계산문제17) | 204 |
| | | 39 | 비교방식 이론 비교방식(계산문제18) | 216 |
| | 가격공시 | 40 | 부동산 가격공시제도 | 223 |


계산문제 매년 9~10문제 출제(1분 안에 풀 수 있는 계산문제 18문제 유형)

| 36회 적중예상 핵심내용 | | | 기출 | | | | | | | |
|---|---|---|---|---|---|---|---|---|---|---|
| 테마 01 | 01 | 부동산학 개요(정의, 학문적 성격, 부동산업) | 28 | | | 31 | | | | |
| | 02 | 복합개념(법+경제+기술)의 부동산과 복합부동산 | | | 30 | | | | 34 | 35 |
| | 03 | 동산과 부동산의 구분 | | 29 | | | | 33 | | |

## 01 부동산학 개요(정의, 학문적 성격, 부동산업)

### 1. 우리나라 한국표준산업분류에 따른 부동산업의 분류

| 대(중)분류 | 소분류 | 세분류 | 세세분류 |
|---|---|---|---|
| 부동산업<br>(68) | 부동산임대 및 공급업<br>(681) | 부동산임대업<br>(6811) | • 주거용 부동산임대업<br>• 비주거용 부동산임대업<br>• 기타 부동산임대업 |
| | | 부동산개발 및 공급업<br>(6812) | • 주거용 건물 개발 및 공급업<br>• 비주거용 건물 개발 및 공급업<br>• 기타 부동산 개발 및 공급업 |
| | 부동산 관련 서비스업<br>(682) | 부동산관리업<br>(6821) | • 주거용 부동산 관리업<br>• 비주거용 부동산 관리업 |
| | | 부동산중개,<br>자문 및 감정평가업<br>(6822) | • 부동산 중개 및 대리업<br>• 부동산 투자 자문업<br>• 부동산 감정 평가업<br>• 부동산 분양 대행업 |

참고 • 세분류: 암기법 감자먹는 관중은(관련 서비스업) 개공분임(부동산 임대 및 공급업)
• 부동산업 아닌 것: 투자업, 금융업, 주거용 건물 건설업, 기타부동산 관리업, 사업시설유지관리

**01** **한국표준산업분류에 따른 부동산업에 해당하지 <u>않는</u> 것은?** [제28회, 제31회, 감평]

① 주거용 건물 개발 및 공급업
② 투자업, 금융업, 자문 및 중개업, 사업시설 유지관리, 주거용 건물 건설업
③ 부동산 투자자문업, 부동산 중개 및 대리업
④ 비주거용 부동산 관리업
⑤ 기타 부동산 임대업

**해설▸** 투자업, 금융업, 자문 및 중개업, 사업시설 유지관리, 주거용 건물 건설업은 한국표준산업분류에 따른 부동산업에 해당하지 않는다.

**정답▸** ②

## 02 복합개념(법 + 경제 + 기술)의 부동산과 복합부동산

### 1. 복합개념의 부동산(부동산학 관점)

| 무형적 측면 | | 유형적 측면 |
|---|---|---|
| 법률적 측면 | 경제적 측면 | 기술적(물리적) 측면 |
| ① 협의 부동산 : 토지와 그 정착물<br>② 광의 부동산 : 협의 + 준부동산 | ① 자산, 자본<br>② 생산요소(생산재)<br>③ 소비재<br>④ 상품 | ① 공간<br>② 자연<br>③ 위치<br>④ 환경 |

### 2. 준부동산(광의의 부동산에 포함 - 의제부동산)

| | |
|---|---|
| 의 의 | 민법에서는 동산이지만 개별법에서 부동산으로 취급하는 물건 |
| 내 용 | 등기 또는 등록하는 동산 또는 '동산 + 부동산의 집합체인 재단' |
| 종 류 | 건설기계, 자동차, 항공기, 선박(20톤 이상 : 선박등기법), 기계, 어업권 등<br>★ 입목 및 공장재단 · 광업재단(재단)은 부동산중개대상물이 될 수 있다. |

① 총톤수 20톤 이상의 기선(機船)과 범선(帆船) 및 총톤수 100톤 이상의 부선(艀船)에 대하여 선박등기법상 등기를 통해 소유권을 공시할 수 있다.

② 적재용량 25톤인 덤프트럭, 최대 이륙중량 400톤인 항공기, 동력차 2량과 객차 8량으로 구성된 철도차량, 면허를 받아 김 양식업을 경영할 수 있는 권리는 등록의 대상

③ 입목등기는 수목의 집단에 대하여 하는 것이므로 한 그루의 소나무를 입목등기할 수는 없다. 입목에 관한 법률에 따른 "입목"이란 토지에 부착된 수목의 집단으로서 그 소유자가 이 법에 따라 소유권보존의 등기를 받은 것을 말한다.

### 3. 복합부동산(부동산활동 관점)

① 법률적으로 독립된 토지와 건물을 일체의 결합된 상태로 취급하여 부동산활동의 대상으로 삼는 경우의 부동산을 말한다.

② 감정평가시 일괄평가가 가능하다.

### 4. 토지정착물

① 종속정착물 : 토지의 일부로 취급

② 독립정착물(4) : 토지와 독립된 부동산으로 취급(건물, 명인방법을 갖춘 수목이나 등기된 입목, 권원에 의하여 타인의 토지에서 재배되고 있는 농작물)

**암기법** 독립하여 등물하는 명권이

**02 부동산의 개념에 관한 설명으로 틀린 것?** [제27회, 제34회]

① 복합개념의 부동산이란 부동산을 법률적 · 경제적 · 기술적 측면 등이 복합된 개념으로 이해하는 것을 말한다.

② 경제적 측면의 부동산은 부동산가치에 영향을 미치는 수익성, 수급조절, 시장정보를 포함한다.

③ 기술적 개념의 부동산은 생산요소, 자산, 공간, 자연 등을 의미한다.

④ 준부동산은 등기 · 등록의 공시방법을 갖춤으로써 부동산에 준하여 취급되는 특정의 동산 등을 말한다.

⑤ 토지와 건물이 각각 독립된 거래의 객체이면서도 마치 하나의 결합된 상태로 다루어져 부동산활동의 대상으로 인식될 때 이를 복합부동산이라 한다.

**해설▸** 생산요소, 자산은 경제적 개념의 부동산에 해당한다.

**정답▸** ③

**03 법령에 의해 등기의 방법으로 소유권을 공시할 수 있는 물건을 모두 고른 것은?** [제35회]

| | |
|---|---|
| ㉠ 총톤수 25톤인 기선(機船) | ㉡ 적재용량 25톤인 덤프트럭 |
| ㉢ 최대 이륙중량 400톤인 항공기 | ㉣ 토지에 부착된 한 그루의 수목 |

① ㉠ ② ㉠, ㉣ ③ ㉢, ㉣
④ ㉠, ㉡, ㉢ ⑤ ㉠, ㉡, ㉢, ㉣

**해설▸** ① 20톤이 넘는 선박은 등기가 필요하므로, ㉠만 등기가 필요한 물건에 해당한다.

**정답▸** ①

## 5. 부동산정착물(fixture)(부동산학)의 개념

| 구분기준 | 정착물 | 동 산 |
|---|---|---|
| 부착방법 (손상 · 효용) | 제거시 건물에 손상을 주거나, 손상을 주지 않더라도 효용이 감소하는 것 | 건물에 손상을 주지 않고 제거할 수 있는 것 |
| 당사자 관계 | 임대인의 정착물 | 임차인의 정착물(거래, 농업, 가사정착물) |

**참고**

1. 정착물 : 임대인 정착물, 매년 경작의 노력을 요하지 않는 나무, 자연식생, 다년생식물 등
2. 동산(3) : 임차인 정착물, 경작 수확물, 가식 중인 수목 등

| VS | 정착물 | 임대인정착물, 불분명 | vs | 동산 | 가식 중인 수목, 경작수확물, 임차인정착물 |
|---|---|---|---|---|---|

**암기법** 가수차는 동산이다.

- 가식 중인 수목
- 수확물(옥수수)
- 임차자 정착물
  - 가사정착물(커튼)
  - 거래정착물(선반)
  - 농업창작물(창고)

**암기법** 가수차는 동산이다.

동산 vs 부동산

독립정착물(토지와 독립)

**암기법** 독립해서 등물하는 명권이

㉠ 등기(입목)
㉡ 건물
㉢ 명인(관습)
㉣ 권원

종속정착물(토지의 일부)

㉠ 일반나무
㉡ 다년생식물
㉢ 구거(도랑), 담장

**04 다음 토지의 정착물 중 토지와 독립된 것이 <u>아닌</u> 것은?** [제25회, 제33회]

① 건물
② 소유권보존등기된 입목
③ 구거, 가식중인 수목
④ 명인방법을 구비한 수목
⑤ 권원에 의하여 타인의 토지에서 재배되고 있는 농작물

**해설▸** '구거(작은 도랑)'는 토지의 정착물 중 토지와 독립된 것이 아니다. 가식중인 수목, 계속성이 없는 판잣집, 기타 쉽게 이동할 수 있는 물건은 동산으로 간주한다.

**정답▸** ③

**05 부동산의 정착물에 관한 설명 중 <u>틀린</u> 것은?** [제17회]

① 제거하여도 건물의 기능 및 효용의 손실이 없는 부착된 물건은 동산으로 취급한다.
② 토지에 정착되어 있으나 매년 경작노력을 요하지 않는 나무와 다년생식물 등은 부동산의 정착물로 간주되지 않기 때문에 부동산중개의 대상이 되지 않는다.
③ 정착물은 당사자들 간의 합의나 쓰임새, 관계 등에 따라 주물 또는 종물로 구분될 수 있다.
④ 정착물은 사회·경제적인 면에서 토지에 부착되어 계속적으로 이용된다고 인정되는 물건이다.
⑤ 정착물은 토지와 서로 다른 부동산으로 간주되는 것과 토지의 일부로 간주되는 것으로 나눌 수 있다.

**해설▸** 토지에 정착되어 있으나 매년 경작노력을 요하지 않는 나무와 다년생식물 등은 부동산의 정착물로 간주된다. 또한 부동산중개의 대상이 될 수 없다.

**정답▸** ②

| 36회 적중예상 핵심내용 | | | 기출 | | | | | | | |
|---|---|---|---|---|---|---|---|---|---|---|
| 테마 02 | 01 | 토지의 용어 | 28 | 29 | 30 | 31 | 32 | 33 | 34 | 35 |
| | 02 | 주택의 분류(건축법, 주택법) | 28 | | | | 32 | 33 | | 35 |
| | 03 | 지목에 따른 분류 | | | | | | | | 35 |

## 01 토지의 용어

| 구 분 | 의 의 |
|---|---|
| 1. 택지 | 감정평가상, 건축 가능한 토지, 주거지·상업지·공업지 |
| 2. 부지 | 건축 용지+건축 불가능한 토지(하천, 철도, 도로), 바닥토지, 포괄적 용어 |
| 3. 후보지 | 택지지역, 농지지역, 임지지역 상호간 전환이 이루어지고 있는 토지(지목변경○) |
| 4. 이행지 | 택지지역, 농지지역, 임지지역 내에서 전환이 이루어지고 있는 토지<br>(지목변경 ○ or ×) |
| 5. 대지(袋地) | 도로에 좁은 접속면을 갖는 자루형 모양의 토지, 건축가능 |
| 6. 맹지 | 도로에 접속면이 없는 토지, 건축허가× |
| 7. 필지 | 지번이 붙은 토지의 등록단위, 소유권 구분, 법적 개념 |
| 8. 획지 | 가격수준이 비슷한 토지, 부동산 활동, 경제적 개념 |
| 9. 공지 | 건폐율의 공적 제한으로 비워둔 토지 |
| 10. 공한지 | 도시토지, 지가상승을 기대하고 방치한 토지 |
| 11. 나지 | 건축물×, 공적 제한○, 사적 제한×, 일반적으로 건부감가(나지 > 건부지) |
| 12. 건부지 | 건축물이 이미 들어선 부지, 예외적으로 건부증가(나지 < 건부지) ⇨ 규제강화 |
| 13. 법지 | 법적소유권○, 이용가치×, 경사진 토지 |
| 14. 빈지 | 법적소유권×, 이용가치○, 바다와 육지 사이의 해변 토지 |
| 15. 유휴지 | 바람직하지 못하게 놀리는 토지 |
| 16. 휴한지 | 정상적으로 쉬게 하는 토지(지력회복) |
| 17. 포락지 | 하천법상 용어, 전·답이 하천으로 변한 토지 |
| 18. 선하지 | 고압전선 아래의 토지 |
| 19. 소지(원지) | 택지 등으로 개발되기 이전의 자연적 상태 그대로의 토지 |
| 20. 일단지 | 용도상 불가분의 관계에 있는 2필지 이상의 일단의 토지 |
| 21. 표준지 | 지가의 공시를 위해 가치형성요인이 유사한 일단의 토지 중에서 선정한 토지 |
| 22. 표본지 | 지가변동을 측정하기 위하여 선정한 대표적인 필지 |

## 01 다음 중 옳은 것은 모두 몇 개인가? [제22회, 제24회]

> ㉠ 공지(空地)는 지력회복을 위해 정상적으로 쉬게 하는 토지를 말한다.
> ㉡ 맹지(盲地)는 타인의 토지에 둘러싸여 도로와 접하고 있지 않는 토지를 말한다.
> ㉢ 획지(劃地)는 하나의 지번을 가진 토지등기의 한 단위를 말한다.
> ㉣ 이행지(履行地)는 임지지역, 농지지역, 택지지역 상호간의 다른 지역으로 전환되고 있는 지역의 토지를 말한다.
> ㉤ 법지(法地)는 소유권은 인정되지만 이용실익이 없거나 적은 토지를 말한다.
> ㉥ 빈지(濱地) 지적공부에 등록된 토지가 물에 침식되어 수면 밑으로 잠긴 토지를 말한다.
> ㉦ 택지(宅地)란 일정한 용도로 제공되고 있는 바닥토지를 말하며 하천, 도로 등의 바닥토지에 사용되는 포괄적 용어이다.
> ㉧ 나지란 토지에 건물이나 그 밖의 정착물이 없고 지상권 등 토지의 사용·수익을 제한하는 공법상의 권리가 설정되어 있지 아니한 토지를 말한다.
> ㉨ 후보지는 인위적·자연적·행정적 조건에 따라 다른 토지의 구별되는 것으로 가격수준이 비슷한 일단의 토지를 말한다.

① 1개 ② 2개 ③ 3개
④ 4개 ⑤ 5개

**해설▸** ② 옳은 것은 ㉡, ㉤ 2개이다.
㉠ 공지 ⇨ 휴한지
㉢ 획지 ⇨ 필지
㉣ 이행지 ⇨ 후보지
㉥ 빈지 ⇨ 포락지
㉦ 택지 ⇨ 부지
㉧ 공법상의 권리 ⇨ 사법상의 권리
㉨ 후보지 ⇨ 획지

**정답▸** ②

## 02 다음의 내용과 관련된 부동산 활동상의 토지 분류에 해당하는 것은? [감평 4회]

> ㉠ 주택지가 대로변에 접하여 상업지로 전환 중인 토지
> ㉡ 공업지가 경기불황으로 공장가동률이 저하되어 주거지로 전환 중인 토지
> ㉢ 도로변 과수원이 전으로 전환 중인 토지

① 이행지 ② 우등지 ③ 체비지
④ 한계지 ⑤ 후보지

**해설▸** 택지(주거지 · 상업지 · 공업지), 농지(전 · 답 · 과수원), 임지(용재림 · 신탄림) 내에서 전환 중인 토지를 이행지라 한다.

**정답▸** ①

## 03 토지 관련 용어의 설명으로 옳게 연결된 것은? [제34회]

| |
|---|
| ㉠ 소유권이 인정되지 않는 바다와 육지 사이의 해변 토지<br>㉡ 택지 경계와 인접한 경사된 토지로 사실상 사용이 불가능한 토지<br>㉢ 택지지역 내에서 공업지역이 상업지역으로 용도가 전환되고 있는 토지<br>㉣ 임지지역 · 농지지역 · 택지지역 상호간에 다른 지역으로 전환되고 있는 일단의 토지 |

① ㉠: 공지 ㉡: 빈지 ㉢: 후보지 ㉣: 이행지
② ㉠: 법지 ㉡: 빈지 ㉢: 이행지 ㉣: 후보지
③ ㉠: 법지 ㉡: 공지 ㉢: 후보지 ㉣: 이행지
④ ㉠: 빈지 ㉡: 법지 ㉢: 이행지 ㉣: 후보지
⑤ ㉠: 빈지 ㉡: 법지 ㉢: 후보지 ㉣: 이행지

**해설▸** ㉠: 빈지, ㉡: 법지, ㉢: 이행지, ㉣: 후보지에 대한 설명이다.

**정답▸** ④

## 04 토지에 관련된 용어이다. ( )에 들어갈 내용으로 옳은 것은? [제35회]

| |
|---|
| ( ㉠ ): 지적제도의 용어로서, 토지의 주된 용도에 따라 토지의 종류를 구분하여 지적공부에 등록한 것<br>( ㉡ ): 지가공시제도의 용어로서, 토지에 건물이나 그 밖의 정착물이 없고 지상권 등 토지의 사용 · 수익을 제한하는 사법상의 권리가 설정되어 있지 아니한 토지 |

① ㉠: 필지, ㉡: 소지
② ㉠: 지목, ㉡: 나지
③ ㉠: 필지, ㉡: 나지
④ ㉠: 지목, ㉡: 나대지
⑤ ㉠: 필지, ㉡: 나대지

**해설▸** • ㉠의 주어진 지문은 '지목'에 대한 용어의 정의이다.

| |
|---|
| "지목"이란 토지의 주된 용도에 따라 토지의 종류를 구분하여 지적공부에 등록한 것을 말한다. 토지는 주된 용도에 따라 하나의 필지에 하나의 이름을 붙이는데 이를 지목이라고 하며 현재 28개의 지목으로 분류된다. |

• ㉡의 경우 나대지는 나지이면서 동시에 대지인 경우를 말하며, 주어진 내용은 나지에 대한 설명이다.

**정답▸** ②

## 02 주택의 분류(건축법령상의 주택)

| | 단독주택 | 다중주택 | 다가구주택 | |
|---|---|---|---|---|
| 단독주택 | 1세대 1가구 | • 독립주거형태가 아닐 것<br>• 주택 : 3개 층 이하<br>• 바닥면적 합 : 660m² 이하 | • 주택 : 3개 층 이하<br>• 바닥면적 합 : 660m² 이하<br>• 세대 : 19세대 이하 | 공관 |
| | 아파트 | 연립주택 | 다세대주택 | |
| 공동주택 | 주택 5개 층 이상 | • 주택 : 4개 층 이하<br>• 바닥면적의 합 : 660m² 초과 | • 주택 : 4개 층 이하<br>• 바닥면적의 합 : 660m² 이하 | 기숙사 |

① 단독주택의 종류(4가지)와 공동주택의 종류(4가지)를 구분할 것
② 다가구주택은 단독주택이지만 다세대주택은 공동주택이라는 점에 유의
③ 4개 층 이하(연립, 다세대), 3개 층 이하(다가구, 다중), 660m²(연립, 다세대, 다가구)
④ 5개 층 이상은 아파트만, 초과는 연립주택만, 독립주거형태가 아닐 것은 다중만 19세대 이하는 다가구에만 해당
⑤ 도시형 생활주택은 300세대 미만이라는 점을 기억할 것

**암기법** 연(660 초과) | (600 이하) 세 가 다
4개층 | 4개층 3개층 3개층

**암기법** 동생 삼백이는 연세 소형주택에 산다.

**05** **다음 중 연립주택에 해당하는 것은?** [감평 2회]

① 주택으로 쓰는 층수가 5개 층 이상인 주택
② 주택으로 쓰는 1개 동의 바닥면적 합계가 660제곱미터를 초과하고, 층수가 4개 층 이하인 주택
③ 학교 또는 공장 등의 학생 또는 종업원 등을 위하여 쓰는 것으로서 1개 동의 공동취사시설 이용세대가 전체의 50퍼센트 이상인 주택
④ 주택으로 쓰는 1개 동의 바닥면적 합계가 660제곱미터 이하이고, 층수가 4개 층 이하인 주택
⑤ 주택으로 쓰는 층수가 3개 층 이하이고, 1개 동의 주택으로 쓰이는 바닥면적의 합계가 660제곱미터 이하인 주택

해설▸ ① 아파트
③ 기숙사
④ 다세대주택
⑤ 다가구주택(단독주택)

정답▸ ②

## 06 다음은 용도별 건축물의 종류에 관한 '건축법 시행령' 규정의 일부이다. (  )에 들어갈 내용으로 옳은 것은? [제35회]

| |
|---|
| 다세대주택 : 주택으로 쓰는 1개 동의 ( ㉠ ) 합계가 660제곱미터 이하이고, 층수가 ( ㉡ ) 이하인 주택(2개 이상의 동을 지하주차장으로 연결하는 경우에는 각각의 동으로 본다) |

① ㉠: 건축면적, ㉡: 4층
② ㉠: 건축면적, ㉡: 4개 층
③ ㉠: 바닥면적, ㉡: 4층
④ ㉠: 바닥면적, ㉡: 4개 층
⑤ ㉠: 대지면적, ㉡: 4층

해설▸ 다세대 주택 : 주택으로 쓰는 1개 동의 바닥면적 합계가 660제곱미터 이하이고, 층수가 4개 층 이하인 주택

정답▸ ④

## 07 주택법령상 주택의 유형과 내용에 관한 설명으로 틀린 것은? [제35회]

① 도시형 생활주택은 「국토의 계획 및 이용에 관한 법률」에 따른 도시지역에 건설하여야 한다.
② 도시형 생활주택은 300세대 미만의 국민주택규모로 구성된다.
③ 토지임대부 분양주택의 경우, 토지의 소유권은 분양주택 건설사업을 시행하는 자가 가지고, 건축물 및 복리시설 등에 대한 소유권은 주택을 분양받은 자가 가진다.
④ 세대구분형 공동주택은 주택 내부 공간의 일부를 세대별로 구분하여 생활이 가능한 구조이어야 하며, 그 구분된 공간의 일부를 구분소유 할 수 있다.
⑤ 장수명 주택은 구조적으로 오랫동안 유지·관리될 수 있는 내구성을 갖추고, 입주자의 필요에 따라 내부 구조를 쉽게 변경할 수 있는 가변성과 수리 용이성 등이 우수한 주택을 말한다.

해설▸ ④ 세대구분형 공동주택이란 공동주택의 주택 내부 공간의 일부를 세대별로 구분하여 생활이 가능한 구조로 하되, 그 구분된 공간의 일부를 구분소유 할 수 없는 주택을 말한다.

정답▸ ④

| 36회 적중예상 핵심내용 | | | 기출 | | | | | | | |
|---|---|---|---|---|---|---|---|---|---|---|
| 테마 03 | 01 | 토지의 특성과 파생현상 | 28 | 29 | 30 | 31 | 32 | 33 | 34 | 35 |

## 01 토지의 특성과 파생현상

• 토지의 자연적 특성 : 물리적 ~ 불가능 | 토지의 인문적 특성 : 경제적(용도적) ~ 가능

| | |
|---|---|
| **부동성** | 국지화, 임장, 정보, 중개활동, 외부효과, 지역분석(인접성) |
| **영속성** | 물리적 감가×, 원가법 곤란, (소모를 전제로 하는) 재생산이론×, 장기적 배려(장래, 예측), 임대차(소유, 이용분리), 재고시장(저량분석), 가치보존력 우수, 투자재 선호 |
| **부증성** | 생산비 법칙 적용×(원가법 곤란), 물리적 공급곡선 수직(완.비), 희소성, 부족 야기(집약적이용), 수급조절·균형가격형성 곤란, 사회성·공공성(토지공개념), 수요자 경쟁, 최유효이용 |
| **개별성** | 일물일가의 법칙×, 표준지선정 곤란, 개별화(구체화·독점화), 개별분석, 원리·이론 도출·비교 곤란, 부동산 시장(거래의 비공개성, 상품의 비표준화성, 시장의 비조직성) |
| **인접성** | 협동, 경계문제, 개발이익환수, 외부효과, 지역분석(부동성), 용도면에서의 대체(인근지역) |
| **용도의 다양성** | 최유효이용, 경제적 공급 가능(용도전환, 우상향) |

| | | |
|---|---|---|
| ① 재생산이론× : 영속성<br>② 생산비법칙× : 부증성<br>③ 일물일가법칙× : 개별성 | ① 원가법 곤란<br>: 부증성, 영속성<br>② 외부효과, 지역분석<br>: 부동성, 인접성<br>③ 최유효이용<br>: 용도의 다양성, 부증성 | ① 추상, 구체, 불완전시장<br>: 부동성<br>② 임대차, 재고시장 : 영속성<br>③ 부동산시장 - 3 비<br>: 개별성 |

① 지역마다~, 지역화, 국지화, 세분화, 지역분석 : 부동성
② 물건마다~, 개별화, 구체화, 독점화, 개별분석 : 개별성
③ 장기, 장래, 예측 : 영속성

## 01 토지의 특성에 관한 설명으로 틀린 것은? [제34회]

① 용도의 다양성으로 인해 두 개 이상의 용도가 동시에 경합할 수 없고 용도의 전환 및 합병·분할을 어렵게 한다.
② 부증성으로 인해 토지의 물리적 공급이 어려우므로 토지이용의 집약화가 요구된다.
③ 부동성으로 인해 주변 환경의 변화에 따른 외부효과가 나타날 수 있다.
④ 영속성으로 인해 재화의 소모를 전제로 하는 재생산이론과 물리적 감가상각이 적용되지 않는다.
⑤ 개별성으로 인해 토지별 완전한 대체 관계가 제약된다.

**해설▸** ① 토지는 용도의 다양성을 가지고 있어 두 개 이상의 용도가 동시에 경합하는 경우가 많고, 한 용도에서 다른 용도로의 전환도 가능하다.

**정답▸** ①

## 02 토지의 자연적 특성 중 영속성에 관한 설명으로 옳은 것은 모두 몇 개인가? [제25회, 제31회]

㉠ 토지의 집약적 이용과 토지 부족 문제의 근거가 된다.
㉡ 소모를 전제로 하는 재생산이론과 물리적 감가상각이론이 적용되지 않는다.
㉢ 부동산활동을 임장활동화 시키며, 감정평가시 지역분석을 필요로 한다.
㉣ 토지의 집약적 이용을 촉진한다.
㉤ 부동산활동을 장기배려하게 하며, 토지의 가치보존력을 우수하게 한다.
㉥ 장기투자를 통해 자본이득과 소득이득을 얻을 수 있다.
㉦ 부동산시장을 국지화시키는 역할을 한다.
㉧ 소유이익과 사용이익의 분리 및 임대차시장의 발달 근거가 된다.
㉨ 주변에서 일어나는 환경조건의 변화가 부동산의 가격에 영향을 주는 외부효과를 발생시킬 수 있다.

① 2개　② 3개　③ 4개
④ 5개　⑤ 6개

**해설▸** ③ 영속성에 관한 설명은 ㉡, ㉤, ㉥, ㉧ 4개이다.
㉠ 부증성, ㉢ 부동성, ㉣ 부증성, ㉦ 부동성, ㉨ 부동성

**정답▸** ③

**03 토지의 특성에 관한 설명으로 옳은 것은?** [제35회]

① 부동성으로 인해 외부효과가 발생하지 않는다.
② 개별성으로 인해 거래사례를 통한 지가 산정이 쉽다.
③ 부증성으로 인해 토지의 물리적 공급은 단기적으로 탄력적이다.
④ 용도의 다양성으로 인해 토지의 경제적 공급은 증가할 수 있다.
⑤ 영속성으로 인해 부동산활동에서 토지는 감가상각을 고려하여야 한다.

**해설▸** ④ 옳은 지문 : 경제적 공급 = 용도적 공급
① 부동성으로 인해 외부효과가 발생한다.
② 쉽다. ⇨ 어렵다.
③ 탄력적이다. ⇨ 완전비탄력적이다.
⑤ 감가상각을 고려하여야 한다. ⇨ 감가상각을 고려하지 않는다.

**정답▸** ④

| 36회 적중예상 핵심내용 | | | 기출 | | | | | | | |
|---|---|---|---|---|---|---|---|---|---|---|
| 테마 04 | 01 | 수요와 공급 | | | 30 | | | | | 35 |
| | 02 | 수요의 변화와 수요량의 변화 | 28 | | 30 | | | | 34 | |
| | 03 | 수요요인 | | 29 | 30 | 31 | 32 | 33 | | |
| | 04 | 공급요인 | | | | | | | | |

## 01 수요와 공급

### 1. 유량(flow, 일정기간)과 저량(stock, 일정시점)

① 유량 : 임대료(지대), 소득 · 이자비용, 주택거래량, 아파트생산량, 신규주택공급량, 당기순이익, 장기

② 저량 : 주택재고(재산)량, 자산(자본, 부채), 가격(가치), 인구, 단기, 주택보급률, 통화량

**+ 암기법** 저는 재자가 부인, 단기, 급, 통화량

**01** 다음 중 유량(flow)의 경제변수는 모두 몇 개인가? [제31회]

| | |
|---|---|
| • 가계 자산 | • 노동자 소득 |
| • 가계 소비 | • 통화량 |
| • 자본총량 | • 신규주택 공급량 |

① 1개　② 2개
③ 3개　④ 4개
⑤ 5개

**해설▸** 노동자의 소득, 가계 소비, 신규주택 공급량은 유량(flow) 변수, 가계 자산, 통화량, 자본총량은 저량(stock) 변수이다.

**정답▸** ③

**02 저량(stock)의 경제변수에 해당하는 것은?** [제35회]

① 주택재고
② 가계소득
③ 주택거래량
④ 임대료 수입
⑤ 신규주택 공급량

**해설▸** ① 저량의 경제변수에 해당하는 것은 '주택재고'이다.

**암기법** 저는 재자가 부인, 단기, 통화량(저량)

| | | | | | | | |
|---|---|---|---|---|---|---|---|
| 저량 | 재고량 | 자산(본) | 가치(격) | 부채 | 인구 | 단기 | 주택보급률<br>통화량 |

**정답▸** ①

## 02 수요의 변화와 수요량의 변화

**암기법** 수요(공급)량의 변화: 해당가격 · 상 · 점: (양 선상님('선생님'의 방언) 점 가격)

| 수요(공급)량의 변화 | 수요(공급)의 변화 |
|---|---|
| 해당재화의 가격(임대료)<br>곡선상에서의 점의 이동 | 해당재화 가격(임대료) 이외<br>곡선자체의 이동(증가 – 우측, 감소 – 좌측) |

**참고** 임대료의 변화는 수요량의 변화이고, 대체재 · 보완재 가격, 가격예상은 수요의 변화이다.

**03 주택 공급 변화요인과 공급량 변화요인이 옳게 묶인 것은?** [제28회]

| | 공급 변화요인 | 공급량 변화요인 |
|---|---|---|
| ① | 주택건설업체수의 증가 | 주택가격 상승 |
| ② | 정부의 정책 | 건설기술개발에 따른 원가절감 |
| ③ | 건축비의 하락 | 주택건설용 토지가격의 하락 |
| ④ | 노동자임금 하락 | 담보대출이자율의 상승 |
| ⑤ | 주택경기 전망 | 토지이용규제 완화 |

**해설▸** 주택시장에서 공급량 변화요인은 오직 하나 주택가격밖에 없다.
따라서 ①번 외에 답이 될 수 없다.

**정답▸** ①

## 03, 04 수요요인, 공급요인

### 1. 수요와 공급의 변화요인

| 수요의 증가요인 | 구 분 | 공급의 증가요인 |
|---|---|---|
| 1. 소득의 증가<br>2. 선호의 증가<br>3. 인구의 증가 | 고유 요인 | 1. 생산비의 하락<br>2. 생산기술의 발달<br>3. 매도자 수의 증가 |
| 4. 대체재의 가격 상승<br>5. 보완재의 가격 하락<br>6. 소비자의 가격 상승 예상 | 반대 방향 | 4. 대체재의 가격 하락<br>5. 보완재의 가격 상승<br>6. 공급자의 가격 하락 예상 |
| 7. 금리의 인하<br>8. 공적규제의 완화 | 동일 방향 | 7. 금리의 인하<br>8. 공적규제의 완화 |

### 2. 수요의 소득탄력성 = $\frac{\text{수요량의 변화율}}{\text{소득의 변화율}}$, (+)정상재, (−)열등재, (0)중간재

### 3. 수요의 교차탄력성 = $\frac{Y\text{재의 수요량의 변화율}}{X\text{재의 가격변화율}}$, (+)대체재, (−)보완재, (0)독립재

| | | | | |
|---|---|---|---|---|
| 상식 | ① 대체재 수요증가 − 수요감소 | 교차 | (+) | ⑤ 대체재 가격상승 − 수요증가 |
| | ② 대체재 수요감소 − 수요증가 | | (−) | ⑥ 대체재 가격하락 − 수요감소 |
| | ③ 보완재 수요증가 − 수요증가 | | | ⑦ 보완재 가격상승 − 수요감소 |
| | ④ 보완재 수요감소 − 수요감소 | | | ⑧ 보완재 가격하락 − 수요증가 |

**04** **소득이 10% 증가하자 어떤 부동산의 수요량이 8% 증가하였다. 이 사실을 통해 볼 때, 이 부동산은 다음 중 어디에 속하는가?** (단, 다른 요인은 불변임) [제19회 기출]

① 정상재 ② 보완재 ③ 대체재
④ 열등재 ⑤ 독립재

**해설▸** 소득이 증가하면 수요량이 증가하는 것은 정상(우등)재를 말하는 것이고, 수요량이 감소하는 것은 열등재를 말하는 것이다.

**정답▸** ①

## 05 A부동산의 가격이 5% 상승할 때, B부동산의 수요는 10% 증가하고 C부동산의 수요는 5% 감소한다. A와 B, C 간의 관계는? (단, 다른 조건은 동일함)

| | A와 B의 관계 | A와 C의 관계 |
|---|---|---|
| ① | 대체재 | 보완재 |
| ② | 대체재 | 열등재 |
| ③ | 보완재 | 대체재 |
| ④ | 열등재 | 정상재 |
| ⑤ | 정상재 | 열등재 |

**해설▸** A와 B가 대체재인 경우 A의 가격이 상승하면 B의 수요는 증가한다. 또한 A와 C가 보완재인 경우 A의 가격이 상승하면 C의 수요는 감소한다. 예를 들어 아파트와 빌라가 대체재인 경우, 아파트가격이 상승하면 빌라의 수요는 증가한다. 그리고 석유와 석유난로가 보완재인 경우, 석유가격이 상승하면 석유난로의 수요는 감소한다.

**정답▸** ①

## 06 해당 부동산시장의 수요곡선을 우측(우상향)으로 이동하게 하는 수요변화의 요인에 해당하는 것은? (단, 수요곡선은 우하향하고, 해당 부동산은 정상재이며, 다른 조건은 동일함)

[제34회]

① 대출금리의 상승
② 보완재 가격의 하락
③ 대체재 수요량의 증가
④ 해당 부동산 가격의 상승
⑤ 해당 부동산 선호도의 감소

**해설▸** ② 보완재 가격의 하락 ⇨ 해당 재화 수요의 증가(수요곡선 우측이동)
① 대출금리의 상승 ⇨ 수요의 감소(수요곡선 좌측이동)
③ 대체재 수요량의 증가 ⇨ 해당 재화 수요의 감소(수요곡선 좌측이동)
④ 해당 부동산 가격의 상승 ⇨ 수요량의 감소(점의 이동)
⑤ 해당 부동산 선호도의 감소 ⇨ 수요의 감소(수요곡선 좌측이동)

**정답▸** ②

**07 아파트시장에서 균형가격을 상승시키는 요인은 모두 몇 개인가?** (단, 아파트는 정상재로서 수요곡선은 우하향하고, 공급곡선은 우상향하며, 다른 조건은 동일함) [제35회]

- 가구의 실질소득 증가
- 아파트에 대한 선호도 감소
- 아파트 건축자재 가격의 상승
- 아파트 담보대출 이자율의 상승

① 0개 ② 1개 ③ 2개
④ 3개 ⑤ 4개

**해설▸** ③ 가격을 상승시키는 요인은 '가구의 실질소득 증가'와 '아파트 건축자재 가격의 상승'으로 2개이다.

- 가구의 실질소득 증가 ⇨ 수요증가 ⇨ 가격상승
- 아파트에 대한 선호도 감소 ⇨ 수요감소 ⇨ 가격하락
- 아파트 건축자재 가격의 상승 ⇨ 공급감소 ⇨ 가격상승
- 아파트 담보대출 이자율의 상승 ⇨ 수요감소 ⇨ 가격하락

**정답▸** ③

| 36회 적중예상 핵심내용 | | | 기출 | | | | | | | |
|---|---|---|---|---|---|---|---|---|---|---|
| 테마 05 | 01 | 균형점의 이동(그래프) | | 29 | 30 | | 32 | 33 | | 35 |
| | 02 | 균형점의 이동(계산문제1) | 28 | | 30 | 31 | 32 | 33 | 34 | 35 |

## 01 균형점의 이동(그래프)

### 1. 균형의 이동 계산 : $Q_{D1} = Q_S \Rightarrow Q_{D2} = Q_S$

### 2. 균형의 이동

| | |
|---|---|
| (1) **한쪽 이동** | ① 수요증가, 공급불변 : 가격 상승, 량 증가 (가격↑, 량↑)<br>② 수요감소, 공급불변 : 가격 하락, 량 감소 (가격↓, 량↓)<br>③ 공급증가, 수요불변 : 가격 하락, 량 증가 (가격↓, 량↑)<br>④ 공급감소, 수요불변 : 가격 상승, 량 감소 (가격↑, 량↓) |
| (2) **둘 다 이동** | ① 수요증가, 공급증가 : 가격 알수없음, 량 증가 (가격×, 량↑)<br>② 수요감소, 공급감소 : 가격 알수없음, 량 감소 (가격×, 량↓)<br>③ 수요증가, 공급감소 : 가격 상승, 량 알수없음 (가격↑, 량×)<br>④ 수요감소, 공급증가 : 가격 하락, 량 알수없음 (가격↓, 량×)<br>※ 1. 크다면이 나오면 큰 것만 본다. (작은 것 무시)<br>2. 같다면이 나오면 몰랐던게 불변이다. |
| (3) **수직 수평** | ① 완전비탄력(0, 수직) : 량 불변<br>② 완전탄력(∞, 수평) : 가격불변 |
| (4) **탄력 비탄력** | ※ 한놈이 변화할 때 다른 한놈이 '탄력적' 또는 '비탄력적'인 경우<br>① 탄력적인 경우 기울기가 완만하므로 가격은 '덜' 변하고, 량은 '더' 변한다.<br>② 비탄력적인 경우 기울기가 가파르므로 가격은 '더' 변하고, 량은 '덜' 변한다. |

**참고** 탄력성 그래프로 익히기

- 탄력: 수평, 탄력도의 값이 크다, 기울기가 작다, 완만하다.
- 비탄력: 수직, 탄력도의 값이 작다, 기울기가 크다, 가파르다.

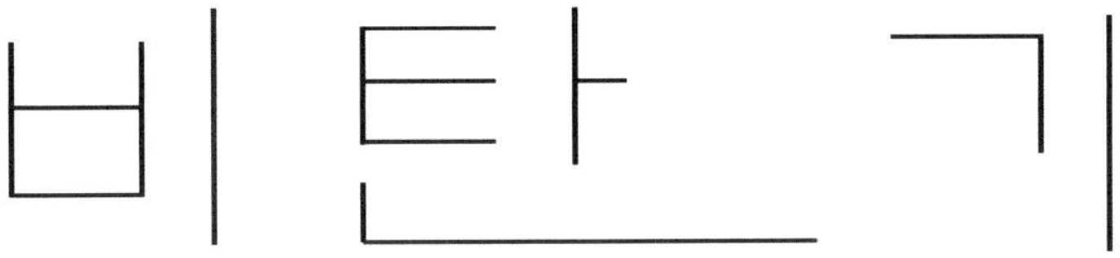

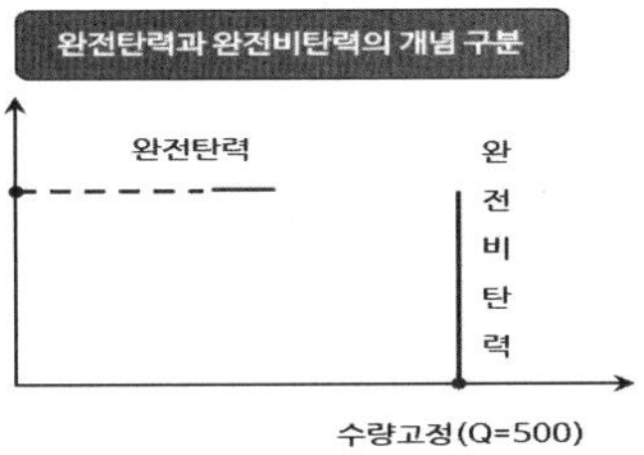


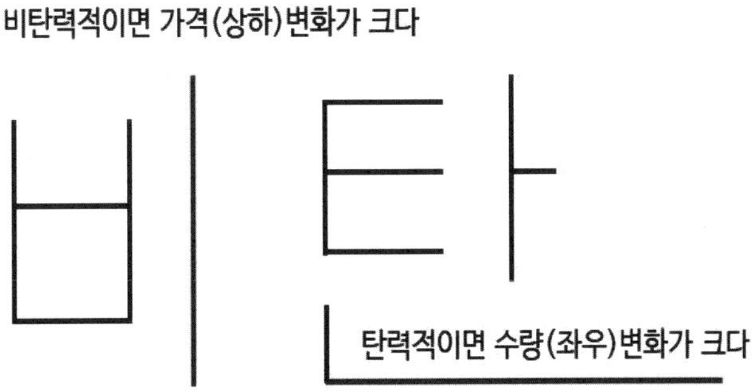

**01 수요와 공급이 동시에 변화할 경우, 균형가격과 균형량에 관한 설명으로 옳은 것은?** (단, 수요곡선은 우하향, 공급곡선은 우상향, 다른 조건은 동일함) [제32회]

① 수요와 공급이 증가하는 경우, 수요의 증가폭이 공급의 증가폭보다 크다면 균형가격은 상승하고 균형량은 감소한다.

② 수요와 공급이 감소하는 경우, 수요의 감소폭이 공급의 감소폭보다 작다면 균형가격은 상승하고 균형량은 증가한다.

③ 수요와 공급이 감소하는 경우, 수요의 감소폭과 공급의 감소폭이 같다면 균형가격은 불변이고 균형량은 증가한다.

④ 수요는 증가하고 공급이 감소하는 경우, 수요의 증가폭이 공급의 감소폭보다 작다면 균형가격은 상승하고 균형량은 증가한다.

⑤ 수요는 감소하고 공급이 증가하는 경우, 수요의 감소폭이 공급의 증가폭보다 작다면 균형가격은 하락하고 균형량은 증가한다.

**해설▸** ① 수요와 공급이 증가하는 경우, 수요의 증가폭이 공급의 증가폭보다 크다면 균형가격은 상승하고 균형량도 증가한다.

② 수요와 공급이 감소하는 경우, 수요의 감소폭이 공급의 감소폭보다 작다면 균형가격은 상승하고 균형량은 감소한다.

③ 수요와 공급이 감소하는 경우, 수요의 감소폭과 공급의 감소폭이 같다면 균형가격은 불변이고 균형량은 감소한다.

④ 수요는 증가하고 공급이 감소하는 경우, 수요의 증가폭이 공급의 감소폭보다 작다면 균형가격은 상승하고 균형량은 감소한다.

**정답▸** ⑤

**02 A지역 단독주택시장의 균형변화에 관한 설명으로 옳은 것은?** (단, 수요곡선은 우하향하고, 공급곡선은 우상향하며, 다른 조건은 동일함) [제35회]

① 수요와 공급이 모두 증가하고 수요의 증가폭과 공급의 증가폭이 동일한 경우, 균형거래량은 감소한다.

② 수요가 증가하고 공급이 감소하는데 수요의 증가폭보다 공급의 감소폭이 더 큰 경우, 균형가격은 하락한다.

③ 수요가 감소하고 공급이 증가하는데 수요의 감소폭이 공급의 증가폭보다 더 큰 경우, 균형가격은 상승한다.

④ 수요와 공급이 모두 감소하고 수요의 감소폭보다 공급의 감소폭이 더 큰 경우, 균형거래량은 감소한다.

⑤ 수요가 증가하고 공급이 감소하는데 수요의 증가폭과 공급의 감소폭이 동일한 경우, 균형가격은 하락한다.

해설▸ ① 균형거래량은 감소한다. ⇨ 균형거래량은 증가한다.
② 균형가격은 하락한다. ⇨ 균형가격은 상승한다.
③ 균형가격은 상승한다. ⇨ 균형가격은 하락한다.
⑤ 균형가격은 하락한다. ⇨ 균형가격은 상승한다.

정답▸ ④

## 02 균형점의 이동(계산문제1)

**03 어떤 부동산에 대한 수요 및 공급함수가 각각 $Q_{D1} = 900 - P$, $Q_S = 2P$이다. 소득증가로 수요함수가 $Q_{D2} = 1,200 - P$로 변한다면 균형가격과 균형거래량은 어떻게 변하는가?** [여기서 P는 가격(단위: 만원), $Q_{D1}$과 $Q_{D2}$는 수요량(단위: $m^2$), $Q_S$는 공급량(단위: $m^2$), 다른 조건은 일정하다고 가정한다.] [제19회]

① 균형가격은 300만원에서 400만원으로 상승, 균형거래량은 600$m^2$에서 800$m^2$로 증가
② 균형가격은 900만원에서 1,200만원으로 상승, 균형거래량은 600$m^2$에서 800$m^2$로 증가
③ 균형가격은 400만원에서 300만원으로 하락, 균형거래량은 600$m^2$에서 800$m^2$로 증가
④ 균형가격은 300만원에서 400만원으로 상승, 균형거래량은 900$m^2$에서 1,200$m^2$로 증가
⑤ 균형가격은 900만원에서 1,000만원으로 상승, 균형거래량은 900$m^2$에서 600$m^2$로 감소

해설▸ (1) $Q_{D1} = 900 - P$, $Q_S = 2P$에서 먼저 P값을 구하면 $2P = 900 - P$가 되어 $3P = 900$이 되어 균형가격은 300이다. 이를 다시 $Q_{D1} = 900 - P$ 식에 P에 300을 넣으면 $Q_{D1} = 600$이 된다.
(2) $Q_{D2} = 1,200 - P$, $Q_S = 2P$에서 먼저 P값을 구하면 $2P = 1,200 - P$가 되어 $3P = 1,200$이 되어 균형가격이 400이다. 이를 다시 $Q_{D2} = 1,200 - P$ 식에 P에 400을 넣으면 $Q_{D2} = 800$이 된다.

정답▸ ①

**04** **A지역의 기존 아파트 시장의 수요함수는 P = −Qd + 40, 공급함수는 $P = \frac{2}{3}Qs + 20$ 이었다. 이후 수요함수는 변하지 않고 공급함수가 $P = \frac{2}{3}Qs + 10$으로 변하였다. 다음 설명으로 옳은 것은?** [단, X축은 수량, Y축은 가격, P는 가격(단위는 만원/$m^2$), Qd는 수요량(단위는 $m^2$), Qs는 공급량(단위는 $m^2$)이며, 다른 조건은 동일함] [제34회]

① 아파트 공급량의 증가에 따른 공급량의 변화로 공급곡선이 좌측(좌상향)으로 이동하였다.
② 기존 아파트 시장 균형가격은 22만원/$m^2$이다.
③ 공급함수 변화 이후의 아파트 시장 균형량은 12$m^2$이다.
④ 기존 아파트 시장에서 공급함수 변화로 인한 아파트 시장 균형가격은 6만원/$m^2$만큼 하락하였다.
⑤ 기존 아파트 시장에서 공급함수 변화로 인한 아파트 시장 균형량은 8$m^2$만큼 증가하였다.

**해설▸** 균형가격과 균형량을 계산하여 비교하는 문제이다.
계산 결과, 균형가격은 6만큼 하락, 균형량은 6만큼 증가하기 때문에 옳은 것은 ④이다.

| 〈변화 전〉 | 〈변화 후〉 |
|---|---|
| $-Qd + 40 = \frac{2}{3}Qs + 20$ | $-Qd + 40 = \frac{2}{3}Qs + 10$ |
| $40 - 20 = \frac{2}{3}Qs + Qd$ | $40 - 10 = \frac{2}{3}Qs + Qd$ |
| $20 = \frac{5}{3}Q$ | $30 = \frac{5}{3}Q$ |
| $Q = 20 \times \frac{3}{5} = 12$ | $Q = 30 \times \frac{3}{5} = 18$ |
| ∴ 균형량 $Q = 12$<br>균형가격 $P = -12 + 40 = 28$ | ∴ 균형량 $Q = 18$<br>균형가격 $P = -18 + 40 = 22$ |

① 아파트 공급량의 증가에 따른 공급량의 변화로 공급곡선이 우측(우하향)으로 이동하였다.
② 기존 아파트 시장 균형가격은 28만원/$m^2$이다.
③ 공급함수 변화 이후의 아파트 시장 균형량은 18$m^2$이다.
⑤ 기존 아파트 시장에서 공급함수 변화로 인한 아파트 시장 균형량은 6$m^2$만큼 증가하였다.

**정답▸** ④

**05** **A지역 오피스텔시장에서 수요함수는 $Q_{D1} = 900 - P$, 공급함수는 $Q_S = 100 + \frac{1}{4}P$이며, 균형상태에 있었다. 이 시장에서 수요함수가 $Q_{D2} = 1{,}500 - \frac{3}{2}P$로 변화하였다면, 균형가격의 변화(㉠)와 균형거래량의 변화(㉡)는?** (단, P는 가격, $Q_{D1}$과 $Q_{D2}$는 수요량, $Q_S$는 공급량, X축은 수량, Y축은 가격을 나타내고, 가격과 수량의 단위는 무시하며, 주어진 조건에 한함) [제35회]

① ㉠: 160 상승, ㉡: 변화 없음
② ㉠: 160 상승, ㉡: 40 증가
③ ㉠: 200 상승, ㉡: 40 감소
④ ㉠: 200 상승, ㉡: 변화 없음
⑤ ㉠: 200 상승, ㉡: 40 증가

**해설▸** ② 균형가격은 160 상승하고, 균형거래량은 40 증가한다.

| | | |
|---|---|---|
| 기본공식 | 공급함수 $Q = 100 + \frac{1}{4}P$ ⇨ $Q = 100 + \frac{1}{4}P$<br>수요함수 $Q = 900 - P$ ⇨ $Q = 1{,}500 - \frac{3}{2}P$ | |
| 연립방정식 풀기 | $100 + 0.25P = 900 - P$<br>$1.25P = 800$ | $100 + 0.25P = 1{,}500 - 1.5P$<br>$1.75P = 1{,}400$ |
| | $P = 640,\ Q = 260$ | $P = 800,\ Q = 300$ |
| | 가격은 160 상승, 거래량은 40 증가 | |

**정답▸** ②

| 36회 적중예상 핵심내용 | | | 기출 | | | | | | | |
|---|---|---|---|---|---|---|---|---|---|---|
| 테마 06 | 01 | 탄력성의 개념 | | | | | 32 | | 34 | |
| | 02 | 탄력성 결정요인 | 28 | | 30 | | | | | |
| | 03 | 탄력성의 적용 | | | | 31 | | | | |

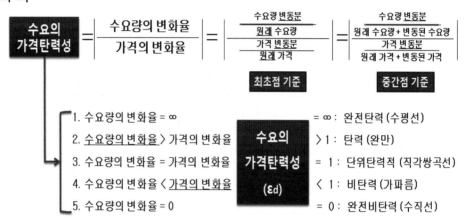

# 01 탄력성의 개념

## 1. 수요의 가격탄력성

☑ 의 의

$$\text{수요의 가격탄력성} = \left|\frac{\text{수요량의 변화율}}{\text{가격의 변화율}}\right| = \left|\frac{\frac{\text{수요량 변동분}}{\text{원래 수요량}}}{\frac{\text{가격 변동분}}{\text{원래 가격}}}\right| = \left|\frac{\frac{\text{수요량 변동분}}{\text{원래 수요량 + 변동된 수요량}}}{\frac{\text{가격 변동분}}{\text{원래 가격 + 변동된 가격}}}\right|$$

최초점 기준 / 중간점 기준

수요의 가격탄력성 (εd)

1. 수요량의 변화율 = ∞ → = ∞ : 완전탄력 (수평선)
2. 수요량의 변화율 > 가격의 변화율 → > 1 : 탄력 (완만)
3. 수요량의 변화율 = 가격의 변화율 → = 1 : 단위탄력적 (직각쌍곡선)
4. 수요량의 변화율 < 가격의 변화율 → < 1 : 비탄력 (가파름)
5. 수요량의 변화율 = 0 → = 0 : 완전비탄력 (수직선)

☑ 탄력성 종류

$$\bullet\ \text{A 의 B 탄력성} = \frac{\text{A의 변화율}}{\text{B의 변화율}}$$

정량적 지표 / 정성적 지표(X)

$$\text{1. 수요의 가격탄력성} = \left|\frac{\text{수요량의 변화율}}{\text{가격의 변화율}}\right| = \left|\frac{\frac{\text{수요량 변동분}}{\text{원래 수요량}}}{\frac{\text{가격 변동분}}{\text{원래 가격}}}\right|, \left|\frac{\frac{\text{수요량 변동분}}{\text{원래 수요량 + 변동된 수요량}}}{\frac{\text{가격 변동분}}{\text{원래 가격 + 변동된 가격}}}\right|$$

[최초점 기준] [중간점 기준]

$$\text{2. 수요의 소득탄력성} = \frac{\text{수요량의 변화율}}{\text{소득의 변화율}}$$

정상재(+), 열등재(-), 중간재(0)

$$\text{3. 수요의 교차탄력성} = \frac{\text{Y재 수요량의 변화율}}{\text{X재 가격의 변화율}}$$

대체재(+), 보완재(-), 독립재(0)

$$\text{4. 공급의 가격탄력성} = \frac{\text{공급량의 변화율}}{\text{가격의 변화율}}$$

물리적(수직), 장기(완만), 단기(급함)

**+ 암기법** 대가리 뿔(+)달린 보마(−)

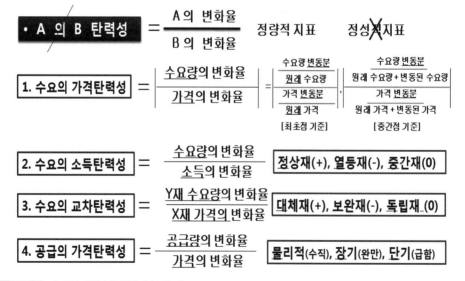

## 02, 03 탄력성 결정요인, 탄력성의 적용

① 수요의 탄력성 결정요인

**암기법** 탄력적인 대장주세용

가격 상승시 다른 곳으로 ① 도망 잘 갈 수 있으면 수요는 탄력
② 도망 잘 못가면 수요는 비탄력

| 탄력적 | 비탄력적 |
|---|---|
| ① 대체재 多, 장기, 세분화(부분)시장<br>② 용도전환 용이, 주거용<br>③ 사치재(투기재, 고가) | ① 대체재 少, 단기, 전체시장<br>② 용도전환 곤란, 상·공업용<br>③ 필수재(투자재, 저가) |

**참고** 비싼 재화일수록 수요는 탄력적이다. (같은 10%의 변화율이라도 100원의 10%와 10억의 10%는 금액이 다르다. 즉 10억원의 10%가 변화는 경우 더 민감하게 반응하게 된다.)

② 수요의 탄력성과 임대부동산의 총수입

총수입 = 가격(P) × 수요량(Q)
100% = 100% × 100%

㉠ 탄력적(완전탄력적) – 가격인하시 총수입 증가 | 가격인상시 총수입 감소
㉡ 비탄력적(완전비탄력적) – 가격인상시 총수입 증가 | 가격인하시 총수입 감소
㉢ 단위탄력적($\varepsilon = 1$, 직각쌍곡선) – 가격변화시 수요량 변화, 총수입 불변
㉣ 완전비탄력적($\varepsilon = 0$, 수직) – 가격변화시 수요량 불변, 총수입 변화

③ 공급의 가격탄력성 $= \dfrac{\text{공급량의 변화율}}{\text{가격의 변화율}}$

㉠ 물리적 공급 : 완전비탄력(수직)
㉡ 단기 공급 : 비탄력적(급함)
㉢ 장기 공급 : 탄력적(완만)
㉣ 생산에 소요기간 길수록 : 공급은 비탄력적(신규부동산)
㉤ 생산에 소요기간 짧을수록 : 공급은 탄력적(중고부동산)

**암기법** 쉬움 – 탄력적, 어려움 – 비탄력적

**01 수요의 가격탄력성에 대한 설명 중 가장 옳은 것은?**

① 주거용 부동산에 비해 공업용 부동산에서 수요가 더 탄력적이다.
② 수요의 가격탄력성은 일반적으로 대체재가 많을수록(선택의 폭이 넓을수록) 작으며, 적을수록 크다.
③ 수요의 가격탄력성은 지역별·용도별로 세분할 경우 보다 탄력적이 된다.
④ 수요의 가격탄력성이 1보다 작을 경우에 전체수입은 임대료가 상승하더라도 감소한다.
⑤ 용도가 다양할수록, 용도전환이 쉬울수록 수요의 가격탄력성은 작아진다.

**해설▸** ① 주거용 부동산이 수요가 더 탄력적이다.
② 수요의 가격탄력성은 일반적으로 대체재가 많을수록(선택의 폭이 넓을수록) 크며, 적을수록 작다.
④ 수요의 가격탄력성이 1보다 작을 경우에 전체수입은 임대료가 상승하면 증가한다.
⑤ 용도가 다양할수록, 용도전환이 쉬울수록 수요의 가격탄력성은 커진다.

**정답▸** ③

**02 다음은 부동산시장에서의 균형의 변동에 관한 설명이다. 옳은 것은?**

① 수요가 완전비탄력적인 경우 공급이 증가하면, 가격은 불변하고 거래량은 증가한다.
② 공급이 완전탄력적인 경우 수요가 감소하면, 가격은 일정하고 거래량은 증가한다.
③ 기술의 개발로 부동산 공급이 증가하는 경우 수요의 가격탄력성이 작을수록 균형가격의 하락폭은 커지고, 균형량의 증가폭은 작아진다.
④ 수요가 증가할 때 공급의 가격탄력성이 탄력적일수록 가격이 더 크게 상승한다.
⑤ 부동산의 공급이 탄력적일수록 수요증가에 따른 가격변동의 폭이 크다.

**해설▸** ① 가격은 하락하고, 거래량은 불변한다.
② 거래량은 증가 ⇨ 거래량은 감소
④ 비탄력적일수록
⑤ 부동산의 공급이 탄력적일수록 수요증가에 따른 가격변동의 폭이 작다.

**정답▸** ③

| 36회 적중예상 핵심내용 | | | 기출 | | | | | | | |
|---|---|---|---|---|---|---|---|---|---|---|
| 테마 07 | 01 | 탄력성 기본공식 | 28 | 29 | 30 | | 32 | 33 | | 35 |
| | 02 | 탄력성(계산문제2) | | | | | | | | |

## 02 탄력성(계산문제2)

**01 아파트 매매가격이 10% 상승할 때, 아파트 매매수요량이 5% 감소하고 오피스텔 매매수요량이 8% 증가하였다. 이때 아파트 매매수요의 가격탄력성의 정도(A), 오피스텔 매매수요의 교차탄력성(B), 아파트에 대한 오피스텔의 관계(C)는?** (단, 수요의 가격탄력성은 절댓값이며, 다른 조건은 동일함) [제32회]

① A : 비탄력적, B : 0.5, C : 대체재
② A : 탄력적, B : 0.5, C : 보완재
③ A : 비탄력적, B : 0.8, C : 대체재
④ A : 탄력적, B : 0.8, C : 보완재
⑤ A : 비탄력적, B : 1.0, C : 대체재

**해설▸** (A) 아파트 매매수요의 가격탄력성 = 5%/10% = 0.5 ⇨ 1보다 작으므로 비탄력적
(B) 오피스텔 매매수요의 교차탄력성 = 8%/10% = 0.8
(C) 아파트에 대한 오피스텔의 관계 : 교차탄력성이 (+)이므로 대체재

**정답▸** ③

**02 아파트에 대한 수요의 가격탄력성은 0.6, 소득탄력성은 0.4이고, 오피스텔 가격에 대한 아파트 수요량의 교차탄력성은 0.2이다. 아파트가격, 아파트 수요자의 소득, 오피스텔 가격이 각각 3%씩 상승할 때, 아파트 전체 수요량의 변화율은?** (단, 두 부동산은 모두 정상재이고 서로 대체재이며, 아파트에 대한 수요의 가격탄력성은 절댓값으로 나타내며, 다른 조건은 동일함) [제30회]

① 1.2% 감소
② 1.8% 증가
③ 2.4% 감소
④ 3.6% 증가
⑤ 변화 없음

해설▸

| 가격탄력성 | 수 1.8↓ | 소득탄력성 | 수 1.2↑ | 교차탄력성 | 수 0.6↑ |
|---|---|---|---|---|---|
| 0.6 | 가 8↑ | 0.4 | 소 3↑ | 0.2 | 교 3↑ |

⑤ 아파트 전체 수요량의 변화율은 변화 없음.

1. 수요의 가격탄력성 = 수요량의 변화율 / 가격의 변화율 = 수요량의 변화율 / 3% = 0.6
   아파트 수요량의 변화율은 1.8%(= 3% × 0.6) 감소한다.
2. 소득탄력성 = 수요량의 변화율 / 소득의 변화율 = 수요량의 변화율 / 3% = 0.4
   아파트 수요량의 변화율은 1.2%(= 3% × 0.4) 증가한다.
3. 오피스텔 가격에 대한 아파트 수요량의 교차탄력성 = 아파트의 수요량의 변화율 / 오피스텔 가격의 변화율 = 수요량의 변화율 / 3% = 0.2
   아파트 수요량의 변화율은 0.6%(= 3% × 0.2) 증가한다.
4. 아파트 전체 수요량의 변화율은 변화 없음.(−1.8% + 1.2% + 0.6% = 0)

정답▸ ⑤

## 03 **A지역 소형아파트 수요의 가격탄력성은 0.9이고, 오피스텔 가격에 대한 소형아파트 수요의 교차탄력성은 0.5이다. A지역 소형아파트 가격이 2% 상승하고 동시에 A지역 오피스텔 가격이 5% 상승할 때, A지역 소형아파트 수요량의 전체 변화율은?** (단, 소형아파트와 오피스텔은 모두 정상재로서 서로 대체적인 관계이고, 수요의 가격탄력성은 절댓값으로 나타내며, 다른 조건은 동일함) [제35회]

① 0.7%
② 1.8%
③ 2.5%
④ 3.5%
⑤ 4.3%

해설▸ ① A지역 소형아파트 수요량의 전체 변화율은 0.7%이다.

$$\frac{\text{수} - 1.8\%}{\text{가} + 2\%} = 0.9 \qquad \frac{\text{수} + 2.5\%}{\text{교} + 5\%} = 0.9$$

전체 수요량의 변화율은 −1.8% + 2.5% = +0.7%

정답▸ ①

| 36회 적중예상 핵심내용 | | | 기출 | | | | | | | |
|---|---|---|---|---|---|---|---|---|---|---|
| 테마 08 | 01 | 부동산경기변동 | | 29 | | 31 | | 33 | | |
| | 02 | 거미집이론(계산문제3) | | 29 | | 31 | 32 | | 34 | |

## 01 부동산경기변동

### 1. 경기변동의 유형

① 경기순환(cyclical) : 회복, 호황, (정점), 후퇴, 불황, (저점)

② 계절적 변동(seasonal) : 1년에 한 번씩 계절적 특성에 따라 반복

③ 추세적 변동(장기적 변동, trend) : 경제성장으로 건축허가량이 지속적으로 증가하고 있다.

④ 무작위적 변동(불규칙적 변동, random) : 일시적 · 우발적 요인, 자연재해, 정부정책

### 2. 경기변동의 특징

① 주기는 길고, 진폭은 大(정점은 높고, 저점은 깊다.)

② 부동산경기는 지역적, 국지적, 개별적으로 나타나서 전국적, 광역적으로 확대된다.

③ 경기순환의 국면이 불분명, 불명확, 불규칙(병행, 선행, 후행, 역행, 독립 可)

④ 경기 회복은 서서히, 후퇴는 빠르게 진행(우경사 비대칭형)

⑤ 타성기간이 장기 : 일반경기에 비해 뒤지는 시간차, 민감하게 작용하지 못하기 때문

⑥ 전순환(주식), 동시순환(상 · 공업용), 후순환(부동산), 역순환(주거용)

### 3. 각 국면별 특징

| 국 면 | 중시현상 | 과거사례가격 · 금리 · 공가율 |
|---|---|---|
| 상향시장(회복시장) | 매도인 중시 | 하 (하한선) |
| 하향시장(후퇴시장) | 매수인 중시 | 상 (상한선) |
| 안정시장 | ① 불황에 강한 유형의 시장(고유, 호황에 약한 유형의 시장)<br>② 가격은 안정, 가벼운 상승, 사례가격은 신뢰할 수 있는 기준<br>③ 위치가 좋고 · 규모가 작은 주택 · 도심지 점포<br>④ 경기순환 분류×, 경기와 전혀 무관하다고 할 수 없다. | |

**01 경기변동의 유형과 경기변동에 대한 설명으로 가장 옳은 것은?** [제18회, 제20회]

① 매년 12월에 건축허가량이 줄어드는 현상이 반복적으로 나타나는 것은 순환적 변동에 속한다.

② 건축허가량이 2월을 저점으로 회복기에 접어들게 되는 것은 계절적 변동에 속한다.

③ 부동산경기는 일반경기와 같이 일정한 주기와 동일한 진폭으로 규칙적이고 안정적으로 반복되며 순환된다.

④ 학기 중에는 대학가 원룸의 공실이 줄어들고 방학 동안 대학가 원룸의 공실이 늘어나는 현상이 발생하는 것은 계절적 변동에 속한다.

⑤ 정부의 담보인정비율(LTV)과 총부채상환비율(DTI)의 규제로 주택경기가 침체되는 것은 순환적 변동에 속한다.

**해설▸** ① 매년 12월에 건축허가량이 줄어드는 현상이 반복적으로 나타나는 것은 계절적 변동에 속한다.

② 건축허가량이 2월을 저점으로 회복기에 접어들게 되는 것은 순환적 변동에 속한다.

③ 부동산경기의 변동크기와 진폭은 국가나 도시마다 다르며 같은 도시라 해도 지역에 따라 시간에 따라 다르게 나타난다. 따라서 불규칙적이고 불안정적이라 할 수 있다.

⑤ 정부의 담보인정비율(LTV)과 총부채상환비율(DTI)의 규제로 주택경기가 침체되는 것은 무작위적 변동에 속한다.

**정답▸** ④

**02 부동산경기변동의 각 국면에 대한 특징이다. 가장 옳은 것은?** [제18회, 제20회]

① 하향시장에서는 매수인 중시 현상이 나타나며, 금리는 높아지고 과거의 사례가격은 새로운 거래의 하한선이 된다.

② 안정시장은 호황에 강한 시장의 유형으로 과거의 사례가격은 신뢰할 수 있는 기준이 되며, 도심지 내 점포나 위치가 좋은 작은 규모의 주택 등이 이에 속한다.

③ 부동산경기는 상향시장 ⇨ 후퇴시장 ⇨ 하향시장 ⇨ 회복시장 ⇨ 안정시장 순으로 순환한다.

④ 후퇴시장에서는 매도자시장에서 매수자시장으로 전환된다.

⑤ 회복시장은 과거의 부동산 사례가격은 새로운 거래의 기준가액이 되거나 상한선이 된다.

**해설▸** ① 하향시장에서는 매수인 중시 현상이 나타나며, 금리는 높아지고 과거의 사례가격은 새로운 거래의 상한선이 된다.

② 안정시장은 불황에 강한 시장의 유형으로 과거의 사례가격은 신뢰할 수 있는 기준이 되며, 도심지 내 점포나 위치가 좋은 작은 규모의 주택 등이 이에 속한다.

③ 안정시장은 순환국면이 아니다.

⑤ 회복시장은 과거의 부동산 사례가격은 새로운 거래의 기준가액이 되거나 하한선이 된다.

**정답▸** ④

## 02 거미집이론(계산문제3)

### 1. 거미집이론

① 가격변동 : 수요는 즉각 반응, 공급은 시차 존재, 균형의 이동을 비교동학(동태)적(결론에 이르는 과정을 분석)으로 설명한다.

② 수렴형 : ㉠ 수.탄 > 공.탄 ㉡ |수.기| < |공.기|

③ 발산형 : ㉠ 수.탄 < 공.탄 ㉡ |수.기| > |공.기|

④ 순환형 : ㉠ 수.탄 = 공.탄 ㉡ |수.기| = |공.기|

⑤ 공급자는 미래를 예측하지 않고 현재의 시장가격에만 반응한다.
공급자는 현재의 가격을 고려해 미래의 공급을 결정한다는 가정을 전제하고 있다.

| VS | P = a + bQ | vs | Q = a + bP |
|---|---|---|---|
| | $\frac{bQ}{aP}$는 '기울기', 분자에 큐 | | $\frac{bP}{aQ}$는 '탄력성', 분자에 피 |

**03 A주택시장과 B주택시장의 함수조건이 다음과 같다. 거미집이론에 의한 두 시장의 모형 형태는?** (단, x축은 수량, y축은 가격, 각각의 시장에 대한 P는 가격, Qd는 수요량, Qs는 공급량, 다른 조건은 동일함) [제32회]

> • A주택시장 : $Qd = 200 - P$, $Qs = 100 + 4P$
>
> • B주택시장 : $Qd = 500 - 2P$, $Qs = 200 + \frac{1}{2}P$

① A : 수렴형, B : 수렴형
② A : 수렴형, B : 발산형
③ A : 수렴형, B : 순환형
④ A : 발산형, B : 수렴형
⑤ A : 발산형, B : 발산형

**해설▸** 1. A주택시장 : 발산형

• 수요함수 $Qd = 200 - P$

⇨ $P = 200 - Qd$ ⇨ 기울기는 1

• 공급함수 $Qs = 100 + 4P$

⇨ $P = -25 + \frac{1}{4}Qs$ ⇨ 기울기는 $\frac{1}{4}$

∴ 수요곡선의 기울기가 공급곡선의 기울기보다 크므로 '발산형'이다.

2. B주택시장 : 수렴형

• 수요함수 $Qd = 500 - 2P$

⇨ $2P = 500 - Qd$

⇨ $P = 250 - \frac{1}{2}Qd$

⇨ 기울기는 $\frac{1}{2}$

• 공급함수 $Qs = 200 + \frac{1}{2}P$

⇨ $\frac{1}{2}P = -200 + Qs$

⇨ $P = -400 + 2Qs$

⇨ 기울기는 2

∴ 공급곡선의 기울기가 수요곡선의 기울기보다 크므로 '수렴형'이다.

**정답▸** ④

| 36회 적중예상 핵심내용 | | | 기출 | | | | | | | |
|---|---|---|---|---|---|---|---|---|---|---|
| 테마 09 | 01 | 부동산시장 | | | | 31 | | 33 | | |
| | 02 | 효율적 시장이론 | 28 | 29 | | 31 | 32 | | | |
| | 03 | 할당 효율적 시장 | | | | | | | | |
| | 04 | 정보의 현재가치(계산문제4) | | 29 | | | | 33 | | 35 |
| | 05 | 주택시장 개요 | 28 | 29 | 30 | 31 | | | | |
| | 06 | 주거분리와 여과작용 | 28 | 29 | 30 | 31 | | | | |

# 01 부동산시장

## 1. 완전경쟁시장, 불완전경쟁시장

| 완전경쟁시장(분석) | 불완전경쟁시장(분류) |
|---|---|
| ① 다수의 판매자와 구매자<br>② 재화의 동질성<br>③ 진입과 퇴거 자유<br>④ 완전한 정보(모든 정보) | ① 소수의 판매자와 구매자<br>② 재화의 이질성<br>③ 진입과 퇴거 곤란<br>④ 불완전한 정보 |

## 2. 부동산시장의 분류

시장범위 : 전체시장, 부분시장, 개별시장 (시장세분화 – 수요 | 시장차별화 – 공급)

✔ 참고 시장이 세분화될수록 시장의 성질은 동질화, 대체성 大, 수요의 탄력성은 탄력적이 된다.

## 3. 부동산시장의 특성과 기능

| 부동산시장의 특성(불완전4, 준강성, 추상적, 구체적) | 부동산시장의 기능 |
|---|---|
| ① 시장의 국지성 : 부동성<br>② 거래의 비공개성 : 개별성<br>③ 상품의 비표준화성 : 개별성<br>④ 시장의 비조직성 : 개별성<br>⑤ 수급조절의 곤란성 : 부증성, 영속성, 부동성, 개별성<br>⑥ 매매기간의 장기성 : 고가성, 환금성↓<br>⑦ 법적규제의 과다 : 단기적으로 가격왜곡<br>⑧ 자금의 유용성과 관련 : 금융조건 완화 – 수요공급 증가 | ① 자원배분의 기능<br>② 교환의 기능<br>③ 가격창조의 기능<br>④ 정보제공의 기능<br>⑤ 양과 질의 조정기능 |

## 01 부동산시장에 관한 일반적인 설명으로 틀린 것은? [제23회]

① 부동산시장은 지역의 경제적 · 사회적 · 행정적 변화에 따라 영향을 받으며, 수요 · 공급도 그 지역 특성의 영향을 받는다.
② 부동산시장에서는 수요와 공급의 불균형으로 인해 단기적으로 가격형성이 왜곡될 가능성이 있다.
③ 부동산시장은 거래의 비공개성으로 불합리한 가격이 형성되며, 이는 비가역성과 관련이 깊다.
④ 부동산시장은 외부효과에 의해 시장의 실패가 발생할 수 있다.
⑤ 부동산시장에서는 매도인의 제안가격과 매수인의 제안가격의 접점에서 부동산가격이 형성된다.

**해설▸** 부동산시장에서 부동산상품의 거래는 개별적으로 이루어지는 경향이 있으며, 개별성으로 거래관련 정보가 공개되지 않거나 불완전한 경우가 많다.

**정답▸** ③

## 02 부동산시장에 관한 다음 설명 중 옳은 것은? [제11회]

① 부동산시장은 수요와 공급의 조절이 쉽지 않아 장기적으로 가격의 왜곡이 발생할 가능성이 많다.
② 부동산시장은 부동산의 부증성 때문에 고도로 국지화되는 경향을 갖는다.
③ 유사한 부동산이라 하여도 부분시장별로 서로 다른 가격이 형성되는 시장의 세분화 현상이 발생하는데, 이는 부동산의 특성 중 개별성 때문이다.
④ 지리적 위치의 고정성 · 내구성 · 개별성 등 부동산의 제특성으로 인하여 부동산시장은 불완전성을 띤다.
⑤ 부동산에 대한 법적 제한은 부동산시장의 불완전성과는 관계가 없다.

**해설▸** ① 부동산시장은 수요와 공급의 조절이 쉽지 않아 단기적으로 가격의 왜곡이 발생할 가능성이 많다.
② 부동산시장은 부동산의 부동성 때문에 고도로 국지화되는 경향을 갖는다.
③ 유사한 부동산이라 하여도 부분시장별로 서로 다른 가격이 형성되는 시장의 세분화현상이 발생하는데, 이는 부동산의 특성 중 부동성 때문이다.
⑤ 부동산에 대한 법적 제한도 시장을 불완전하게 만드는 한 요인이 된다.

**정답▸** ④

**03 부동산시장의 특성과 기능에 관한 설명 중 옳은 것은?** [제17회]

① 부동산시장은 수요와 공급의 조절이 쉽지 않아 단기적으로 가격의 왜곡이 발생할 가능성이 높다.
② 부동산시장의 특징 중 하나는 특정 지역에 다수의 판매자와 다수의 구매자가 존재한다는 것이다.
③ 부동산은 개별성이 강하기 때문에 부동산상품별 시장조직화가 가능하다.
④ 부동산거래는 그 성질상 고도의 공적인 경향을 띠고 있다.
⑤ 부동산시장은 국지성의 특징이 있기 때문에 균질적인 가격형성이 가능하다.

**해설▸** ② 다수의 판매자와 다수의 구매자가 존재하는 것은 완전경쟁시장이다. 그러나 부동산시장은 부동산의 고가성으로 부동산시장을 불완전하게 만들기 때문에 생산자와 소비자의 수가 상대적으로 제한되는 경향이 있다.
③ 부동산시장은 개별성 때문에 시장의 조직화를 곤란하게 한다.
④ 부동산거래는 고도의 사적인 경향을 띠고 있다.
⑤ 부동산시장은 국지성 때문에 균질적인 가격형성이 곤란하며 지역별로 부동산가격의 수준을 달리한다.

**정답▸** ①

## 02 효율적 시장이론

### 1. 효율적 시장: 정보가 부동산의 가격에 즉시 반영되는 시장

| 효율적 시장 | 반영정보 | 분석방법 | 정상이윤 | 초과이윤(정상 이상의 이윤) |
|---|---|---|---|---|
| 약성 효율적 시장 | 과거의 정보 | 기술적분석 | 과거정보분석 可 | 현재 · 미래정보 분석시 可 |
| 준강성 효율적 시장 (부동산시장) | 공표된 정보 (과거 · 현재) | 기본적분석 | 현재정보분석 可 | 미래정보 분석시 可 |
| 강성 효율적 시장 (완전경쟁시장) | 모든 정보 | 분석불필요 | 미래정보분석 可 | 어떠한 경우도 획득 불가능 |

참고 현재정보(기본적)분석: 정상이윤 획득(준강성 효율적 시장), 초과이윤 획득(약성 효율적 시장)

참고 부동산시장은 대부분 준강성 효율적 시장의 성질이 있기 때문에, 시장참여자들은 미래정보를 이용하면 초과이윤을 누릴 수 있다.

## 03 할당 효율적 시장

① 초과이윤이 존재× (정보비용 ○ or ×), 정보가치(1,000) = 정보비용(1,000)

② 완전경쟁시장 ⇨ 할당 효율적 시장(○), 할당 효율적 시장 ⇨ 완전경쟁시장(×)

③ 불완전경쟁시장(부동산, 독점시장)이라도 할당 효율적일 수 있다.

④ 부동산거래에 정보비용이 수반되는 것은 시장이 불완전하기 때문이다.

⑤ 초과이윤 획득, 투기가 성립하는 것은 할당 효율적이지 못하기 때문이다.

## 04 정보의 현재가치(계산문제4)

① 대상부동산의 현재가치 $= \dfrac{(\text{실현가치} \times \text{확률}) + (\text{미실현가치} \times \text{확률})}{(1+r)^n}$

② 정보가치 $= \dfrac{(\text{실현가치} \times 100\%) + (\text{미실현가치} \times 0\%)}{(1+r)^n} - \dfrac{(\text{실현가치} \times \text{확률}) + (\text{미실현가치} \times \text{확률})}{(1+r)^n}$

③ 정보가치(빠른 계산) $= \dfrac{(\text{실현가치} - \text{미실현가치}) \times \text{미실현확률}}{(1+r)^n}$

④ 초과이윤 = 정보가치 − 정보비용

**암기법** 빼, 안, 나 ① 실 − 미 빼고 ② 안 들어설 확률 곱하고 ③ (현재가치로) 나누고

**04 부동산시장의 효율성에 관한 설명이다. 옳은 것은?** [제13회]

① 부동산시장이 새로운 정보를 얼마나 지체 없이 가격에 반영하는가 하는 것을 시장의 효율성이라 하고, 정보가 지체 없이 가치에 반영된 시장을 효율적 시장이라 한다.

② 강성 효율적 시장에서는 이미 모든 정보가 가격에 반영되어 있으므로 투자분석만 잘하면 정상 이상의 초과이윤을 얻기가 쉽다.

③ 어떠한 형태의 효율적 시장이 부동산시장에 존재하는가는 나라마다 비슷하며, 효율성의 정도도 거의 같다.

④ 과거의 정보를 가지고 투자분석을 하는 것을 기술적 분석이라 하는데, 약성 효율적 시장에서는 기술적 분석을 통해 초과이윤을 얻기가 쉽다.

⑤ 준강성 효율적 시장은 새로운 정보가 공표되는 즉시 가격에 반영되는 시장으로, 공표된 자료를 토대로 투자분석을 하면 초과이윤을 얻기가 쉽다.

**해설▸** ②, ④, ⑤는 초과이윤을 얻기가 어렵다. ③ 나라마다 다르며 효율성의 정도도 다르다.

**정답▸** ①

**05 부동산시장에 관한 설명으로 틀린 것은?** (단, 다른 조건은 모두 동일함) [제29회]

① 불완전경쟁시장에서도 할당 효율적 시장이 이루어질 수 있다.
② 진입장벽의 존재는 부동산시장을 불완전하게 만드는 원인이다.
③ 부동산시장의 분화현상은 경우에 따라 부분시장(sub-market)별로 시장의 불균형을 초래하기도 한다.
④ 강성 효율적 시장에서도 정보를 이용하여 초과이윤을 얻을 수 있다.
⑤ 부동산에 가해지는 다양한 공적 제한은 부동산시장의 기능을 왜곡할 수 있다.

**해설▸** ④ 강성 효율적 시장은 공표된 정보는 물론이고 아직 공표되지 않은 정보까지도 시장가치에 반영되어 있는 시장이므로 이를 통해 초과이윤을 얻을 수 없다.

**정답▸** ④

**06 1년 후 신역사가 들어선다는 정보가 있다. 이 정보의 현재가치는?** (단, 제시된 가격은 개발정보의 실현여부에 의해 발생하는 가격 차이만을 반영하고, 주어진 조건에 한함) [제29회]

- 역세권 인근에 일단의 토지가 있다.
- 역세권개발계획에 따라 1년 후 신역사가 들어설 가능성은 40%로 알려져 있다.
- 이 토지의 1년 후 예상가격은 신역사가 들어서는 경우 8억 8천만원, 들어서지 않는 경우 6억 6천만원이다.
- 투자자의 요구수익률은 연 10%다.

① 1억원 ② 1억 1천만원 ③ 1억 2천만원
④ 1억 3천만원 ⑤ 1억 4천만원

**해설▸**

| | 개발되는 경우 | 개발되지 않는 경우 |
|---|---|---|
| 1년 후 예상 | 8억 8,000만원 | 6억 6,000만원 |
| 확 률 | 0.4 | 0.6 |

㉠ 요구수익률 = 0.1(10%)
㉡ 1년 후 기댓값 = 88,000 × 0.4 + 66,000 × 0.6 = 74,800만원
현재 기댓값(정보를 모르는 경우 현가) = 74,800 / (1 + 0.1) = 68,000만원
㉢ 현재 확실값(정보를 아는 경우 현가) = 88,000 / (1 + 0.1) = 80,000만원
㉣ 개발정보의 현재가치 = ㉢ - ㉡ = 80,000 − 68,000 = 12,000만원(1억 2,000만원)

**계산기 활용▸** (88,000,000 − 66,000,000) × 60% ÷ 1.1 =

✚ 빼, 안, 나 ① 실 − 미 빼고 ② 안 들어설 확률 곱하고 ③ (현재가치로) 나누고

**정답▸** ③

**07 지하철 역사가 개발된다는 다음과 같은 정보가 있을 때, 합리적인 투자자가 최대한 지불할 수 있는 이 정보의 현재가치는?** (단, 주어진 조건에 한함) [제35회]

> • 지하철 역사 개발예정지 인근에 A토지가 있다.
> • 1년 후 지하철 역사가 개발될 가능성은 60%로 알려져 있다.
> • 1년 후 지하철 역사가 개발되면 A토지의 가격은 14억 3천만원, 개발되지 않으면 8억 8천만원으로 예상된다.
> • 투자자의 요구수익률(할인율)은 연 10%다.

① 1억 6천만원 ② 1억 8천만원 ③ 2억원
④ 2억 2천만원 ⑤ 2억 4천만원

**해설▸** ③ 정보의 현재가치는 2억원이다.
**계산기 활용▸** 1,430,000,000 − 880,000,000 × 40% ÷ 1.1 = 200,000,000
빼 안 나
✚ 빼, 안, 나 ① 실 − 미 빼고 ② 안 들어설 확률 곱하고 ③ (현재가치로) 나누고
**정답▸** ③

## 05 주택시장 개요

• 물리적 주택(주택시장 분류) : 이질적, 비교 곤란, 불완전경쟁시장
• 주택서비스(주택시장 분석) : 동질화 가능, 비교 용이, 주택시장분석(완전가정)

**08 주택시장에 대한 설명 중 가장 옳은 것은?** [제15회]

① 물리적 주택시장은 완전경쟁을 전제로 하는 이론이나 모형으로 분석이 용이하다.
② 주택이란 이질성이 강한 제품이므로 용도적으로 동질화된 상품으로 분석해서는 안 된다.
③ 주택시장은 지역적 경향이 강하고 지역수요에 의존하기 때문에 적정가격 도출이 용이하다.
④ 주택시장의 단기공급곡선은 유량개념을, 장기공급곡선은 저량개념을 의미한다.
⑤ 주택시장분석에서 유량의 개념뿐만 아니라 저량의 개념을 파악하는 것은 주택공급이 단기적으로 제한되어 있기 때문이다.

**해설▸** ① 물리적 주택시장은 완전경쟁을 전제로 하는 이론이나 모형으로 분석이 어렵다.
② 주택이란 이질성이 강한 제품이지만 용도적으로 동질화된 상품으로 분석해야 한다.
③ 주택시장은 지역적 경향이 강하고 지역수요에 의존하기 때문에 적정가격 도출이 어렵다.
④ 주택시장의 단기공급곡선은 저량개념을, 장기공급곡선은 유량개념을 의미한다.
주택시장을 분석하는 방법에 있어서 시점에 대한 것은 유량(일정기간)과 저량(일정시점)의 개념이 모두 사용되지만 단기인 경우에는 시장상황이 변동에 대처하는 시간이 미흡한 경우에 해당하므로 유량의 개념보다는 저량의 개념이 적합하다고 볼 수 있다.

**정답▸** ⑤

## 06 주거분리와 여과작용

(1) 저가주택의 신축 금지, 저가주택의 수요증가 : 고가주택의 하향여과 발생

(2) 여과작용에 의한 주거분리

주거분리현상이 나타나는 이유 − 수선에 투입되는 비용과 수선 후의 주택가치 상승분을 비교하여 의사결정

① 고급주택지역 : 수선 후의 가치상승분 > 투입비용 ⇨ 주택을 수선한다.
⇨ 고소득층의 침입 ⇨ 상향여과현상 ⇨ 고소득층 주거지역

② 저급주택지역 : 수선 후의 가치상승분 < 투입비용 ⇨ 수선하지 않는다.
⇨ 저소득층의 침입 ⇨ 하향여과현상 ⇨ 저소득층 주거지역

③ 이것이 고급주택지역은 계속 고급주택지역으로, 저급주택지역은 계속 저급주택지역으로 남게 되는 이유 중의 하나가 된다. 따라서 고소득층 주거지역과 인접한 저소득층 주택은 할증료가 붙어 거래되며, 저소득층 주거지역과 인접한 고소득층 주택은 할인되어 거래될 것이다.

(3) **불량주택** : 저소득(주택문제 ×), 효율적 자원배분과정(시장실패 ×), 실질소득 향상이 효과적인 대책(철거 ×)

**09 주택의 여과과정이론과 주거분리에 관한 설명으로 틀린 것은?** [제21회]

① 주택의 상향여과는 상위소득계층이 사용하던 기존주택이 하위소득계층의 사용으로 전환되는 것을 말한다.
② 주거분리는 도시 전체뿐만 아니라 지리적으로 인접한 근린지역에서도 발생할 수 있다.
③ 주거분리는 도시 내에서 소득계층이 분화되어 거주하는 현상을 말한다.
④ 침입과 천이현상으로 인해 주거입지의 변화를 가져올 수 있다.
⑤ 공가(空家)의 발생은 주택여과과정의 중요한 구성요소 중 하나이다.

**해설▸** 상위소득계층이 사용하던 기존주택이 하위소득계층의 사용으로 전환되는 것을 하향여과라 한다.

**정답▸** ①

**10 주거분리와 주택의 여과과정(filtering process) 이론에 관한 설명 중 틀린 것은?** [제19회]

① 주거분리란 고소득층의 주거지역과 저소득층의 주거지역이 분리되는 현상을 말한다.
② 주거분리는 주택 소비자가 정(+)의 외부효과 편익은 추구하려 하고, 부(−)의 외부효과 피해는 피하려는 동기에서 비롯된다.
③ 저소득층 주거지역에서 주택의 보수를 통한 가치 상승분이 보수비용보다 크다면 상향여과가 발생할 수 있다.
④ 고소득층 주거지역과 인접한 저소득층 주택은 할증료(premium)가 붙어 거래되며, 저소득층 주거지역과 인접한 고소득층 주택은 할인되어 거래될 것이다.
⑤ 고소득층 주거지역으로 저소득층이 들어오게 되어 상향여과과정이 계속되면, 고소득층 주거지역은 점차 저소득층 주거지역으로 바뀔 것이다.

**해설▸** 상향여과과정 ⇨ 하향여과과정

**정답▸** ⑤

| 36회 적중예상 핵심내용 | | | 기출 | | | | | | | |
|---|---|---|---|---|---|---|---|---|---|---|
| 테마 10 | 01 | 지대와 지가 및 지대논쟁 | 28 | 29 | | 31 | | 33 | 34 | 35 |
| | 02 | 학자별 지대이론 | | | | | | | | |

## 01, 02 지대와 지가 및 지대논쟁, 학자별 지대이론

### 1. 지대에 관한 논쟁

(고전학파 – 잉여, 생산요소 구분 ○ | 신고전학파 – 비용, 생산요소 구분 ×)

| ① 차액지대설(리카도) | ② 절대지대설(마르크스) |
|---|---|
| 토지의 비옥도, 수확체감의 법칙 | 토지소유권, 요구 |
| 한계지에서 지대는 zero | 한계지에서도 지대 존재 |
| 곡물가격(비옥도)이 지대를 결정 | 지대가 곡물가격을 결정 |
| 지대는 불로소득(잉여) | 지대는 비용(생산비) |

**+ 암기법** 고전잉여 신고비용

**+ 암기법** 비옥하게 확 먹고 차액은 니카드로

**+ 암기법** 한계지는 절마 소유

③ 위치지대설(튀넨)

> 지대 = 매상고 − 생산비(임금 · 이자) − 수송비

**+ 암기법** 아지매 생수

㉠ 리카도의 차액지대이론에 위치개념을 더한 이론으로, 토지이용의 양태는 경작농산물의 수송비에 의하여 결정, 수송비 절약이 지대, 지대와 수송비는 반비례관계

㉡ 한계지대곡선(우하향), 집약(가파름), 조방(완만함), 버제스 도시내부구조이론인 동심원이론에 영향을 미침

**+ 암기법** 위치가 튀네, 수송비가 증가한다.

④ 입찰지대곡선(알론소)

㉠ 토지이용자가 지불하고자 하는 최대금액으로, 초과이윤이 0이 되는 수준의 지대

㉡ 가장 많은 지대를 지불하는(지대지불능력이 가장 우수한) 입지주체가 중심지와 가깝게 입지, 우하향하면서 원점을 향해 볼록한 형태

㉢ 입찰지대곡선 기울기 : 한계교통비(한계운송비, 한계수송비)를 토지사용량(토지이용량)으로 나눈 값

$$\text{입찰지대곡선의 기울기} = \frac{\text{기업의 한계교통비}}{\text{기업의 토지사용량}}$$

**암기법** 얇는소를 최고가에 입찰하다.

## 2. 경제지대

① 전용수입(transfer earnings) : 어떤 생산요소가 다른 용도로 전용되지 않도록 하기 위해서 현재의 용도에서 지급되어야 하는 최소한의 지급액, 정상이윤(최소한의 수입)

② 경제지대(파레토) : 토지 총수입과 전용수입과의 차액, 초과이윤(공급자 영구적 초과수익)

| 경제지대 = 생산요소의 총수입 − 전용수입(기회비용) |
|---|

③ 공급이 완전비탄력적(수직) : 경제지대 ⇨ 최대(전용수입 = 0, 총수입 = 경제지대)

④ 공급이 완전탄력적(수평) : 경제지대 ⇨ 최소(경제지대 = zero, 총수입 = 전용수입)

※ 준지대(마샬) : 인간이 만든 기계나 설비에서 생기는 초과이윤, 단기 – 발생, 장기 – 소멸

**암기법** 맛살 준 단발그녀, 총마전 파레토

**01 지대이론에 관한 설명으로 옳은 것은?** [제34회]

① 튀넨(J. H. von Thünen)의 위치지대설에 따르면, 비옥도 차이에 기초한 지대에 의해 비농업적 토지이용이 결정된다.

② 마샬(A. Marshall)의 준지대설에 따르면, 생산을 위하여 사람이 만든 기계나 기구들로부터 얻은 일시적인 소득은 준지대에 속한다.

③ 리카도(D. Ricardo)의 차액지대설에서 지대는 토지의 생산성과 운송비의 차이에 의해 결정된다.

④ 마르크스(K. Marx)의 절대지대설에 따르면, 최열등지에서는 지대가 발생하지 않는다.

⑤ 헤이그(R. Haig)의 마찰비용이론에서 지대는 마찰비용과 교통비의 합으로 산정된다.

**해설▸** ② 마샬의 준지대 개념을 바르게 설명하고 있다.

① 튀넨(J. H. von Thünen)의 위치지대설은, 농업지역의 동심원적 지대가 형성되는 원리를 수송비를 매개로 설명하였다.

③ 리카도(D. Ricardo)의 차액지대설에서 지대는 농토의 비옥도에 따른 농작물 수확량의 차이로 파악한다.

④ 마르크스(K. Marx)의 절대지대설에 따르면, 최열등지에서도 지대가 발생한다.

⑤ 헤이그(R. Haig)의 마찰비용이론에서 마찰비용은 지대와 교통비의 합계로 산정된다.

**정답▸** ②

## 02 지대론에 관한 설명으로 <u>틀린</u> 것은? [제24회]

① 리카도(D. Ricardo)는 비옥도의 차이, 비옥한 토지량의 제한, 수확체감법칙의 작동을 지대발생의 원인으로 보았다.
② 위치지대설에 따르면 다른 조건이 동일한 경우, 지대는 중심지에서 거리가 멀어질수록 하락한다.
③ 절대지대설에 따르면 토지의 소유 자체가 지대의 발생 요인이다.
④ 입찰지대설에 따르면 토지이용은 최고의 지대지불의사가 있는 용도에 할당된다.
⑤ 차액지대설에 따르면 지대는 경제적 잉여가 아니고 생산비이다.

**해설▸** 리카도(D. Ricardo)의 차액지대설에 따르면 지대는 생산물가격을 결정하는 것이 아니라 생산물가격에 의해서 지대가 결정되기 때문에 지대는 생산비의 일부가 아니라 불로소득, 즉 경제적 잉여이다.

**정답▸** ⑤

## 03 마샬(A. Marshall)의 준지대론에 관한 설명으로 <u>틀린</u> 것은? [제24회]

① 한계생산이론에 입각하여 리카도(D. Ricardo)의 지대론을 재편성한 이론이다.
② 준지대는 생산을 위하여 사람이 만든 기계나 기구들로부터 얻는 소득이다.
③ 토지에 대한 개량공사로 인해 추가적으로 발생하는 일시적인 소득은 준지대에 속한다.
④ 고정생산요소의 공급량은 단기적으로 변동하지 않으므로 다른 조건이 동일하면 준지대는 고정생산요소에 대한 소요에 의해 결정된다.
⑤ 준지대는 토지 이외의 고정생산요소에 귀속되는 소득으로서, 다른 조건이 동일하다면 영구적으로 지대의 성격을 가지는 소득이다.

**해설▸** ⑤ 영구적 ⇨ 단기적
준지대(quasi-rent)란 공장설비 등과 같이 단기적으로 고정된 생산요소에 대한 보수, 즉 생산을 위하여 사람이 만든 기계나 기구들로부터 얻는 소득을 말한다.

**정답▸** ⑤

**04 다음은 지대이론(land rent theory)에 대한 설명이다. 가장 거리가 먼 것은?** [제15회]

① 튀넨은 지대의 결정이 토지의 비옥도만이 아닌 위치에 따라 달라지는 위치지대(location rent)의 개념을 통해 현대적인 입지이론의 기초를 제공했다.
② 입찰지대(bid rent)란 단위 면적의 토지에 대해 토지이용자가 지불하고자 하는 최대금액으로, 초과이윤이 0이 되는 수준의 지대를 말한다.
③ 생산요소 간의 대체가 일어날 경우, 일반적으로 입찰지대곡선은 우하향하면서 원점을 향해 볼록한 형태를 지니게 된다.
④ 입찰지대곡선의 기울기는 토지이용자의 토지이용량을 생산물의 단위당 한계운송비로 나눈 값이다.
⑤ 단일도심 도시에서 상업용 토지이용이 도심 부근에 나타나는 것은 상업용 토지이용이 단위 토지면적당 생산성이 높고 생산물의 단위당 한계운송비가 크기 때문이다.

**해설▸** 지대란 일정기간 동안 토지를 사용한 대가로 지불되는 임대료를 의미한다.
④ 입찰지대곡선의 기울기는 생산물의 단위당 한계운송비를 토지이용자의 토지이용량으로 나눈 값을 의미한다.

**정답▸** ④

**05 지대이론에 관한 설명으로 옳은 것은?** [제29회]

① 차액지대는 토지의 위치를 중요시하고 비옥도와는 무관하다.
② 준지대는 토지사용에 있어서 지대의 성질에 준하는 잉여로 영구적 성격을 가지고 있다.
③ 절대지대는 토지의 생산성과 무관하게 토지가 개인에 의해 배타적으로 소유되는 것으로부터 발생한다.
④ 경제지대는 어떤 생산요소가 다른 용도로 전용되지 않고 현재의 용도에 그대로 사용되도록 지급하는 최소한의 지급액이다.
⑤ 입찰지대는 토지소유자의 노력과 희생 없이 사회 전체의 노력에 의해 창출된 지대이다.

**해설▸** ① 튀넨은 지대의 결정이 토지의 비옥도만이 아닌 위치에 따라 달라지는 위치지대(location rent)의 개념을 통해 현대적인 입지이론의 기초를 제공했다. 따라서 위치지대에 대한 설명이다.

② 영구적 ⇨ 단기적

준지대(quasi-rent)란 공장설비 등과 같이 단기적으로 고정된 생산요소에 대한 보수, 즉 생산을 위하여 사람이 만든 기계나 기구들로부터 얻는 소득을 말한다. 일시적으로 토지의 성격을 가지는 기계, 기구 등의 생산요소에 대한 대가이다.

④ 전용수입은 어떤 생산요소가 다른 용도로 전용되지 않고 현재의 용도에 그대로 사용되도록 지급하는 최소한의 지급액이다.

⑤ 입찰지대는 단위 면적의 토지에 대해 토지이용자가 지불하고자 하는 최대금액으로, 초과이윤이 0이 되는 수준의 지대를 말한다.

**정답▸** ③

## 06 지대론에 관한 설명으로 <u>틀린</u> 것은? [제20회]

① 차액지대설에서는 토지 비옥도가 지대를 결정하게 되며, 수확체감의 법칙을 전제한다.

② 절대지대설에 따르면 토지 소유자는 최열등지에 대해서는 지대를 요구할 수 없다.

③ 튀넨(Thünen)의 입지이론에 따르면 토지의 비옥도가 동일하더라도 위치에 따라 지대의 차이가 날 수 있다.

④ 입찰지대설에서는 가장 높은 지대를 지불할 의사가 있는 용도에 따라 토지이용이 이루어진다.

⑤ 차액지대설에 따르면 생산물의 가격과 생산비가 일치하는 한계지에는 지대가 발생하지 않는다.

**해설▸** 절대지대설에 따르면 토지소유자는 어떤 곳이든지 지대를 요구할 수 있다.

없다(×) ⇨ 있다(○) : 마르크스의 절대지대설에 따르면 토지소유자는 비옥도를 기준으로 하지 않고 소유권을 행사하여 최열등지에 대해서도 지대를 요구할 수 있다.

**정답▸** ②

**07 다음 설명에 모두 해당하는 것은?** [제35회]

- 토지의 비옥도가 동일하더라도 중심도시와의 접근성 차이에 의해 지대가 차별적으로 나타난다.
- 한계지대곡선은 작물의 종류나 농업의 유형에 따라 그 기울기가 달라질 수 있으며, 이 곡선의 기울기에 따라 집약적 농업과 조방적 농업으로 구분된다.
- 가장 높은 지대를 지불하는 농업적 토지이용에 토지가 할당된다.

① 마샬(A. Marshall)의 준지대설
② 헤이그(R. Haig)의 마찰비용이론
③ 튀넨(J. H. von Thünen)의 위치지대설
④ 마르크스(K. Marx)의 절대지대설
⑤ 파레토(V. Pareto)의 경제지대론

**해설▸** ③ 튀넨(J. H. von Thünen)의 위치지대설에 대한 설명이다.

**정답▸** ③

**08 토지세를 제외한 다른 모든 조세를 없애고 정부의 재정은 토지세만으로 충당하는 토지단일세를 주장한 학자는?** [제35회]

① 뢰쉬(A. Lösch)
② 레일리(W. Reilly)
③ 알론소(W. Alonso)
④ 헨리 조지(H. George)
⑤ 버제스(E. Burgess)

**해설▸** ④ 토지단일세를 주장한 학자는 헨리 조지(H. George)이다.

- 헨리 조지의 토지단일세

> 공급의 탄력성이 큰 재화일수록 세금을 부과하면 시장에서 자원배분의 왜곡을 크게 만든다. 반대로 비탄력적인 재화일수록 자원배분의 왜곡이 작아지고 완전비탄력적이면 자원배분의 왜곡이 없는 것이다. 즉 완전비탄력적인 토지에 대한 보유세는 자원배분의 왜곡을 가져오지 않는다. 그래서 헨리 조지는 토지에서 나오는 지대수입을 100% 징세할 경우, 토지세 수입만으로 재정을 충당할 수 있다고 주장했다.

**정답▸** ④

| 36회 적중예상 핵심내용 | | | 기출 | | | | | | | |
|---|---|---|---|---|---|---|---|---|---|---|
| 테마 11 | 01 | 도시내부구조이론[도시공간(성장)구조이론] | 28 | 29 | 30 | 31 | 32 | 33 | 34 | 35 |
| | 02 | 도시경제기반이론(입지계수 계산문제5) | | | 30 | | 32 | | 34 | |

## 01 도시내부구조이론

(1) 동심원이론(버제스) : 중심지와 가까워질수록 범죄, 빈곤 및 질병이 많아지는 경향, 저소득층일수록 고용기회가 많은 도심과 접근성이 양호한 지역에 주거를 선정하는 경향이 있다. 버제스(Burgess)의 동심원이론은 침입, 경쟁, 천이과정을 수반하는 생태학적 논리에 기반하고 있다. [2018년 감정평가사]

**암기법** 버스타고 동심찾아 생태계로!

> 중심업무지구(CBD) ⇨ 전이(점이, 천이)지대 ⇨ 저소득(근로자)지역 ⇨ 고소득(중산층)지역 ⇨ 통근자지역

(2) 선형이론(호이트) : 도시는 교통축을 따라 부채꼴 모양으로 확대, 주거분리

① 고급주택은 교통망의 축(접근성이 양호한 곳)에 가까이 입지, 중급주택은 고급주택의 인근에 위치

② 하급주택과 경공업지구는 인접하며 고급주택지의 반대편에 입지

**암기법** 부채들고 호잇호잇!

(3) 다핵심이론(해리스, 울만) : 도시란 복수의 핵심주변에서 발달한다는 이론

① 도시는 도심과 부도심으로 구성되며 현대도시나 대도시 패턴에 적합한 이론

② 핵의 성립요인 : 동종활동 집적이익, 이종활동 간 비양립성, 특정위치나 시설의 필요성, 지대지불능력 차이

**암기법** 이분 똥집! : 이종은 분산, 동종은 집적

**01 버제스(E. W. Burgess)의 동심원이론에 관한 설명 중 틀린 것은?** [제19회]

① 20세기 초반, 미국 시카고대학의 시카고학파를 중심으로 발전하였다.
② 도시의 공간구조를 도시생태학적 관점에서 접근하였다.
③ 도시의 공간구조 형성을 침입, 경쟁, 천이 등의 과정으로 설명하였다.
④ 튀넨(von Thünen)의 고립국 이론은 버제스의 동심원이론을 농업부문에 응용한 것이다.
⑤ 이 이론에 따르면 천이지대(혹은 점이지대)는 중심업무지구와 저소득층 주거지대의 사이에 위치한다.

**해설▸** 버제스 등이 전개한 도시공간구조에 관한 최초의 이론으로서, 튀넨의 농촌 토지이용구조를 도시 토지이용구조에 적용시킨 것이다.

**정답▸** ④

**02 도시공간구조이론에 관한 설명으로 옳은 것은?**

① 도시공간구조의 변화를 야기하는 요인은 교통의 발달이지 소득의 증가와는 관계가 없다.
② 버제스(E. Burgess)는 도시의 성장과 분화가 주요 교통망에 따라 확대되면서 나타난다고 보았다.
③ 호이트(H. Hoyt)는 도시의 공간구조형성을 침입, 경쟁, 천이 등의 과정으로 나타난다고 보았다.
④ 동심원이론에 의하면 점이지대는 고급주택지구보다 도심으로부터 원거리에 위치한다.
⑤ 다핵심이론의 핵심요소에는 공업, 소매, 고급주택 등이 있으며, 도시성장에 맞춰 핵심의 수가 증가하고 특화될 수 있다.

**해설▸** ① 교통의 발달, 소득의 증가 모두 도시공간구조의 변화를 야기하는 요인과 관계있다.
② 버제스의 동심원이론은 도시공간구조를 주거지 분화현상으로 설명하였으며 주요 교통망에 따라 확대되면서 나타난다고 하지 않았다. 교통망을 강조한 것은 호이트의 선형이론 등 다른 이론들이다.
③ 도시의 공간구조형성을 침입, 천이, 경쟁으로 설명한 이론은 버제스의 동심원이론이다.
④ 동심원이론에 의하면 점이지대는 중심업무지대와 저소득 주거지대 사이에 위치하므로 고급주택지구보다 도심으로부터 근거리에 위치한다.

**정답▸** ⑤

## 03 도시공간구조이론 및 입지이론에 관한 설명으로 옳은 것은? [제34회]

① 버제스(E. Burgess)의 동심원이론에서 통근자지대는 가장 외곽에 위치한다.
② 호이트(H. Hoyt)의 선형이론에 따르면, 도시공간구조의 성장과 분화는 점이지대를 향해 직선으로 확대되면서 나타난다.
③ 해리스(C. Harris)와 울만(E. Ullman)의 다핵심이론에는 중심업무지구와 점이지대가 존재하지 않는다.
④ 뢰쉬(A. Lösch)의 최대수요이론은 운송비와 집적이익을 고려한 특정 사업의 팔각형 상권체계 과정을 보여준다.
⑤ 레일리(W. Reilly)의 소매인력법칙은 특정 점포가 최대 이익을 확보하기 위해 어떤 장소에 입지하는가에 대한 8원칙을 제시한다.

**해설▸** ① 버제스(E. Burgess)의 동심원이론에서 도시의 기능지역을 5개 지대로 구분한다.
• 중심업무지구(CBD) ⇨ 점이지대(천이지대) ⇨ 저소득지대 ⇨ 중산층지대 ⇨ 통근자지대
따라서 통근자지대가 가장 외곽에 위치한다.
② 호이트(H. Hoyt)의 선형이론에 따르면, 교통노선을 따라 방사상・환상으로 확대되면서 배치된다. 따라서 원을 변형한 부채꼴 모양과 같다고 하여 선형이론이라고 한다.
③ 해리스(C. Harris)와 울만(E. Ullman)의 다핵심이론은 동심원설과 선형이론을 결합한 것으로서, 중심업무지대(CBD)의 존재를 부정하고 있는 것은 아니다.
④ 뢰쉬(A. Lösch)의 최대수요이론은 수요를 최대로 하는 지점이 이윤을 극대화시키는 최적입지가 된다는 이론이며, 운송비와 집적이익을 고려한 것은 베버의 최소비용이론이다.
⑤ 넬슨의 소매입지론에 대한 설명이다.

**정답▸** ①

## 04 도시공간구조 및 입지에 관한 설명으로 옳은 것은? [제22회]

① 동심원설에 의하면 중심지와 가까워질수록 범죄, 빈곤 및 질병이 적어지는 경향을 보인다.
② 선형이론에 의하면 주택구입능력이 높은 고소득층의 주거지는 주요 간선도로 인근에 입지하는 경향이 있다.
③ 다핵심이론에서는 다핵의 발생요인으로 유사활동 간 분산지향성, 이질활동 간 입지적 비양립성 등을 들고 있다.
④ 도시공간구조의 변화를 야기하는 요인은 교통의 발달이지 소득의 증가와는 관계가 없다.
⑤ 잡화점, 세탁소는 산재성 점포이고 백화점, 귀금속점은 집재성 점포이다.

**해설▸** ① 동심원설에 의하면 중심지와 가까워질수록 범죄, 빈곤 및 질병이 많아지는 경향이 있다.

③ 다핵심이론에서는 다핵의 발생요인으로 유사활동 간의 집중지향성, 이질활동 간 입지적 비양립성 등을 들고 있다.

④ 도시공간구조의 변화를 야기하는 요인은 교통의 발달과 소득의 증가와 밀접한 관계가 있다.

⑤ 백화점, 귀금속점은 집심성 점포이다.

**정답▸** ②

## 02 도시경제기반이론(입지계수 계산문제5)

### 1. 입지계수 적용례

① 전국의 고용자수가 100명이고 그중 자동차산업에 10명이 종사한다.

② 울산의 고용자수는 10명이고 그중 자동차산업에 2명이 종사한다.

③ 울산 지역에서의 자동차 산업의 입지계수를 구하는 방법

$$\frac{\text{울산의 자동차산업 비중}}{\text{전국의 자동차산업 비중}} = \frac{\text{울산}\dfrac{\text{자동차산업(2명)}}{\text{전체산업(10명)}} = 20\%}{\text{전국}\dfrac{\text{자동차산업(10명)}}{\text{전체산업(100명)}} = 10\%} = 2.0$$

$$\text{입지계수(LQ)} = \frac{\text{울산의 자동차산업 구성비}}{\text{전국의 자동차산업 구성비}} = \frac{\dfrac{\text{지역 특정산업 고용수}}{\text{지역 전 산업 고용수}}}{\dfrac{\text{전국 특정산업 고용수}}{\text{전국 전 산업 고용수}}}$$

⇨

1. LQ > 1 수출기반산업
2. LQ < 1 비수출기반산업
3. LQ = 1 자급자족산업

**05** **X와 Y지역의 산업별 고용자수가 다음과 같을 때, X지역의 입지계수(LQ)에 따른 기반산업의 개수는?** (단, 주어진 조건에 한함) [제34회]

| 구 분 | X지역 | Y지역 | 전지역 |
|---|---|---|---|
| A산업 | 30 | 50 | 80 |
| B산업 | 50 | 40 | 90 |
| C산업 | 60 | 50 | 110 |
| D산업 | 100 | 20 | 120 |
| E산업 | 80 | 60 | 140 |
| 전산업 고용자수 | 320 | 220 | 540 |

① 0개 ② 1개 ③ 2개
④ 3개 ⑤ 4개

**해설▸** 입지계수(LQ)를 계산하여 1보다 크면 기반산업, 1보다 작으면 비기반산업이 된다. 아래 식에 대입하여 A, B, C, D, E산업의 입지계수를 계산하여 확인한다.

LQ = X지역 A산업 비율/국가 전체 A산업 비율

$$= \frac{\text{X지역 A산업의 고용자수/X지역 전산업의 고용자수}}{\text{전지역 A산업의 고용자수/전체 전산업의 고용자수}}$$

| 구 분 | X지역 | 전지역 | 입지계수(LQ) |
|---|---|---|---|
| A산업 | 30/320 = 0.09375 | 80/540 = 0.14814 | 0.633 |
| B산업 | 50/320 = 0.15625 | 90/540 = 0.16666 | 0.937 |
| C산업 | 60/320 = 0.1875 | 110/540 = 0.20370 | 0.923 |
| D산업 | 100/320 = 0.3125 | 120/540 = 0.22222 | 1.406 |
| E산업 | 80/320 = 0.25 | 140/540 = 0.25925 | 0.964 |

따라서 입지계수(LQ)가 1보다 큰 기반산업은 D산업(0.3125/0.22222 = 1.406) 1개이다.

**정답▸** ②

| 36회 적중예상 핵심내용 | | | 기출 | | | | | | | |
|---|---|---|---|---|---|---|---|---|---|---|
| 테마 12 | 01 | 상업입지론 : 크 ⇨ 레일리 ⇨ 컨버스 ⇨ 허프 | | 29 | 30 | 31 | 32 | | | 35 |
| | 02 | 공업입지론 : 베버와 뢰쉬 | | | | | | | 34 | |
| | 03 | 입지론(계산문제6) : 레일리, 허프, 컨버스 | 28 | | | | 32 | 33 | 34 | 35 |

## 01 상업입지론 : 크 ⇨ 레일리 ⇨ 컨버스 ⇨ 허프

### 1. 크리스탈러의 중심지이론 : 소비자의 분포, 거시적 분석(중심지 형성)

(1) 용어정리

① 최소요구치 – 중심지 기능이 유지되기 위한 최소한의 수요 요구 규모

② 최소요구범위 – 판매자가 정상이윤을 얻을 만큼의 충분한 소비자들을 포함하는 경계까지의 거리

③ 재화의 도달범위 – 중심지로부터 어느 기능에 대한 수요가 0이 되는 곳까지의 거리

(2) 내 용

① 최소요구치가 재화의 도달범위 내에 있어야 중심지가 성립한다. **암기법** 처재내

② 재화에 따라 중심지가 계층화되며 서로 다른 크기의 도달범위와 최소요구범위를 가진다. 공간적 중심지 규모의 크기에 따라 상권의 규모가 달라진다는 것을 실증하였다.

### 2. 레일리의 소매인력법칙

① 도시 크기(인구)에 비례, 거리의 제곱에 반비례

② 작은 도시 쪽에 가깝게 경계 형성

### 3. 컨버스의 분기점(경계지점) 모형

경쟁하는 두 도시에 각각 입지해 있는 소매시설 간 상권의 경계지점을 확인할 수 있도록 레일리의 소매중력모형을 수정

$$\text{A도시에서 분기점까지의 거리} = \frac{A, B\text{간의 전체거리}}{1 + \sqrt{\dfrac{B\text{의 면적(인구)}}{A\text{의 면적(인구)}}}}$$

✚ 1. 4배 큰 경우 : 작은 도시 쪽으로부터 3으로 나누어 계산
2. 9배 큰 경우 : 작은 도시 쪽으로부터 4로 나누어 계산

**암기법** 큰버스 경계(컨버스 경계지점), 큰버스 번호 : 9443

### 4. 허프의 확률모형

① 도시단위로 논의되었던 이전 이론들을 소매상권이론으로 전환하면서 소비자들의 특정 상점의 구매를 설명할 때 실측거리, 시간거리, 매장규모와 같은 공간요인뿐만 아니라 효용이라는 비공간요인도 고려하였다.

② 허프의 상권분석모형에 따르면, 소비자가 특정 점포를 이용할 확률은 경쟁점포의 수, 점포와의 거리, 점포의 면적에 의해 결정된다.

$$\text{A시장점유율} = \frac{\text{A유인력}(20)}{\text{A유인력}(20) + \text{B유인력}(20) + \text{C유인력}(10)}$$

③ 공간(거리)마찰계수의 결정요인 : 거리(교통조건), 상품(매장물건)의 특성

**+ 암기법** 100km 빡침계수(값 ; 거리부담), 공간마찰계수는 빡침계수

㉠ 교통조건 양호, 교통 발달(교통비용 감소), 전문품점 : 마찰계수값 ⬇ (멀어도 go, 저항값⬇)

㉡ 교통조건 불량, 교통 체증(교통비용 증가), 일상용품점 : 마찰계수값 ⬆ (가까워야 go, 저항값⬆)

### 5. 넬슨의 소매입지이론

특정 점포가 최대 이익을 얻을 수 있는 매출액을 확보하기 위해서는 어떤 장소에 입지하여야 하는지 8가지 원칙을 제시하였다.

### 6. 점포의 입지

| 소재위치에 따른 분류 | 구매관습에 따른 분류 |
|---|---|
| ① 집심성 : 중심지에 입지<br>② 집재성 : 동일업종 모여 입지<br>③ 산재성 : 동일업종 분산 입지<br>④ 국부적집중성 : 국부적 중심지에 모여 입지 | ① 편의품점 : 일상 생활필수품<br>② 선매품점 : 비교 후 구매, 표준화되기 어려움 (비표준화)<br>③ 전문품점 : 구매를 위한 노력을 아끼지 않음 |

## 02 공업입지론 : 베버와 뢰쉬

### 1. 공업입지론

① 베버 : 최소비용이론(수송비↓, 임금↓, 집적력↑), 수송비는 무게와 거리에 비례

② 뢰쉬 : 최대수요이론, 이윤극대화, 시장확대가능성

### 2. 공업입지의 분류

① 원료지향형 : 원료 > 제품, 중량감소산업, 원료의 부패, 국지(편재)원료, 원료지수 > 1

② 시장지향형 : 원료 < 제품, 중량증가산업, 완제품의 부패, 보편원료, 원료지수 < 1

**01** 상권과 관련된 내용으로 <u>틀린</u> 것은? [제22회]

① 상권은 점포의 매출이 발생하는 구역을 정의하는 공간개념으로 상품이나 서비스의 종류에 따라 규모가 다르다.

② 일반적으로 상품이나 서비스의 구입 빈도가 낮을수록 상권의 규모는 작다.

③ 상권획정을 위한 접근법으로는 공간독점접근법, 시장침투접근법, 분산시장접근법이 있는데 고급 가구점과 같은 전문품점의 경우 분산시장접근법이 유용하다.

④ 컨버스(P. D. Converse)는 경쟁하는 두 도시에 각각 입지해 있는 소매시설 간 상권의 경계지점을 확인할 수 있도록 레일리(W. J. Reilly)의 소매중력모형을 수정했다.

⑤ 허프(D. L. Huff)는 상권분석에서 결정론적인 접근보다 확률론적인 접근이 필요하다고 보았다.

**해설▸** 일반적으로 상품이나 서비스의 구입 빈도가 낮을수록 상권의 규모는 크다. 왜냐하면 상품의 구입 빈도가 낮은 것을 취급하는 전문품점이나 선매품점의 경우 보다 큰 상권을 요구하기 때문이다.

**정답▸** ②

**02 크리스탈러(W. Christaller)의 중심지이론에 관한 설명으로 옳은 것은?** [제34회]

① 최소요구범위 – 중심지 기능이 유지되기 위한 최소한의 수요 요구 규모
② 최소요구치 – 중심지로부터 어느 기능에 대한 수요가 0이 되는 곳까지의 거리
③ 배후지 – 중심지에 의해 재화와 서비스를 제공받는 주변지역
④ 도달범위 – 판매자가 정상이윤을 얻을 만큼의 충분한 소비자들을 포함하는 경계까지의 거리
⑤ 중심지 재화 및 서비스 – 배후지에서 중심지로 제공되는 재화 및 서비스

**해설▸** 옳은 것은 ③이다.
① 최소요구치에 대한 설명이다.
② 재화의 도달범위에 대한 설명이다.
④ 최소요구범위에 대한 설명이다.
⑤ 중심지에서 배후지로 제공되는 재화 및 서비스

**정답▸** ③

**03 다음 이론에 관한 설명으로 틀린 것은?** [제29회]

① 레일리(W. Reilly)는 두 중심지가 소비자에게 미치는 영향력의 크기는 두 중심지의 크기에 반비례하고 거리의 제곱에 비례한다고 보았다.
② 베버(A. Weber)는 운송비・노동비・집적이익을 고려하여 비용이 최소화되는 지점이 공장의 최적입지가 된다고 보았다.
③ 컨버스(P. Converse)는 경쟁관계에 있는 두 소매시장 간 상권의 경계지점을 확인할 수 있도록 소매중력모형을 수정하였다.
④ 허프(D. Huff)는 소비자가 특정 점포를 이용할 확률은 소비자와 점포와의 거리, 경쟁점포의 수와 면적에 의해서 결정된다고 보았다.
⑤ 크리스탈러(W. Christaller)는 재화와 서비스에 따라 중심지가 계층화되며 서로 다른 크기의 도달범위와 최소요구범위를 가진다고 보았다.

**해설▸** 레일리(W. Reilly)는 두 중심지가 소비자에게 미치는 영향력의 크기는 두 중심지의 크기에 비례하고 거리의 제곱에 반비례한다고 보았다.

**정답▸** ①

**04 입지 및 도시공간구조 이론에 관한 설명으로 틀린 것은?** [제35회]

① 호이트(H. Hoyt)의 선형이론은 단핵의 중심지를 가진 동심원 도시구조를 기본으로 하고 있다는 점에서 동심원이론을 발전시킨 것이라 할 수 있다.

② 크리스탈러(W. Christaller)는 중심성의 크기를 기초로 중심지가 고차중심지와 저차중심지로 구분되는 동심원이론을 설명했다.

③ 해리스(C. Harris)와 울만(E. Ullman)은 도시 내부의 토지이용이 단일한 중심의 주위에 형성되는 것이 아니라 몇 개의 핵심지역 주위에 형성된다는 점을 강조하면서, 도시공간구조가 다핵심구조를 가질 수 있다고 보았다.

④ 베버(A. Weber)는 운송비의 관점에서 특정 공장이 원료지향적인지 또는 시장지향적인지를 판단하기 위해 원료지수(material index)개념을 사용했다.

⑤ 허프(D. Huff)모형의 공간(거리)마찰계수는 도로환경, 지형, 주행수단 등 다양한 요인에 영향을 받을 수 있는 값이며, 이 모형을 적용하려면 공간(거리)마찰계수가 정해져야 한다.

**해설▸** ② 동심원이론 ⇨ 중심지이론
크리스탈러(W. Christaller)의 이론은 중심성의 크기를 기초로 중심지가 고차중심지와 저차중심지를 구분하는 다핵이론이다. 동심원이론은 단핵이론이므로 크리스탈러의 이론으로 동심원이론을 설명할 수는 없다.

**정답▸** ②

## 03 입지론(계산문제6) : 레일리, 허프, 컨버스

**05 A도시와 B도시 사이에 위치하고 있는 C도시는 A도시로부터 5km, B도시로부터 10km 떨어져 있다. A도시의 인구는 5만명, B도시의 인구는 10만명, C도시의 인구는 3만명이다. 레일리(W. Reilly)의 '소매인력법칙'을 적용할 경우, C도시에서 A도시와 B도시로 구매 활동에 유인되는 인구규모는?** (단, C도시의 모든 인구는 A도시와 B도시에서만 구매함) [제24회]

| | A도시 | B도시 |
|---|---|---|
| ① | 5,000명 | 25,000명 |
| ② | 10,000명 | 20,000명 |
| ③ | 15,000명 | 15,000명 |
| ④ | 20,000명 | 10,000명 |
| ⑤ | 25,000명 | 5,000명 |

**해설▸** ㉠ A도시의 유인력 $= \frac{50,000}{5^2} = 2,000$

㉡ B도시의 유인력 $= \frac{100,000}{10^2} = 1,000$

∴ A도시 유인 인구 $= 30,000 \times \frac{2,000}{3,000} = 20,000$명

B도시 유인 인구 $= 30,000 \times \frac{1,000}{3,000} = 10,000$명

**정답▸** ④

## 06 컨버스(P. D. Converse)의 분기점 모형에 기초할 때, A시와 B시의 상권 경계지점은 A시로부터 얼마만큼 떨어진 지점인가? (단, 주어진 조건에 한함) [제32회]

- A시와 B시는 동일 직선상에 위치하고 있다.
- A시 인구 : 64만명
- B시 인구 : 16만명
- A시와 B시 사이의 직선거리 : 30km

① 5km ② 10km ③ 15km
④ 20km ⑤ 25km

**해설▸** ④ A시로부터의 분기점 = A시와 B시 사이의 거리$(1 + \sqrt{\frac{B\text{의 인구}}{A\text{의 인구}}})$

$= 30/(1 + \sqrt{\frac{16\text{만명}}{64\text{만명}}}) = 30/(1 + 0.5) = 20$

∴ A시로부터 20km 떨어진 지점이 상권의 경계지점이 된다.

**정답▸** ④

**07** **컨버스**(P. Converse)**의 분기점 모형에 기초할 때, A시와 B시의 상권 경계지점은 A시로부터 얼마만큼 떨어진 지점인가?** (단, 주어진 조건에 한함) [제35회]

- A시와 B시는 동일 직선상에 위치
- A시와 B시 사이의 직선거리 : 45km
- A시 인구 : 84만명
- B시 인구 : 21만명

① 15km ② 20km ③ 25km
④ 30km ⑤ 35km

해설▸

$$\text{A도시에서 분기점까지의 거리} = \frac{A, B\ \text{간의 전체거리}}{1+\sqrt{\dfrac{B\text{의 면적(인구)}}{A\text{의 면적(인구)}}}}$$

✚ 1. 4배 큰 경우 : 작은 도시 쪽으로부터 3으로 나누어 계산
2. 9배 큰 경우 : 작은 도시 쪽으로부터 4로 나누어 계산

$$\text{A시로부터의 분기점} = \text{A시와 B시 사이의 거리}(1 + \sqrt{\frac{B\text{의 인구}}{A\text{의 인구}}})$$

$$= 45/(1 + \sqrt{\frac{21\text{만명}}{84\text{만명}}}) = 45/(1 + 0.5) = 30$$

∴ A시로부터 30km 떨어진 지점이 상권의 경계지점이 된다.

정답▸ ④

**08 허프(D. Huff) 모형을 활용하여 점포 A의 월 매출액을 추정하였는데, 착오에 의해 공간(거리)마찰계수가 잘못 적용된 것을 확인하였다. 올바르게 추정한 점포 A의 월 매출액은 잘못 추정한 점포 A의 월 매출액보다 얼마나 증가하는가?** (단, 주어진 조건에 한함)

[제34회]

- X지역의 현재 주민 : 10,000명
- 1인당 월 점포 소비액 : 30만원
- 올바른 공간(거리) 마찰계수 : 2
- 잘못 적용된 공간(거리) 마찰계수 : 1
- X지역의 주민은 모두 구매자이고, 점포(A, B, C)에서만 구매한다고 가정함
- 각 점포의 매출액은 X지역 주민에 의해서만 창출됨

| 구 분 | 점포A | 점포B | 점포C |
|---|---|---|---|
| 면 적 | $750m^2$ | $2,500m^2$ | $500m^2$ |
| X지역 거주지로부터의 거리 | 5km | 10km | 5km |

① 1억원　② 2억원　③ 3억원
④ 4억원　⑤ 5억원

**해설** ▸ 올바르게 추정한 점포 A의 월 매출액은 잘못 추정한 점포 A의 월 매출액보다 3억원(= 12억 − 9억) 증가한다.

〈공간마찰계수 1 적용〉

- 점포 A 인력 = $750/5^1 = 150$
- 점포 B 인력 = $2,500/10^1 = 250$
- 점포 C 인력 = $500/5^1 = 100$
- X지역 주민이 A점포로 갈 확률 = 150/500 = 0.3 = 30%
- A점포 이용 구매자 수 = 10,000명 × 30% = 3,000명
- A점포의 월 매출액 = 3,000명 × 30만원 = 9억원

〈공간마찰계수 2 적용〉

- 점포 A 인력 = $750/5^2 = 30$
- 점포 B 인력 = $2,500/10^2 = 25$
- 점포 C 인력 = $500/5^2 = 20$
- X지역 주민이 A점포로 갈 확률 = 30/75 = 0.4 = 40%
- A점포 이용 구매자 수 = 10,000명 × 40% = 4,000명
- A점포의 월 매출액 = 4,000명 × 30만원 = 12억원

**정답** ▸ ③

| 36회 적중예상 핵심내용 | | | 기출 | | | | | | | |
|---|---|---|---|---|---|---|---|---|---|---|
| 테마 13 | 01 | 정부의 시장개입근거 | 28 | 29 | 30 | 31 | | | 34 | |
| | 02 | 정부의 시장개입 방법(수단), 토지정책수단 | | | | | | | | |

## 01 정부의 시장개입근거

### 1. 시장개입이유

① 정치적 기능 : 사회적 목표, 저소득층, 임대주택정책

② 경제적 기능 : 시장실패 수정, 외부효과 제거, 지역지구제

### 2. 시장실패원인

① 불완전경쟁, 독과점기업(규모의 경제, 비용체감)

② 외부효과(正, 負 둘 다) 시장의 실패를 야기

③ 공공재(비경합성, 비배제성, 과소생산, 공동소비, 수익자부담의 원칙×), 무임승차

④ 정보의 비대칭성 및 불확실성(도덕적 해이, 역선택)

※ 정부실패 : 정부의 개입이 오히려 자원배분을 더 비효율적으로 만드는 상황

예 정부 규제수단의 불완전성

### 3. 외부효과 : 제3자, 의도하지 않게, 시장기구 통하지 않고 (부동성, 인접성)

| 정의 외부효과(외부경제) | 부의 외부효과(외부불경제) |
|---|---|
| ① PIMFY현상 야기<br>② 생산측면 : 사적 비용 > 사회적 비용<br>③ 소비측면 : 사적 편익 < 사회적 편익<br>④ 과소생산, 규제완화<br>⑤ 존재 : 수요의 증가, 균형가격 상승, 균형량 증가 | ① NIMBY현상 야기<br>② 생산측면 : 사적 비용 < 사회적 비용<br>③ 소비측면 : 사적 편익 > 사회적 편익<br>④ 과대생산, 규제강화<br>⑤ 규제 : 공급의 감소, 균형가격 상승, 균형량 감소 |

### 4. 지역지구제

① 의의 : 어울× ⇨ 어울 ○, 토지이용규제, 負외부효과 제거

## 02 정부의 시장개입 방법(수단), 토지정책수단

### 1. 토지정책수단(이. 직. 간)

① 토지이용규제 : 지역지구제, 개발권양도제도(TDR), 토지구획규제, 건축규제, 인·허가, 토지이용계획, 도시계획

② 직접적 개입방법(적극적 개입) : 공영개발, 토지은행제도, 도시개발, 도시재개발, 토지수용, 공공보유제, 최고가격제도(분양가 상한제), 토지선매

③ 간접적 개입방법(소극적 개입) : 토지관련 조세, 부담금의 부과, 보조금 지급, 금융지원, 토지행정상 지원

### 2. 토지은행제도(토지비축제도) : 한국토지주택공사(LH) 토지공사 + 주택공사가 별도의 계정(토지은행계정)으로 직접 관리

① 의의 : 매입, 보유(비축), 개발·매각임대

② 장점 : 계획, 환수, 값싸게(매입지역)

③ 단점 : 매입비, 관리, 투기(주변지역)

※ 공영개발 : 매입(수용), 택지개발, 매각임대 | 계획, 환수, 값싸게 | 매입비, 민원, 투기(주변지역)

**01** 정부의 부동산시장 개입에 관한 설명 중 <u>틀린</u> 것은? [제13회]

① 시장의 실패란 시장이 어떤 이유로 인해서 자원의 적정분배를 자율적으로 조정하지 못하는 것을 의미한다.
② 시장의 실패를 수정하기 위하여 시장에 개입하는 경우도 있다.
③ 부동산시장 개입의 정치적 목표는 형평성이나 효율성 또는 다른 것일 수도 있다.
④ 정부에서 저소득층을 위한 임대주택을 공급하는 것은 시장의 실패를 수정하기 위한 경제적 목적 때문이다.
⑤ 정부는 사회적 목표를 달성하기 위해서 시장에 개입하는데 이는 정치적 기능이다.

**해설▸** ④ 정부에서 저소득층을 위한 임대주택을 공급하는 것은 정치적(사회적) 목표인 형평성을 달성하기 위한 것이다.

**정답▸** ④

## 02 공공재에 관한 설명으로 틀린 것은? [제22회]

① 공공재의 소비에는 비배제성과 비경합성이 있다.
② 공공재의 공급을 사적 시장에 맡기면 사회에서 필요한 양만큼 충분히 생산된다.
③ 공공재는 일반적으로 정부가 세금이나 공공의 기금으로 공급하는 경우가 많다.
④ 공공재는 외부효과를 유발하는 경우가 많다.
⑤ 잘 보전된 산림은 공공재적 성격을 지닌다.

**해설▸** 공공재는 소비측면에서 비경합성과 비배제성으로 무임승차자(free rider)가 발생하여 기업에 생산을 맡기면 생산하지 않거나 과소생산을 하게 되어 시장의 실패가 발생한다.

**정답▸** ②

## 03 부동산시장에서 시장실패의 원인으로 틀린 것은? [제16회, 제29회]

① 공공재
② 정보의 비대칭성
③ 외부효과
④ 불완전경쟁시장
⑤ 재화의 동질성(완전경쟁시장)

**해설▸** ⑤ 재화의 동질성은 완전경쟁시장의 특징이므로 부동산시장에서 시장실패의 원인이 아니다.

**정답▸** ⑤

## 04 부동산정책의 공적개입 필요성에 관한 설명으로 옳지 않은 것은? [감평 2회]

① 정부가 부동산시장에 개입하는 논리에는 부(－)의 외부효과 방지와 공공재 공급 등이 있다.
② 부동산시장은 불완전정보, 공급의 비탄력성으로 인한 수요·공급 시차로 인하여 시장실패가 나타날 수 있다.
③ 정부는 토지를 경제적·효율적으로 이용하고 공공복리의 증진을 도모하기 위하여 용도지역제를 활용하고 있다.
④ 정부는 주민의 편의를 위해 공공재인 도로, 공원 등의 도시계획시설을 공급하고 있다.
⑤ 공공재는 시장기구에 맡겨둘 경우 경합성과 배제성으로 인하여 무임승차(free ride) 현상이 발생할 수 있다.

**해설▸** 경합성과 배제성 ⇨ 비경합성과 비배제성

**정답▸** ⑤

**05 외부효과에 관한 설명 중 틀린 것은?** [제19회]

① 외부효과에는 외부경제와 외부불경제가 있다.
② 외부효과는 생산과정에서 발생하는 경우도 있고 소비과정에서 발생하는 경우도 있다.
③ 생산과정에서 외부불경제를 발생시키는 재화의 공급을 시장에 맡길 경우, 그 재화는 사회적인 최적 생산량보다 과다하게 생산되는 경향이 있다.
④ 외부효과는 어떤 경제주체의 경제활동의 의도적인 결과가 시장을 통하여 다른 경제주체의 후생에 영향을 주는 것을 말한다.
⑤ 토지이용행위에서 발생하는 외부불경제는 토지이용규제의 명분이 된다.

**해설▸** 외부효과란 어떤 경제활동과 관련하여 자신의 행동이 시장기구를 통하지 않고 거래 쌍방이 아닌 제3자에게 의도하지 않은 이익이나 손해를 가져다주면서도 이에 대한 보상을 받거나 보상을 해주지 않는 경우를 말한다.

**정답▸** ④

**06 외부효과에 관한 설명으로 틀린 것은?** (단, 다른 변수는 불변이라고 가정) [제16회]

① 인근지역에 쓰레기소각장을 설치하면 아파트 시장엔 부(−)의 외부효과가 발생할 것이다.
② 어떤 사람이 타인의 경제행위로 인하여 아무런 보상 없이 일방적 피해를 받는 경우를 부(−)의 외부효과라고 한다.
③ 인근지역에 대규모 생태공원이 들어서면 아파트 시장에 정(+)의 외부효과가 발생할 것이다.
④ 용도지역지구제와 같은 토지이용규제는 부(−)의 외부효과를 억제하기 위한 수단으로도 이용된다.
⑤ 정(+)의 외부효과를 발생하는 재화는 사회적으로 적정한 수준보다 더 많이 생산된다.

**해설▸** 정(+)의 외부효과를 발생하는 재화는 사적 비용이 증가하여 사회적 적정생산량보다 적게 공급된다. 이에 대한 대책으로 정부는 보조금 등을 지급하여 공급량을 증대시키도록 유도한다.

**정답▸** ⑤

**07 외부효과에 관한 설명으로 <u>틀린</u> 것은?** (단, 다른 조건은 동일함) [제24회]

① 한 사람의 행위가 제3자의 경제적 후생에 영향을 미치지만, 그에 대한 보상이 이루어지지 않는 현상을 말한다.
② 매연을 배출하는 석탄공장에 대한 규제가 전혀 없다면, 그 주변 주민들에게 부(−)의 외부효과가 발생하게 된다.
③ 부(−)의 외부효과가 발생하게 되면 법적 비용, 진상조사의 어려움 등으로 인해 당사자 간 해결이 곤란한 경우가 많다.
④ 부(−)의 외부효과를 발생시키는 공장에 대해서 부담금을 부과하면, 생산비가 증가하여 이 공장에서 생산되는 제품의 공급이 감소하게 된다.
⑤ 새로 조성된 공원이 쾌적성이라는 정(+)의 외부효과를 발생시키면, 공원 주변 주택에 대한 수요곡선이 좌측으로 이동하게 된다.

**해설▸** 좌측 ⇨ 우측
새로 조성된 공원이 쾌적성이라는 정(+)의 외부효과를 발생시키면, 주택의 수요가 증가하여 즉, 공원 주변 주택에 대한 수요곡선이 우측으로 이동하게 된다.

**정답▸** ⑤

**08 부동산정책에 관한 설명으로 옳은 것을 모두 고른 것은?** [제28회]

| |
|---|
| ㉠ 공공재 또는 외부효과의 존재는 정부의 시장개입 근거가 된다.<br>㉡ 부(−)의 외부효과는 사회가 부담하는 비용을 감소시킨다.<br>㉢ 부동산조세는 소득재분배 효과를 기대할 수 있다.<br>㉣ 용도지역은 토지를 경제적·효율적으로 이용하고 공공복리의 증진을 도모하기 위하여 지정한다. |

① ㉠, ㉡ ② ㉠, ㉢ ③ ㉠, ㉣
④ ㉠, ㉢, ㉣ ⑤ ㉡, ㉢, ㉣

**해설▸** ㉡ 부(-)의 외부효과는 사회가 부담하는 비용을 증가시킨다.

**정답▸** ④

**09 부동산시장에 대한 정부의 공적 개입의 필요성 및 규제방법에 관한 설명 중 가장 적절하지 <u>않은</u> 것은?** [제15회 추가]

① 사적 편익보다 사회적 편익이 큰 경우에 정부의 개입이 필요하다.
② 시장기능으로 달성하기 어려운 소득재분배, 공공재의 공급, 경제안정화를 달성하기 위하여 정부의 개입이 필요하다.
③ 토지소유자의 입장에서 효율적인 토지이용이라 할지라도 주변토지이용과의 공간적 부조화가 생길 수 있기 때문에 정부의 개입이 필요하다.
④ 지역지구제의 목적은 토지용에 수반되는 정(+)의 외부효과를 제거하거나 감소시키는 데 있다.
⑤ 부동산시장은 정보의 비대칭성으로 인해 시장기구의 효율성이 달성되지 못하기 때문에 정부의 개입이 필요하다.

**해설▸** ④ 지역지구제의 목적은 토지이용에 수반되는 부(−)의 외부효과를 제거하고자 하는 정부의 정책이다.

**정답▸** ④

**10 부동산시장에 대한 정부의 직접개입방식으로 옳게 묶인 것은?** [2020년 감평]

① 토지비축제, 개발부담금제도
② 수용제도, 선매권제도
③ 최고가격제도, 부동산조세
④ 보조금제도, 용도지역지구제
⑤ 담보대출규제, 부동산거래허가제

**해설▸** ② 수용제도, 선매권제도는 직접개입에 해당된다.
① 토지비축제(직접개입), 개발부담금제도(간접개입)
③ 최고가격제도(직접개입), 부동산조세(간접개입)
④ 보조금제도(간접개입), 용도지역지구제(이용규제)
⑤ 담보대출규제(간접개입), 부동산거래허가제(이용규제)

**정답▸** ②

**11** **정부가 부동산시장에 개입할 수 있는 근거가 아닌 것은?** [제24회]

① 토지자원배분의 비효율성
② 부동산 투기
③ 저소득층 주거문제
④ 난개발에 의한 기반시설의 부족
⑤ 개발부담금 부과

**해설▸** ⑤ 개발부담금은 정부가 부동산시장에 개입할 수 있는 근거 ⇨ 수단
**정답▸** ⑤

**12** **부동산시장에 대한 정부의 개입에 관한 설명으로 틀린 것은?** [제34회]

① 부동산 투기, 저소득층 주거문제, 부동산자원배분의 비효율성은 정부가 부동산시장에 개입하는 근거가 된다.
② 부동산 시장실패의 대표적인 원인으로 공공재, 외부효과, 정보의 비대칭성이 있다.
③ 토지비축제도는 공익사업용지의 원활한 공급과 토지시장 안정을 위해 정부가 직접적으로 개입하는 방식이다.
④ 토지수용, 종합부동산세, 담보인정비율, 개발부담금은 부동산시장에 대한 직접개입수단이다.
⑤ 정부가 주택시장에 개입하여 민간분양주택 분양가를 규제할 경우 주택산업의 채산성·수익성을 저하시켜 신축민간주택의 공급을 축소시킨다.

**해설▸** ④ 토지수용은 정부의 직접개입수단이지만 종합부동산세, 담보인정비율, 개발부담금은 간접개입수단에 해당된다.
**정답▸** ④

| 36회 적중예상 핵심내용 | | | 기출 | | | | | | | |
|---|---|---|---|---|---|---|---|---|---|---|
| 테마 14 | 01 | 국토법상 용도지역지구제 | | | | | | 33 | | |

▶ **출제 포인트** **지역지구제**

1. **용도지역**: 토지를 경제적 · 효율적으로 이용하고 공공복리의 증진을 도모하기 위하여 서로 중복되지 아니하게 도시 · 군관리계획으로 결정하는 지역을 말한다.
   도시지역, 관리지역, 농림지역, 자연환경보전지역
   (1) 도시지역
      ① 주거지역 **암기법** 전양, 일편
         ㉠ 전용주거[양호한] 1종 – 단독, 2종 – 공동
         ㉡ 일반주거[편리한] 1종 – 저층, 2종 – 중층, 3종 – 중고층
         ㉢ 준주거 주거 + 상업, 업무기능보완
      ② 상업지역: ㉠ 중심상업 ㉡ 일반상업 ㉢ 유통상업 ㉣ 근린상업
      ③ 공업지역: ㉠ 전용공업 ㉡ 일반공업 ㉢ 준공업
      ④ 녹지지역: ㉠ 보전녹지 ㉡ 생산녹지 ㉢ 자연녹지
   (2) 관리지역: 보전관리지역, 생산관리지역, 계획관리지역
   (3) 농림지역: 도시지역 외의 지역, 농업진흥지역 및 보전산지로 지정된 지역의 농림업 진흥, 산림의 보전을 위하여 필요한 지역
   (4) 자연환경보전지역: 자연환경, 수자원, 해양생태계, 상수원, 문화재 보전, 수산자원 보호 육성을 위한 지역
2. **중복지정**: ① 지역 + 지역: 불가능 ② 지구 + 지구: 가능 ③ 지역 + 지구: 가능
   **참고** 「국토의 계획 및 이용에 관한 법령」상 현재 지정될 수 있는 용도지역은 준주거지역과 준공업지역이다(준상업지역×, 준농림지역×).

**01** **토지이용규제에 관한 설명으로 틀린 것은?** [제26회]

① 용도지역 · 지구제는 토지이용계획의 내용을 구현하는 법적 · 행정적 수단 중 하나다.
② 토지이용규제를 통해, 토지이용에 수반되는 부(−)의 외부효과를 제거 또는 감소시킬 수 있다.
③ 지구단위계획을 통해, 토지이용을 합리화하고 그 기능을 증진시키며 미관을 개선하고 양호한 환경을 확보할 수 있다.
④ 용도지역 · 지구제는 토지이용을 제한하여 지역에 따라 지가의 상승 또는 하락을 야기할 수도 있다.
⑤ 용도지역 중 자연환경보전지역은 도시지역 중에서 자연환경 · 수자원 · 해안 · 생태계 · 상수원 및 문화재의 보전과 수산자원의 보호 · 육성을 위하여 필요한 지역이다.

**해설▸** 자연환경보전지역은 도시지역 중에서 설정하는 것이 아니다. 도시지역, 관리지역, 농림지역, 자연환경보전지역 등 용도지역은 중복되지 않게 지정하는 것이다. 자연환경보전지역은 자연환경 · 수자원 · 해안 · 생태계 · 상수원 및 문화재의 보전과 수산자원의 보호 · 육성 등을 위하여 필요한 지역을 말한다.

**정답▸** ⑤

**02** **용도지역 · 지구제에 관한 설명으로 틀린 것은?** [제27회]

① 토지이용에 수반되는 부(−)의 외부효과를 제거하거나 감소시킬 수 있다.
② 국토의 계획 및 이용에 관한 법령상 2종일반주거지역은 공동주택 중심의 양호한 주거환경을 보호하기 위해 필요한 지역이다.
③ 사적 시장이 외부효과에 대한 효율적인 해결책을 제시하지 못할 때, 정부에 의해 채택되는 부동산정책의 한 수단이다.
④ 용도지구는 하나의 대지에 중복지정될 수 있다.
⑤ 국토의 계획 및 이용에 관한 법령상 국토는 토지의 이용실태 및 특성 등을 고려하여 도시지역, 관리지역, 농림지역, 자연환경보전지역과 같은 용도지역으로 구분한다.

**해설▸** 2종일반주거지역 ⇨ 제2종전용주거지역

**정답▸** ②

**03** **국토의 계획 및 이용에 관한 법령상 용도지역으로서 도시지역에 속하는 것을 모두 고른 것은?** [제33회]

| | |
|---|---|
| ㉠ 농림지역 | ㉡ 관리지역 |
| ㉢ 취락지역 | ㉣ 녹지지역 |
| ㉤ 산업지역 | ㉥ 유보지역 |

① ㉣
② ㉢, ㉤
③ ㉣, ㉤
④ ㉠, ㉡, ㉣
⑤ ㉡, ㉢, ㉥

**해설▸** ① 국토의 계획 및 이용에 관한 법령상 용도지역으로서 도시지역은 주거지역, 상업지역, 공업지역, 녹지지역으로 구분된다.

**정답▸** ①

**04** **국토의 계획 및 이용에 관한 법령상 현재 지정될 수 있는 용도지역을 모두 고른 것은?** [감평 제32회]

| | |
|---|---|
| ㉠ 준상업지역 | ㉡ 준주거지역 |
| ㉢ 준공업지역 | ㉣ 준농림지역 |

① ㉠, ㉡
② ㉡, ㉢
③ ㉢, ㉣
④ ㉠, ㉡, ㉢
⑤ ㉡, ㉢, ㉣

**해설▸** ② 국토의 계획 및 이용에 관한 법령상 현재 지정될 수 있는 용도지역은 준주거지역과 준공업지역이다.

**정답▸** ②

| 36회 적중예상 핵심내용 | | | 기출 | | | | | | | |
|---|---|---|---|---|---|---|---|---|---|---|
| 테마 15 | 01 | 부동산정책 종합정리 | 28 | 29 | 30 | 31 | 32 | 33 | 34 | 35 |

## 1. 현재 우리나라에서 시행 중인 부동산정책이 아닌 것

**+ 암기법** 폐지된 T초소가 공토로

(1) 개발권 양도제도(TDR, Transferable Development Right) - 우리나라 실시 ×

개발권양도제(TDR)는 토지이용규제로 인해 개발행위의 제약을 받는 토지소유자의 재산적 손실을 보전해 주는 수단으로 활용될 수 있으며, 법령상 우리나라에서는 시행되고 있지 않다.

(2) 토지초과이득세 : 양도소득세만으로 부동산경기 과열을 막는데 한계가 있어, 지가상승만을 기대하는 유휴토지의 공급을 촉진해 지가를 안정시키기 위한 제도(1998년 폐지)

(3) 택지소유상한제(폐지) : 택지소유상한제에 관한 법률은 위헌판결로 시행하고 있지 않다.

(4) 공한지세, 종합토지세(폐지)

## 2. 현재 우리나라에서 시행 중인 부동산정책

(1) 토지거래허가제 : 투기지역 또는 급격한 지가상승 지역

(2) 개발제한구역 : 무질서한 도시의 확산 억제, 주변 지역의 지가 상승

(3) 개발이익환수제(개발이익환수에 관한 법률) : 개발사업의 시행, 토지이용계획의 변경으로 인해 발생하는 정상지가 상승분을 초과하는 이익 : (불로소득)을 환수 - 토지소유자에게 개발부담금을 부과하여 정상지가상승 초과분을 개발부담금으로 환수

(4) 토지적성평가제도 : 개발과 보전의 경합시 조정

(5) 지구단위계획 : 도시군계획 수립대상지역의 일부에(전부 ×) 대하여 관리계획

(6) 토지은행(토지비축) - 시장안정 + 공공사업

공공토지의 비축에 관한 법령상 비축토지의 관리는 각 지방자치단체가 아니라 한국토지주택공사(LH)가 담당

(7) 토지선매제도 : 허가구역에서 사적거래에 우선하여 국가가 협의매수(강제수용 ×)

### 3. 부동산 관련 제도 중 법령상 도입이 빠른 순서 제31회, 제33회

공인중개사제도(1983) ⇨ 개발부담금제(1990) ⇨ 부동산실명제(1995) ⇨ 자산유동화제도(1998) ⇨ 부동산 거래신고제(2006년 1월) ⇨ 재건축부담금제(2006년 8월)

**암기법** 공개 부자 거래신고 재건축부담금 납부

★33회 기출 부동산실명제의 근거 법률은 「부동산등기법」이다. (×)

「부동산등기법」 ⇨ 「부동산실명제법」

### 4. 주택의 부담능력문제

(1) PIR 지수 : housing price to income ratio

① PIR은 주택가격을 가구당 연소득으로 나눈 배수로 나타낸다. 즉, PIR이 10배라면 10년치 소득을 모두 모아야 주택 한 채를 살 수 있다는 뜻이다. PIR 비율이 증가할수록 가구의 내 집 마련 기간은 길어진다.

② 지수가 높을수록 주택구입능력이 낮아져서 주택문제를 발생시킬 가능성이 높다.

$$\text{PIR} = \frac{\text{주택가격}}{\text{연간가계소득}}$$

**01** 현재 우리나라에서 시행되고 있지 <u>않는</u> 부동산정책 수단을 모두 고른 것은? [제34회]

| | |
|---|---|
| ㉠ 택지소유상한제 | ㉡ 부동산거래신고제 |
| ㉢ 토지초과이득세 | ㉣ 주택의 전매제한 |
| ㉤ 부동산실명제 | ㉥ 토지거래허가구역 |
| ㉦ 종합부동산세 | ㉧ 공한지세 |

① ㉠, ㉧
② ㉠, ㉢, ㉧
③ ㉠, ㉣, ㉤, ㉥
④ ㉡, ㉢, ㉣, ㉤, ㉦
⑤ ㉡, ㉣, ㉤, ㉥, ㉦, ㉧

**해설▸** ② 현재 우리나라에서는 ㉠ 택지소유상한제, ㉢ 토지초과이득세, ㉧ 공한지세는 시행되고 있지 않다.

**정답▸** ②

**02 부동산정책과 관련된 설명으로 옳은 것은?** [제33회]

① 분양가상한제와 택지소유상한제는 현재 시행되고 있다.
② 토지비축제도(토지은행)와 부동산가격공시제도는 정부가 간접적으로 부동산시장에 개입하는 수단이다.
③ 법령상 개발부담금제가 재건축부담금제보다 먼저 도입되었다.
④ 주택시장의 지표로서 PIR(Price to Income Ratio)은 개인의 주택지불능력을 나타내며, 그 값이 클수록 주택구매가 더 쉽다는 의미다.
⑤ 부동산실명제의 근거 법률은 「부동산등기법」이다.

**해설▸** ③ 개발부담금제(1990년), 재건축부담금제(2006년 8월)
① 분양가상한제는 시행되고 있으나, 택지소유상한제는 현재 시행되지 않고 있다.
② 토지비축제도(토지은행)는 정부가 직접적으로 부동산시장에 개입하는 수단이다.
④ PIR(= 주택가격/가계소득)은 개인의 주택지불능력을 나타내며, 그 값이 클수록 가구의 주택부담은 높아지고 주택구매가 더 어렵다는 의미다.
⑤ 부동산실명제의 근거 법률은 「부동산 실권리자명의 등기에 관한 법률」이다.

**정답▸** ③

**03 부동산정책에 관한 설명으로 옳은 것은?** [제30회]

① 개발이익환수제에서 개발이익은 개발사업의 시행에 의해 물가상승분을 초과해 개발사업을 시행하는 자에게 귀속되는 사업이윤의 증가분이다.
② 도시·군관리계획은 국토의 계획 및 이용에 관한 법령상 특별시·광역시 또는 군의 관할 구역에 대하여 기본적인 공간구조와 장기 발전방향을 제시하는 종합계획이다.
③ 개발손실보상제는 토지이용계획의 결정 등으로 종래의 용도규제가 완화됨으로 인해 발생한 손실을 보상하는 제도로 대표적인 것 중에 개발부담금제도가 있다.
④ 주택마련 또는 리모델링하기 위해 결성하는 주택조합에는 주택법령상 지역주택조합, 직장주택조합, 리모델링주택조합이 있다.
⑤ 재건축부담금은 정비사업 중 재건축사업 및 재개발사업에서 발생되는 초과이익을 환수하기 위한 제도로 도시 및 주거환경정비법령에 의해 시행되고 있다.

**해설▸** ① 개발이익환수제에서 개발이익이란 개발사업의 시행이나 토지이용계획의 변경, 그 밖에 사회적·경제적 요인에 따라 정상지가 상승분을 초과하여 개발사업을 시행하는 자나 토지소유자에게 귀속되는 토지 가액의 증가분이다.

② 도시・군관리계획이 아니라 도시・군기본계획이다.
③ 개발손실보상제는 용도규제가 강화됨으로 인해 발생한 손실을 보상하는 제도로 대표적인 것 중에 개발권양도제도(TDR)가 있으며, 개발부담금제도는 개발사업의 시행으로 이익을 얻은 사업시행자로부터 개발이익의 일정액을 환수하는 제도이다.
⑤ 재건축부담금이란 재건축 초과이익 중「재건축 초과이익환수에 관한 법률」에 따라 국토교통부장관이 부과・징수하는 금액이다.

**정답▸** ④

## 04 토지정책에 관한 설명으로 옳은 것은? [제28회]

① 토지정책수단 중 도시개발사업, 토지수용, 금융지원, 보조금 지급은 직접개입방식이다.
② 개발권양도제는 개발사업의 시행으로 이익을 얻은 사업시행자로부터 불로소득적 증가분의 일정액을 환수하는 제도다.
③ 토지선매란 토지거래허가구역 내에서 토지거래계약의 허가신청이 있을 때 공익목적을 위하여 사적 거래에 우선하여 국가・지방자치단체・한국토지주택공사 등이 그 토지를 매수할 수 있는 제도다.
④ 토지적성평가제는 미개발 토지를 토지이용계획에 따라 구획정리하고 기반시설을 갖춤으로써 이용가치가 높은 토지로 전환시키는 제도다.
⑤ 토지거래허가제는 토지에 대한 개발과 보전의 문제가 발생했을 때 이를 합리적으로 조정하는 제도다.

**해설▸** ① 토지정책 수단 중 금융지원, 보조금지급은 간접적 개입 수단이다.
② 개발사업의 시행으로 이익을 얻은 사업시행자로부터 불로소득의 증가분의 일정액을 환수하는 것은 개발이익 환수 제도이다. 개발권양도제는 개발이 제한된 지역의 토지소유자에게 개발권을 부여하고, 개발권을 개발이 가능한 지역으로 이전(양도)할 수 있도록 하여 개발이 제한된 지역의 토지소유자의 재산상 손실을 보전하고자 하는 제도이다.
④ 토지적성평가제도는 토지에 대한 개발과 보전의 문제가 발생했을 때 이를 합리적으로 조정하는 제도이다.
⑤ 토지거래허가제도는 토지의 투기적인 거래가 성행하거나 지가가 급격히 상승하는 지역과 그러한 우려가 있는 지역에 대하여 토지거래를 허가하는 제도이다.

**정답▸** ③

**05** **부동산정책에 관한 내용으로 틀린 것은?** [제35회]

① 국토의 계획 및 이용에 관한 법령상 지구단위계획은 도시·군계획 수립 대상지역의 일부에 대하여 토지 이용을 합리화하고 그 기능을 증진시키며 미관을 개선하고 양호한 환경을 확보하며, 그 지역을 체계적·계획적으로 관리하기 위하여 수립하는 도시·군기본계획을 말한다.

② 지역지구제는 토지이용에 수반되는 부(−)의 외부효과를 제거하거나 완화시킬 목적으로 활용한다.

③ 개발권양도제(TDR)는 토지이용규제로 인해 개발행위의 제약을 받는 토지소유자의 재산적 손실을 보전해 주는 수단으로 활용될 수 있으며, 법령상 우리나라에서는 시행되고 있지 않다.

④ 부동산 가격공시제도에 따라 국토교통부장관은 일단의 토지 중에서 선정한 표준지에 대하여 매년 공시기준일 현재의 단위면적당 적정가격을 조사·평가하여 공시하여야 한다.

⑤ 토지비축제는 정부가 토지를 매입한 후 보유하고 있다가 적절한 때에 이를 매각하거나 공공용으로 사용하는 제도를 말한다.

**해설▸** ① 지구단위계획은 도시·군관리계획이다.

| |
|---|
| 도시·군관리계획이란 특별시·광역시·특별자치시·특별자치도·시 또는 군의 개발·정비 및 보전을 위하여 수립하는 다음의 계획을 말한다.<br>1. 용도지역·용도지구의 지정 또는 변경에 관한 계획<br>2. 개발제한구역, 도시자연공원구역, 시가화조정구역, 수산자원보호구역의 지정 또는 변경에 관한 계획<br>3. 기반시설의 설치·정비 또는 개량에 관한 계획<br>4. 도시개발사업이나 정비사업에 관한 계획<br>5. 지구단위계획구역의 지정 또는 변경에 관한 계획과 지구단위계획<br>6. 도시혁신구역의 지정 또는 변경에 관한 계획과 도시혁신계획<br>7. 복합용도구역의 지정 또는 변경에 관한 계획과 복합용도계획<br>8. 도시·군계획시설입체복합구역의 지정 또는 변경에 관한 계획 |

**정답▸** ①

| 36회 적중예상 핵심내용 | | | 기출 | | | | | | | |
|---|---|---|---|---|---|---|---|---|---|---|
| 테마 16 | 01 | 임대주택 정책 | 28 | 29 | 30 | 31 | | 33 | 34 | 35 |
| | 02 | 분양주택 정책 | | | | | | | | |

## 01 임대주택 정책

### 1. 임대료 규제(최고가격제도, 수요자 · 임차인(저소득층) 보호, 시장가격보다 낮게 규제)

① 시장임대료 < 규제임대료(높게 규제) : 아무런 변화가 발생하지 않는다.

② 시장임대료 > 규제임대료(낮게 규제) : 임대료하락, 초과수요

※ 단기보다 '장기', 수요가 '탄력적', 공급이 '탄력적' – 초과수요 '더' 발생

| 수요증가, 투자기피, 질적수준 저하, 공급감소(용도전환), 이동저하, 암시장(이중가격) |
|---|

### 2. 임대료 보조

① 수요증가 : 임대주택 임대료 하락효과(대체효과), 임차인 실질소득 상승효과(소득효과)

② 주택재화의 구입에만 쓰도록 하더라도 주택이 아닌 다른 재화에 대한 소비도 증가

③ 단기적 효과 : 수요증가 ⇨ 임대료 상승 ⇨ 임대인 초과이윤 획득 (임대인이 혜택)

④ 장기적 효과 : 공급증가 ⇨ 임대료 하락 ⇨ 임대인 초과이윤 소멸 (임차인이 혜택)

⑤ 임차인에게 보조금을 지급하는 방식이 임대인에게 보조금을 지급하는 방식보다 주거지 선택의 자유를 보장. 공공임대주택 공급정책은 입주자가 공공이 공급하는 주택을 선택해야 하기에 주거지 선택이 제한될 수 있다.

### 3. 공공주택

직접개입, 공공주택사업자가 국가 또는 지방자치단체의 재정이나 주택도시기금을 지원받아 이 법 또는 다른 법률에 따라 건설, 매입 또는 임차하여 공급하는 주택

**암기법** 영국행통장 분기기

① 영구임대주택 : 최저소득, 50년 이상 또는 영구적
② 국민임대주택 : 저소득서민, 30년 이상
③ 행복주택 : 대학생, 사회초년생, 신혼부부 등 젊은 층
④ 통합공공임대주택 : 최저소득 계층, 저소득 서민, 젊은 층 및 장애인·국가유공자 등 사회취약계층
⑤ 장기전세주택 : 전세계약의 방식
⑥ 분양전환공공임대주택 : 임대 후 분양전환할 목적
⑦ 기존주택등매입임대주택 : 기존주택을 매입, 공급
⑧ 기존주택전세임대주택 : 기존주택을 임차, 전대

**☑ 민간임대주택에 관한 특별법**

1. 공공지원민간임대주택이란 임대사업자가 주택도시기금의 출자를 받아 건설 또는 매입하는 민간임대주택 등을 10년 이상 임대할 목적으로 취득하여 이 법에 따른 임대료 및 임차인의 자격 제한 등을 받아 임대하는 민간임대주택을 말한다.
2. 장기일반민간임대주택이란 임대사업자가 공공지원민간임대주택이 아닌 주택을 10년 이상(아파트를 매입하는 민간매입임대주택은 제외) 임대할 목적으로 취득하여 임대하는 민간임대주택을 말한다.

## 02 분양주택 정책

### 1. 분양가 규제

| APT 분양가 규제 |
| --- |
| ① 분양가 인하 |
| ② 투기수요 증가, 가수요 |
| ③ 품질저하 |
| ④ 공급감소, 중고주택가격 상승 |
| ⑤ 저소득층의 주택난 심화 |

## 2. 선분양제도와 후분양제도

| 선분양제도 | 후분양제도 |
|---|---|
| ① 공급자 중심, 견본주택 필요<br>② 투기발생, 소비자 이자부담, 품질 저하<br>③ 소비자 목돈 부담 없음, 공급증가, 독과점 견제 | ① 수요자 중심, 견본주택 불필요<br>② 투기억제, 공급자 이자부담, 품질 향상<br>③ 소비자 목돈 부담 있음, 공급감소, 독과점 발생 |

참고 선분양은 개발업자의 시장위험을 감소시키지만, 후분양은 개발업자의 시장위험을 증가시킨다.

| | |
|---|---|
| 공급증가 | 1. 임대료 보조 2. 선분양(유일) 암기법 보조선 증가 |
| 공급감소 | 1. 임대료 규제 2. 분양가 규제 3. 후분양 4. 양도소득세중과(동결효과) |

**01 정부의 임대주택정책에 대한 설명 중 가장 적절하지 않는 것은?** (단, 규제임대료가 시장균형임대료보다 낮다고 가정한다) [제15회 추가]

① 임대료 규제정책은 임대료에 대한 이중가격을 형성할 수 있다.
② 임대료 규제는 장기적으로 임대주택의 공급량을 증가시킨다.
③ 임대료 보조정책은 저소득층의 효용을 증대시키고, 저가임대료주택의 양을 증가시킨다.
④ 임대료 규제는 민간임대주택시장에서 장기적으로 공급이 줄어 주택부족현상을 야기할 수 있다.
⑤ 임대료 규제는 임대부동산의 질적 저하를 초래할 수 있다.

**해설▸** ② 임대료 규제는 장기적으로 공급업자의 수입을 감소시켜 임대주택을 다른 용도로 전환시키는 원인이 되므로 오히려 장기적으로 공급을 감소시킨다.

**정답▸** ②

**02 임대주택정책에 관한 설명으로 틀린 것은? (단, 다른 조건은 불변이라고 가정함)** [제23회]

① 정부가 임대료 상승을 균형가격 이하로 규제하면 단기적으로 임대주택의 공급량이 늘어나지 않기 때문에 임대료 규제의 효과가 충분히 발휘되지 못한다.

② 정부가 임대료 상승을 균형가격 이하로 규제하면 장기적으로 기존 임대주택이 다른 용도로 전환되면서 임대주택의 공급량이 감소하게 된다.

③ 정부나 지방자치단체가 공급하고 있는 임대주택의 유형에는 건설임대주택, 매입임대주택, 장기전세주택이 있다.

④ 정부가 임차인에게 임대료를 직접 보조해주면 단기적으로 시장임대료는 상승하지만, 장기적으로 시장임대료를 낮추게 된다.

⑤ 주거 바우처(housing voucher)제도는 임대료 보조를 교환권으로 지급하는 제도를 말하며, 우리나라에서는 일부 지방자치단체에서 저소득가구에 주택임대료를 일부 지원해 주는 방식으로 운영되고 있다.

**해설▸** ① 임대료상한제의 실시로 단기적으로는 임대인의 소득이 임차인에게 이전되는 소득재분배 효과가 발생하나 장기적으로는 임대주택 공급의 감소로 소득재분배 효과는 발생하지 않는다. 그러므로 이러한 효과는 단기적으로 잘 나타나고 장기적으로는 나타나지 않는다.

**정답▸** ①

**03 주거정책에 관한 설명으로 틀린 것을 모두 고른 것은?** [제34회]

㉠ 우리나라는 주거에 대해 권리를 인정하고 있지 않다.
㉡ 공공임대주택, 주거급여제도, 주택청약종합저축제도는 현재 우리나라에서 시행되고 있다.
㉢ 주택바우처는 저소득임차가구에 주택임대료를 일부 지원해주는 소비자보조방식의 일종으로 임차인의 주거지 선택을 용이하게 할 수 있다.
㉣ 임대료 보조정책은 민간임대주택의 공급을 장기적으로 감소시키고 시장임대료를 높인다.
㉤ 임대료를 균형가격 이하로 통제하면 민간임대주택의 공급량은 증가하고 질적 수준은 저하된다.

① ㉠, ㉡, ㉤　② ㉠, ㉢, ㉤　③ ㉠, ㉣, ㉤
④ ㉡, ㉢, ㉣　⑤ ㉢, ㉣, ㉤

**해설▸** 틀린 것은 ㉠, ㉣, ㉤이다.

㉠ 우리나라는 주거기본법을 통해 주거에 대한 권리를 인정하고 있다.

㉣ 임대료 보조정책은 민간임대주택의 공급을 장기적으로 증가시키고 시장임대료를 낮추게 된다.

㉤ 임대료를 균형가격 이하로 통제하면 민간임대주택의 공급량은 감소한다.

**정답▸** ③

## 04 분양가상한제에 관한 설명 중 옳은 설명으로 묶인 것은? [제19회]

㉠ 장기적으로 민간의 신규주택 공급을 위축시킴으로써 주택가격을 상승시킬 수 있다.
㉡ 상한가격이 시장가격보다 낮을 경우 일반적으로 초과공급이 발생한다.
㉢ 주택건설업체의 수익성을 낮추는 요인으로 작용하여 주택공급을 감소시킬 수 있다.
㉣ 시장가격 이상으로 상한가격을 설정하여 무주택자의 주택가격 부담을 완화시키고자 하는 제도이다.

① ㉠, ㉢　② ㉠, ㉢, ㉣　③ ㉡, ㉢
④ ㉠, ㉡, ㉢　⑤ ㉡, ㉣

**해설▸** ㉡ 초과공급 ⇨ 초과수요, ㉣ 시장가격 이상 ⇨ 시장가격 이하

**정답▸** ①

## 05 분양가상한제에 관한 설명으로 <u>틀린</u> 것은? [제27회]

① 주택법령상 분양가상한제 적용주택의 분양가격은 택지비와 건축비로 구성된다.
② 도입배경은 주택가격을 안정시키고, 무주택자의 신규주택구입 부담을 경감시키기 위해서이다.
③ 현재 정부가 시행 중인 정책이다.
④ 신규분양주택의 공급위축 현상과 질이 하락하는 문제점이 나타날 수 있다.
⑤ 주택법령상 사업주체가 일반인에게 공급하는 공동주택 중 공공택지에서 공급하는 도시형 생활주택은 분양가상한제를 적용한다.

**해설▸** 도시형 생활주택은 분양가상한제를 적용하지 않는다.

**정답▸** ⑤

## 06 다음 (  )에 들어갈 알맞은 내용은? [제34회]

> • ( ㉠ )은 「공공주택특별법」 시행령에 따른 국가나 지방자치단체의 재정이나 주택도시기금의 자금을 지원받아 전세계약의 방식으로 공급하는 공공임대주택이다.
> • ( ㉡ )은 「민간임대주택에 대한 특별법」에 따른 임대사업자가 매매 등으로 소유권을 취득하여 임대하는 민간임대주택을 말한다.

| | ㉠ | ㉡ |
|---|---|---|
| ① | 국민임대주택 | 장기전세주택 |
| ② | 장기전세주택 | 기존주택전세임대주택 |
| ③ | 기존주택전세임대주택 | 국민임대주택 |
| ④ | 국민임대주택 | 민간매입임대주택 |
| ⑤ | 장기전세주택 | 민간매입임대주택 |

**해설▸** ㉠은 장기전세주택, ㉡은 민간매입임대주택에 대한 설명이다.

**정답▸** ⑤

## 07 공공주택 특별법령상 공공임대주택에 관한 내용으로 옳은 것은 모두 몇 개인가? (단, 주택도시기금은 「주택도시기금법」에 따른 주택도시기금을 말함) [제35회]

> • 통합공공임대주택 : 국가나 지방자치단체의 재정이나 주택도시기금의 자금을 지원받아 최저소득 계층, 저소득 서민, 젊은 층 및 장애인·국가유공자 등 사회 취약계층 등의 주거안정을 목적으로 공급하는 공공임대주택
> • 행복주택 : 국가나 지방자치단체의 재정이나 주택도시기금의 자금을 지원받아 대학생, 사회초년생, 신혼부부 등 젊은 층의 주거안정을 목적으로 공급하는 공공임대주택
> • 장기전세주택 : 국가나 지방자치단체의 재정이나 주택도시기금의 자금을 지원받아 전세계약의 방식으로 공급하는 공공임대주택
> • 분양전환공공임대주택 : 일정 기간 임대 후 분양전환할 목적으로 공급하는 공공임대주택

① 0개　② 1개　③ 2개
④ 3개　⑤ 4개

**해설▸** ⑤ 모두 옳은 설명이다.

> **공공주택 특별법 시행령 제2조 【공공임대주택】의 종류**
> 1. 영구임대주택 : 국가나 지방자치단체의 재정을 지원받아 최저소득 계층의 주거안정을 위하여 50년 이상 또는 영구적인 임대를 목적으로 공급하는 공공임대주택
> 2. 국민임대주택 : 국가나 지방자치단체의 재정이나 주택도시기금의 자금을 지원받아 저소득 서민의 주거안정을 위하여 30년 이상 장기간 임대를 목적으로 공급하는 공공임대주택
> 3. 행복주택 : 국가나 지방자치단체의 재정이나 주택도시기금의 자금을 지원받아 대학생, 사회초년생, 신혼부부 등 젊은 층의 주거안정을 목적으로 공급하는 공공임대주택
> 4. 통합공공임대주택 : 국가나 지방자치단체의 재정이나 주택도시기금의 자금을 지원받아 최저소득 계층, 저소득 서민, 젊은 층 및 장애인·국가유공자 등 사회 취약계층 등의 주거안정을 목적으로 공급하는 공공임대주택
> 5. 장기전세주택 : 국가나 지방자치단체의 재정이나 주택도시기금의 자금을 자원받아 전세계약의 방식으로 공급하는 공공임대주택
> 6. 분양전환공공임대주택 : 일정 기간 임대 후 분양전환할 목적으로 공급하는 공공임대주택
> 7. 기존주택등매입임대주택 : 국가나 지방자치단체의 재정이나 주택도시기금의 자금을 지원받아 기존주택을 매입하여 저소득층과 청년 및 신혼부부 등에게 공급하는 공공임대주택
> 8. 기존주택전세임대주택 : 국가나 지방자치단체의 재정이나 주택도시기금의 자금을 지원받아 기존주택을 임차하여 저소득층과 청년 및 신혼부부 등에게 전대(轉貸)하는 공공임대주택

**정답▸** ⑤

## 08 부동산정책 중 금융규제에 해당하는 것은? [제35회]

① 택지개발지구 지정
② 토지거래허가제 시행
③ 개발부담금의 부담률 인상
④ 분양가상한제의 적용 지역 확대
⑤ 총부채원리금상환비율(DSR) 강화

**해설▸** ⑤ 총부채원리금상환비율(DSR)이란 차입자의 입장에서 매년 갚아야 할 주택담보대출 원리금과 기타대출원리금의 합산액이 연간 소득에서 차지하는 비중이 얼마인지를 나타내는 비율이다. 이 비율이 강화된다는 의미는 이 금융당국이 은행으로 하여금 차입자에게 돈을 적게 빌려주도록 금융규제를 한다는 의미이다.

**정답▸** ⑤

| 36회 적중예상 핵심내용 | | | 기출 | | | | | | | |
|---|---|---|---|---|---|---|---|---|---|---|
| 테마 17 | 01 | 부동산조세의 의의와 기능 | | 29 | 30 | 31 | 32 | 33 | 34 | 35 |
| | 02 | 조세의 전가와 귀착 | 28 | | | 31 | 32 | 33 | | |
| | 03 | 거래세의 인상과 토지보유세의 경제적 효과 | 28 | | | 31 | 32 | 33 | | |

## 01 부동산조세의 의의와 기능

### 1. 국세와 지방세, 단계별 조세

(1) 국세와 지방세

| 국 세 | 지방세 |
|---|---|
| 국가인 중앙정부가 부과·징수하는 조세 | 지방자치단체가 부과·징수하는 조세 |
| (양도)소득세, 종합부동산세, 부가가치세, 인지세, 상속세, 증여세 | 재산세, 취득세, 등록면허세, 지방소득세 |

(2) 단계별 조세

| 구 분 | 취득단계 | 보유단계 | 처분단계 |
|---|---|---|---|
| 국 세 | 인지세, 상속세, 증여세 | 종합부동산세 | 양도소득세 |
| 지방세 | 취득세, 등록면허세 | 재산세 | 지방소득세 |

**참고** 종합부동산세와 재산세의 과세기준일은 매년 6월 1일이다.
- 거래세 : 양도소득세와 취득세는 신고납부방식이다(내가 신고한다).
- 보유세 : 종합부동산세와 재산세(정부가 징수)

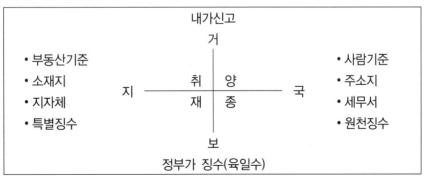

**암기법** 거지보국

내가신고
거

- 부동산기준
- 소재지
- 지자체
- 특별징수

지 | 취 양 / 재 종 | 국

- 사람기준
- 주소지
- 세무서
- 원천징수

보
정부가 징수(육일수)

## 02 조세의 전가와 귀착

### 1. 조세의 전가와 귀착

(1) 임대인은 임차인에게 조세를 전가시키므로 전가분만큼 임대료가 상승한다. (부과액만큼 ×)

(2) 비탄력적인 쪽 세금을 많이 부담, 탄력적인 쪽이 세금을 적게 부담

⇨ 비탄력 : ~자, 탄력 : 바꾸고 ~자

① 수요 탄력 : 공급자 많이(전가), 수요 비탄력 : 수요자 많이(전가)

② 공급 탄력 : 수요자 많이(전가), 공급 비탄력 : 공급자 많이(전가)

(3) 수요 완전탄력적, 공급 완전비탄력적 : 공급자 전부 부담, 조세전가 없음, 임대료 불변

(4) 수요 완전비탄력적, 공급 완전탄력적 : 수요자 전부 부담, 전부전가, 부과액만큼 임대료 상승

(5) 공공임대주택의 공급확대 : 임대주택의 재산세가 임차인에게 전가되는 현상을 완화

(6) 동일비율의 세금 : 고소득층 혜택, 저소득층 손해, 역진세적 효과

(7) 차등비율의 세금(누진세) : 수직적 형평을 달성하기 위해서 효과적

## 03 거래세의 인상과 토지보유세의 경제적 효과

### 1. 거래세의 인상과 토지보유세의 경제적 효과

(1) 거래세 인상

① 소비자 지불가격 상승 : 소비자 잉여 감소

② 공급자 받는 가격 하락 : 생산자 잉여 감소

③ 거래세 인상에 의한 세수입 증가분은 정부에 귀속되지만, 전체거래량이 감소되면 경제적 순손실이 발생한다.

④ 수요곡선이 변하지 않을 때, 세금부과에 의한 경제적 순손실은 공급이 탄력적일수록 커지고, 공급이 비탄력적일수록 작아진다.

⑤ 공급곡선이 변하지 않을 때, 세금부과에 의한 경제적 순손실은 수요가 탄력적일수록 커지고, 수요가 비탄력적일수록 작아진다.

(2) 양도세 중과 : 공급감소, 주택가격 상승(주택공급 동결 효과)

(3) 보유세 중과

① 공급증가, 가격안정, 이용촉진, 투기방지, 효율적 세금

② 용도에 따라 차등과세

③ 공급이 완전비탄력적인 경우 보유세가 부과 : 자원배분 왜곡 초래 ×

## 2. 헨리 조지(H. George)의 토지단일세론

토지세를 제외한 다른 모든 조세를 없애고 정부의 재정은 토지세만으로 충당하는 토지단일세를 주장하였다. 토지에서 발생하는 지대수입을 100% 징세할 경우, 토지세 수입만으로는 재정을 충당할 수 있기 때문에 토지세 이외의 모든 조세는 철폐하자고 주장했다.

✚ 옳은 지문으로 자주 출제

**01 다음 부동산관련 조세 중 국세만으로 묶인 것은?** [감평 4회]

① 상속세, 취득세, 양도소득세

② 증여세, 등록면허세, 양도소득세

③ 취득세, 등록면허세, 종합부동산세

④ 증여세, 양도소득세, 종합부동산세

⑤ 재산세, 양도소득세, 종합부동산세

**해설▸** 조세는 과세권자에 따라 국세와 지방세로 구분할 수 있다.

1) 국세 : 국가인 중앙정부가 부과징수하는 조세를 말한다.
((양도)소득세, 상속세 · 증여세, 종합부동산세, 부가가치세, 인지세 등)

2) 지방세 : 지방자치단체가 부과징수하는 조세를 말한다.
(취득세, 등록면허세, 재산세, 지방소득세 등)

**정답▸** ④

## 02 부동산조세에 관한 설명으로 옳은 것을 모두 고른 것은? [제35회]

| |
|---|
| ㉠ 양도소득세의 중과는 부동산 보유자로 하여금 매각을 앞당기게 하는 동결효과(lock-in effect)를 발생시킬 수 있다.<br>㉡ 재산세와 종합부동산세의 과세기준일은 매년 6월 1일로 동일하다.<br>㉢ 취득세와 상속세는 취득단계에서 부과하는 지방세이다.<br>㉣ 증여세와 양도소득세는 처분단계에서 부과하는 국세이다. |

① ㉡ ② ㉠, ㉢ ③ ㉡, ㉣
④ ㉠, ㉢, ㉣ ⑤ ㉠, ㉡, ㉢, ㉣

**해설▸** ① ㉡이 옳은 지문
㉠ 매각을 앞당기게 하는 ⇨ 매각을 뒤로 미루게 하는
㉢ 상속세 ⇨ 국세
㉣ 증여세는 취득단계에서 부과하는 국세이다.

**정답▸** ①

## 03 주택구입에 대한 거래세 인상에 따른 경제적 후생의 변화로 <u>틀린</u> 것은? (단, 우상향하는 공급곡선과 우하향하는 수요곡선을 가정하며, 다른 조건은 일정함) [제26회]

① 수요곡선이 공급곡선에 비해 더 탄력적이면 수요자에 비해 공급자의 부담이 더 커진다.
② 공급곡선이 수요곡선에 비해 더 탄력적이면 공급자에 비해 수요자의 부담이 더 커진다.
③ 수요자가 실질적으로 지불하는 금액이 상승하므로 소비자 잉여는 감소한다.
④ 공급자가 받는 가격이 하락하므로 생산자잉여는 감소한다.
⑤ 거래세 인상에 의한 세수입 증가분은 정부에 귀속되므로 경제적 순손실은 발생하지 않는다.

**해설▸** 조세를 부과하면 균형거래량이 감소하면서 소비자 잉여와 생산자 잉여가 모두 감소한다. 그러면서 정부의 조세 수입이 증가한다. 그런데 민간의 후생감소의 합(소비자 잉여 + 생산자 잉여)이 정부의 조세 수입보다 크므로 경제적 순손실이 발생한다.

**정답▸** ⑤

**04 부동산조세의 경제적 효과에 대한 설명 중 옳은 것은?** [제25회]

① 공공임대주택의 공급 확대정책은 임대주택의 재산세가 임차인에게 전가되는 현상을 심화시킬 수 있다.
② 양도소득세가 중과되면, 주택공급의 동결효과로 인해 주택가격이 하락할 수 있다.
③ 토지의 공급은 비탄력적이기 때문에, 토지에 대한 보유세는 자원배분 왜곡이 큰 비효율적인 세금이다.
④ 토지이용을 특정 방향으로 유도하기 위해 정부가 토지보유세를 부과할 때에는 토지 용도에 따라 차등한 세금을 부과해야 한다.
⑤ 토지의 공급곡선이 완전탄력적인 상황에서는 토지보유세가 부과되더라도 자원배분의 왜곡이 초래되지 않는다.

**해설▸** ① 심화 ⇨ 완화
② 주택가격이 하락 ⇨ 주택가격이 상승
③ 자원배분의 왜곡을 초래하지 않는 효율적인 세금
⑤ 공급곡선이 완전탄력적 ⇨ 공급곡선이 완전비탄력적

**정답▸** ④

| 36회 적중예상 핵심내용 | | | 기출 | | | | | | | |
|---|---|---|---|---|---|---|---|---|---|---|
| 테마 18 | 01 | 부동산투자의 장점과 단점 | | | | | | | | |
| | 02 | 지렛대효과, 자기자본수익률(계산문제7) | | 29 | | 31 | | 33 | | |

## 01 부동산투자의 장점과 단점

### 1. 부동산투자의 장점

① 부동산은 실물자산의 특성과 토지의 영속성으로 인해 가치 보존력이 양호한 편이다.

② 임대사업을 영위하는 법인은 건물에 대한 감가상각과 이자비용을 세금산정시 비용으로 인정받을 수 있다.

③ 부동산투자자는 저당권과 전세제도 등을 통해 레버리지를 활용할 수 있다.

④ 부동산가격이 물가상승률과 연동하여 상승하는 기간에는 인플레이션을 방어하는 효과가 있다.

### 2. 부동산투자의 단점

① 낮은 환금성(유동성위험)

## 02 지렛대효과, 자기자본수익률(계산문제7)

### 1. 지렛대효과(leverage effect)

① 정의 지렛대 : 지분수익률 > 총자본수익률 > 저당수익률(금리, 이자율)

② 부의 지렛대 : 지분수익률 < 총자본수익률 < 저당수익률(금리, 이자율)

③ 0의 지렛대 : 지분수익률 = 총자본수익률 = 저당수익률(금리, 이자율)

▶ **출제 포인트** **지렛대효과**

1. '지분, 총자본, 저당'수익률의 순서로 셋팅 후 부등호의 방향으로 지렛대효과를 구분한다.
2. 정(+)의 레버리지효과를 예상하고 투자했을 경우에도, 부채비율이 커질수록 투자위험은 증가한다.
3. 부채비율이 커질수록 ① 정(+)의 레버리지는 자기자본수익률이 상승, ② 부(−)의 레버리지는 자기자본수익률이 하락, ③ 중립적 레버리지에서는 자기자본수익률이 불변한다. 즉, 중립적 레버리지에서는 부채비율의 변화는 자기자본수익률에 영향을 미치지 못한다.
4. ① 지분수익률 = $\dfrac{\text{수익(+ 상승분) − 이자}}{\text{내 돈}}$

   ② 지분수익률 = 총 + (총 − 저) × 부채비율
5. 부(−)의 레버리지효과가 발생할 경우에는 부채비율을 낮추어도 정(+)의 레버리지효과로 전환할 수 없다. (이자율을 낮추면 전환할 수 있다.)

## 01 부동산투자에 관한 설명으로 <u>틀린</u> 것은? [제27회]

① 부동산은 실물자산의 특성과 토지의 영속성으로 인해 가치 보존력이 양호한 편이다.
② 임대사업을 영위하는 법인은 건물에 대한 감가상각과 이자비용을 세금산정시 비용으로 인정받을 수 있다.
③ 부동산투자자는 저당권과 전세제도 등을 통해 레버리지를 활용할 수 있다.
④ 부동산가격이 물가상승률과 연동하여 상승하는 기간에는 인플레이션을 방어하는 효과가 있다.
⑤ 부동산은 주식 등 금융상품에 비해서 단기간에 현금화할 수 있는 가능성이 높다.

**해설▸** 부동산은 단기간에 현금화하기 곤란하다.

**정답▸** ⑤

**02 부동산투자에서 재무레버리지효과(지렛대효과)에 관한 설명으로 틀린 것은?**

[제20회, 제27회]

① 레버리지효과란 타인자본을 이용할 경우 부채비율의 증감이 자기자본수익률에 미치는 효과를 말한다. 전세를 안고 집을 사는 것도 지렛대효과를 활용하는 투자의 한 예이다.

② 정(+)의 레버리지효과는 총자본수익률(종합수익률)이 저당수익률보다 높을 때 발생한다.

③ 중립적 레버리지란 부채비율이 변화해도 자기자본수익률은 변하지 않는 경우를 말한다.

④ 부(−)의 레버리지란 부채비율이 커질수록 자기자본수익률이 하락하는 것을 말한다.

⑤ 타인자본의 이용으로 레버리지를 활용하면 위험이 감소된다. 부(−)의 레버리지효과가 발생할 경우 부채비율을 낮추어서 정(+)의 레버리지효과로 전환할 수 있다.

**해설▸** 타인자본의 이용으로 레버리지를 활용하면 위험이 증가한다. 부(−)의 레버리지효과가 발생할 경우 부채비율을 낮추어서 정(+)의 레버리지효과로 전환할 수 없다.

**정답▸** ⑤

**03 부동산투자에서 레버리지(leverage)에 관한 설명으로 옳지 않은 것은?** [감평 4회]

① 총투자수익률에서 지분투자수익률을 차감하여 정(+)의 수익률이 나오는 경우에는 정(+)의 레버리지가 발생한다.

② 차입이자율이 총투자수익률보다 높은 경우에는 부(−)의 레버리지가 발생한다.

③ 정(+)의 레버리지는 이자율의 변화 등에 따라 부(−)의 레버리지로 변화될 수 있다.

④ 부채비율이 상승할수록 레버리지효과로 인한 지분투자자의 수익률 증대효과가 있지만, 한편으로는 차입금리의 상승으로 지분투자자의 수익률 감소효과도 발생한다.

⑤ 대출기간 연장을 통하여 기간이자 상환액을 줄이는 것은 부(−)의 레버리지 발생 시 적용할 수 있는 대안 중 하나이다.

**해설▸** ① 지분투자수익률에서 총투자수익률을 차감하여 정(+)의 수익률이 나오는 경우에는 정(+)의 레버리지가 발생한다.

**정답▸** ①

**04** **다음 〈보기〉와 같은 상황에서 임대주택 투자자의 1년간 자기자본수익률은?** [제18회]

> • 임대주택 총투자액 : 100백만원
> − 차입금 : 60백만원
> − 자기자본 : 40백만원
> • 차입조건 : 이자율 연 8%, 대출기간 동안 매 1년 말에 이자만 지급하고 만기에 원금을 일시 상환
> • 1년간 순영업소득(NOI) : 8백만원
> • 1년간 임대주택의 가격 상승률 : 2%

① 7% ② 10% ③ 13%
④ 16% ⑤ 20%

**해설▸** 자기자본수익률 = 소득이득(800만원) − 이자비용(6,000만원 × 8%) + 자본이득(1억원× 2%)/자기자본(4,000만원) = 520만원 / 4,000만원 = 13%

| | |
|---|---|
| $\frac{8(\text{순영업소득}) + 2(\text{주택가격 상승분})}{100}$ | |
| $\frac{5.2}{40}$(지분수익률 13%) | $\frac{4.8}{60}$(이자율 8% 적용) |

**정답▸** ③

| 36회 적중예상 핵심내용 | | | 기출 | | | | | | | |
|---|---|---|---|---|---|---|---|---|---|---|
| 테마 19 | 01 | 부동산투자의 수익, 기대수익률, 투자가치 (계산문제8) | | | 30 | | 32 | | 34 | 35 |
| | 02 | 부동산투자의 위험 | | 29 | | | | | 34 | 35 |

## 01 부동산투자의 수익, 기대수익률, 투자가치(계산문제8)

### 1. 수익률 : 평균(확률), 기대수익률 ⇨ 곱해서 더한다

① 기대수익률 : 예상, 내부, 사전적, 객관적

② 요구수익률 : 최소, 외부, 기회비용, 할인율, 위험조정률, 위험조정할인율, 피셔효과, 주관적

③ 실현수익률 : 투자가 이루어지고 난 후 현실적으로 달성된 수익률, 투자의 준거로 사용하지 않음

| 요구수익률 = 무위험률(시간) + 위험할증률(위험) + 예상인플레이션(− 가치상승분) |
|---|

※ 동일위험 : 위험회피형(보수적, 방패) 요구수익 높음(기울기 가파름),
위험회피형(공격적, 창) 요구수익 낮음(기울기 완만)

④ 투자균형

㉠ 기대 > 요구 : 수요증가 ⇨ 가격상승 ⇨ 기대하락 ⇨ 기대 = 요구(투자균형)

㉡ 기대 < 요구 : 수요감소 ⇨ 가격하락 ⇨ 기대상승 ⇨ 기대 = 요구(투자균형)

⑤ 투자가치와 시장가치

㉠ 투자가치(사용가치, 주관적) = $\dfrac{\text{순수익}}{\text{요구수익률(할인율)}}$

⇨ 위험할수록 높은 할인율 적용(요구수익률 상향조정), 투자가치 하락

㉡ 시장가치(교환가치, 객관적)

㉢ 투자선택 : 투자가치 > 시장가치

## 02 부동산투자의 위험

### 1. 부동산투자의 위험 : 불확실성, 기대수익 ≠ 실현수익

(1) 위험의 측정 : 분산, 표준편차, 변이계수

(2) 부동산투자의 위험

① 사업 : 시장, 운영, 위치

② 금융 : 부채

③ 법적 : 정책(이자율 변화)

④ 인플레(구매력) : 대출자 – 변동이자율, 투자자 – 요구수익률 상승(피셔효과)

⑤ 유동성 : 낮은 환금성

### 2. 위험의 처리방법과 위험의 관리방법

| | |
|---|---|
| 위험의 처리방법 | ① 위험한 투자 제외 : 무위험자산에 투자(위험회피)<br>② 보수적 예측방법 : 수익 낮게, 비용 높게 추계<br>③ 위험조정할인율 : 위험할수록 높은 할인율 적용, 요구수익률 상향 조정 |
| 위험의 관리방법 | ① 위험회피 : 위험한 투자 제외, 무위험자산<br>② 위험전가 : 임대료 인상, 보험, 하청, 리스, 선분양 계약, 변동금리 계약, 스왑 |

**01 부동산 수익률에 관한 설명으로 옳지 않은 것을 모두 고른 것은?** [감평 4회]

> ㉠ 요구수익률이란 투자자가 투자하기 위한 최대한의 수익률을 말하는 것으로 시간에 대한 비용은 고려하지 않는다.
> ㉡ 실현수익률이란 투자가 이루어지고 난 후 현실적으로 달성된 수익률로서 역사적 수익률을 의미한다.
> ㉢ 기대수익률이 요구수익률보다 높으면, 대상부동산에 대하여 수요가 증가하여 기대수익률이 상승한다.

① ㉠ ② ㉢ ③ ㉠, ㉡
④ ㉠, ㉢ ⑤ ㉠, ㉡, ㉢

**해설▸** ④ ㉠ 최대 ⇨ 최소, 시간에 대한 비용을 고려한다.
㉢ 기대수익률이 상승 ⇨ 기대수익률이 하락

**정답▸** ④

## 02 부동산투자에 관한 설명으로 <u>틀린</u> 것은? (단, 주어진 조건에 한함) [제26회]

① 시중금리 상승은 부동산투자자의 요구수익률을 하락시키는 요인이다.
② 기대수익률은 투자로 인해 기대되는 예상수입과 예상지출로부터 계산되는 수익률이다.
③ 정(+)의 레버리지효과는 자기자본수익률이 총자본수익률(종합수익률)보다 높을 때 발생한다.
④ 요구수익률은 투자에 대한 위험이 주어졌을 때, 투자자가 대상부동산에 자금을 투자하기 위해 충족되어야 할 최소한의 수익률이다.
⑤ 부동산투자자는 담보대출과 전세를 통해 레버리지를 활용할 수 있다.

**해설▸** ① 시중금리 상승은 부동산투자자의 요구수익률을 상승시키는 요인이다.

**정답▸** ①

## 03 다음 자료를 활용하여 산정한 대상부동산의 기대수익률은? [제19회]

| 경제환경변수 | 발생확률(%) | 수익률(%) |
|---|---|---|
| 비관적 | 30 | 4.0 |
| 정상적 | 50 | 8.0 |
| 낙관적 | 20 | 13.0 |

① 4.8%　② 6.8%　③ 7.8%
④ 8.2%　⑤ 9.6%

**해설▸** (30% × 4%) + (50% × 8%) + (20% × 13%) = 7.8%

**계산기▸** 30 × 4%　50 × 8%　20 × 13% GT

**정답▸** ③

**04 다음과 같은 투자안에서 부동산의 투자가치는?** (단, 연간 기준이며, 주어진 조건에 한함)

[제34회]

- 무위험률 : 3%
- 위험할증률 : 4%
- 예상인플레이션율 : 2%
- 예상순수익 : 4,500만원

① 4억원 ② 4억 5천만원 ③ 5억원
④ 5억 5천만원 ⑤ 6억원

**해설▸** 투자가치 = 예상 순수익 / 요구수익률
요구수익률 = 무위험률 + 위험할증률 + 예상인플레이션율 = 3% + 4% + 2% = 9%
∴ 투자가치 = 4,500만원/9% = 5억원

**정답▸** ③

**05 다음과 같은 조건에서 부동산 포트폴리오의 기대수익률은?** [단, 포트폴리오의 비중은 A부동산 : 50%, B부동산 : 50%임]

[제24회]

| 경제상황 | 각 경제상황이 발생할 확률(%) | 각 경제상황에 따른 예상 수익률(%) | |
|---|---|---|---|
| | | A부동산 | B부동산 |
| 불 황 | 40 | 20 | 10 |
| 호 황 | 60 | 70 | 30 |

① 24 ② 28 ③ 32
④ 36 ⑤ 40

**해설▸** ㉠ A 기대수익률 = (0.4 × 0.2) + (0.6 × 0.7) = 0.5(50%)
㉡ B 기대수익률 = (0.4 × 0.1) + (0.6 × 0.3) = 0.22(22%)
㉢ 포트폴리오 기대수익률 = (0.5 × 0.5) + (0.5 × 0.22) = 0.36(36%)

**정답▸** ④

## 06 부동산투자의 위험에 관한 설명으로 틀린 것은? [제23회]

① 장래에 인플레이션이 예상되는 경우 대출자는 변동이자율 대신 고정이자율로 대출하기를 선호한다.
② 부채의 비율이 크면 지분수익률이 커질 수 있지만, 마찬가지로 부담해야 할 위험도 커진다.
③ 운영위험(operating risk)이란 사무실의 관리, 근로자의 파업, 영업경비의 변동 등으로 인해 야기될 수 있는 수익성의 불확실성을 폭넓게 지칭하는 개념이다.
④ 위치적 위험(locational risk)이란 환경이 변하면 대상부동산의 상대적 위치가 변화하는 위험이다.
⑤ 유동성위험(liquidity risk)이란 대상부동산을 현금화하는 과정에서 발생하는 시장가치의 손실가능성을 말한다.

**해설▸** 장래에 인플레이션이 예상되는 경우 대출자는 이자율 위험을 줄이기 위해 고정금리보다는 변동금리를 선호한다.

**정답▸** ①

## 07 부동산투자 위험에 관한 설명으로 옳은 것을 모두 고른 것은? [제17회, 제34회]

㉠ 표준편차가 작을수록 투자에 수반되는 위험은 커진다.
㉡ 위험회피형 투자자는 변이계수(변동계수)가 작은 투자안을 더 선호한다.
㉢ 위험도가 높은 자산을 투자에서 제외시키는 것은 위험을 전가(risk shifting)시키는 방법의 하나다.
㉣ 부동산투자자가 대상부동산을 원하는 시기와 가격에 현금화하지 못하는 경우는 유동성 위험에 해당한다.

① ㉠, ㉡ ② ㉠, ㉢ ③ ㉡, ㉢
④ ㉡, ㉣ ⑤ ㉢, ㉣

**해설▸** 옳은 것은 ㉡, ㉣이다.
㉠ 표준편차가 작을수록 투자에 수반되는 위험은 작아진다.
㉢ 위험도가 높은 자산을 투자에서 제외시키는 것은 위험의 전가가 아니라 위험을 제거하는 방법이다.

**정답▸** ④

**08 부동산투자의 위험분석에 관한 설명으로 틀린 것은?** (단, 위험회피형 투자자라고 가정함)

[제28회]

① 부동산투자에서 일반적으로 위험과 수익은 비례관계에 있다.
② 평균분산결정법은 기대수익률의 평균과 분산을 이용하여 투자대안을 선택하는 방법이다.
③ 보수적 예측방법은 투자수익의 추계치를 하향 조정함으로써, 미래에 발생할 수 있는 위험을 상당수 제거할 수 있다는 가정에 근거를 두고 있다.
④ 위험조정할인율을 적용하는 방법으로 장래 기대되는 소득을 현재가치로 환산하는 경우, 위험한 투자일수록 낮은 할인율을 적용한다.
⑤ 민감도분석은 투자효과를 분석하는 모형의 투입요소가 변화함에 따라, 그 결과치에 어떠한 영향을 주는가를 분석하는 기법이다.

**해설▸** 위험조정할인율을 사용하는 방법은 위험한 투자일수록 높은 할인율을 사용한다.

**정답▸** ④

| 36회 적중예상 핵심내용 | | | 기출 | | | | | | | |
|---|---|---|---|---|---|---|---|---|---|---|
| 테마 20 | 01 | 평균분산모형 | | | | | | | | |
| | 02 | 포트폴리오, 포트폴리오의 기대수익률(계산문제9) | 28 | 29 | 30 | | 32 | 33 | 34 | 35 |
| | 03 | 최적포트폴리오 | | | | | | | | |

## 01 평균분산모형

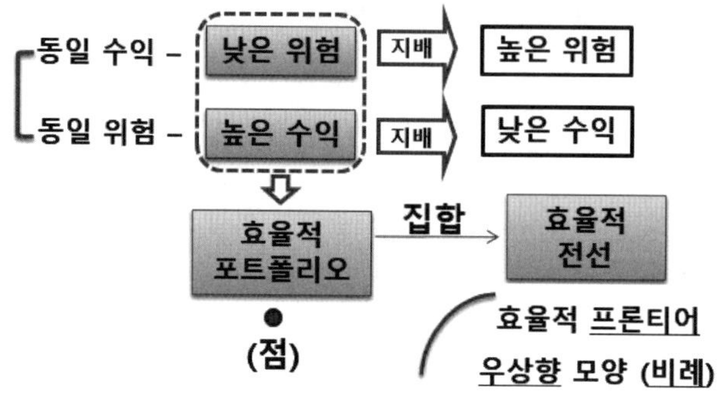


**참고** 효율적 프론티어(efficient frontier)

① 효율적 포트폴리오의 집합
② 동일한 위험에서 최고의 기대수익률을 나타내는 포트폴리오를 선택하여 연결한 선
③ 우상향의 모양: 위험과 수익의 비례관계

**01** **부동산투자의 기대수익률과 위험에 관한 설명으로 옳은 것은?** (단, 위험회피형 투자자라고 가정함) [제26회]

① 부동산 투자안이 채택되기 위해서는 요구수익률이 기대수익률보다 커야 한다.
② 평균 – 분산 지배원리에 따르면, A투자안과 B투자안의 기대수익률이 같은 경우, A투자안보다 B투자안의 기대수익률의 표준편차가 더 크다면 A투자안이 선호된다.
③ 투자자가 위험을 회피할수록 위험(표준편차, X축)과 기대수익률(Y축)의 관계를 나타낸 투자자의 무차별곡선의 기울기는 완만해진다.
④ 투자 위험(표준편차)과 기대수익률은 부(–)의 상관관계를 가진다.
⑤ 무위험(수익)률의 상승은 투자자의 요구수익률을 하락시키는 요인이다.

해설▸ ① 부동산 투자안이 채택되기 위해서는 기대수익률이 요구수익률보다 커야 한다.
③ 투자자가 위험을 회피할수록 위험(표준편차, X축)과 기대수익률(Y축)의 관계를 나타낸 투자자의 무차별곡선의 기울기는 가팔라진다.
④ 일반적으로 위험과 수익은 비례관계에 있으므로 투자 위험(표준편차)과 기대수익률은 정(+)의 상관관계를 가진다.
⑤ '요구수익률 = 무위험률 + 위험할증률 + 예상인플레율'이므로 무위험(수익)률의 상승은 투자자의 요구수익률을 상승시키는 요인이다.

정답▸ ②

## 02 다음은 시장전망에 따른 자산의 투자수익률을 합리적으로 예상한 결과이다. 이에 관한 설명으로 틀린 것은? (단, 주어진 조건에 한함) [제35회]

| 시장 전망 | 발생 확률 | 예상수익률 | | | |
|---|---|---|---|---|---|
| | | 자산 A | 자산 B | 자산 C | 자산 D |
| 낙관적 | 25% | 6% | 10% | 9% | 14% |
| 정상적 | 50% | 4% | 4% | 8% | 8% |
| 비관적 | 25% | 2% | −2% | 7% | 2% |
| 평균(기댓값) | | 4.0% | 4.0% | 8.0% | 8.0% |
| 표준편차 | | 1.41% | 4.24% | 0.71% | 4.24% |

① 자산 A와 자산 B는 동일한 기대수익률을 가진다.
② 낙관적 시장전망에서는 자산 D의 수익률이 가장 높다.
③ 자산 C와 자산 D는 동일한 투자위험을 가진다.
④ 평균−분산 지배원리에 따르면 자산 C는 자산 A보다 선호된다.
⑤ 자산 A, B, C, D로 구성한 포트폴리오의 수익과 위험은 각 자산의 투자비중에 따라 달라진다.

해설▸ ③ 자산 C와 자산 D는 동일한 투자위험을 가진다. ⇨ 자산 C의 위험(0.71)이 자산 D의 위험(4.24)보다 작다.

| 시장 전망 | 발생 확률 | 예상수익률 | | | |
|---|---|---|---|---|---|
| | | 자산 A | 자산 B | 자산 C | 자산 D |
| 낙관적 | 25% | 6% | 10% | 9% | 14% |
| 정상적 | 50% | 4% | 4% | 8% | 8% |
| 비관적 | 25% | 2% | −2% | 7% | 2% |
| 평균(기댓값) | | 4.0% | 4.0% | 8.0% | 8.0% |
| 표준편차(투자위험) | | 1.41% | 4.24% | 0.71% | 4.24% |

정답▸ ③

## 02, 03 포트폴리오, 포트폴리오의 기대수익률(계산문제9), 최적포트폴리오

### 1. 포트폴리오의 의의

① 포트폴리오의 의의 : ㉠ 분산투자 ㉡ 비체계적 위험 제거 ㉢ 안정된 수익을 획득하려는 자산배합

② 총위험 : 체계적 위험 + 비체계적 위험

| 체계적 위험 | 비체계적 위험 |
|---|---|
| ① 모든 부동산 | ① 개별 부동산만 |
| ② 피할 수 없는 위험 | ② 피할 수 있는 위험 |
| ③ 위험과 수익의 상쇄(비례) 관계 | ③ 포트폴리오를 통해 제거하려는 위험 |
| ④ 인플레, 이자율 변화, 경기변동 등 | ④ 파업, 법적문제, 영업경비변동 등 |

③ 포트폴리오 효과 大 : 자산수 多, 수익률이 반대(다른)방향, 상관계수 : (−1), 낮을수록

참고 상관계수 : 자산의 움직임 지표(한 자산의 수익률의 변동에 따른 다른 자산의 수익률의 변동 정도)

㉠ 상관계수가 (−1) : 비체계적 위험이 완전히 제거

㉡ 상관계수가 (+1) : 위험이 전혀 제거×, 포트폴리오 효과 없음(상관계수가 +1인 경우를 제외하면 +인 경우도 효과는 있음)

④ 부동성 · 용도의 다양성 ⇨ 위치 · 유형별로 다양한 포트폴리오를 구성 가능

### 2. 최적의 포트폴리오

① 효율적 포트폴리오 : 평균분산 원리에 의해 선택된 포트폴리오(같은 값일 때 낮은 위험, 높은 수익)

② 효율적 전선(프론티어) : 효율적 포트폴리오의 집합, 우상향, 위험과 수익의 비례

③ 무차별곡선 : 투자자의 위험에 대한 태도, 아래로 볼록한 우상향, 투자자는 위험회피형

④ 최적의 포트폴리오 : 효율적 전선과 무차별곡선이 접하는 점(교차하는 점×)

⑤ 포트폴리오 기대수익률 : 투자비중, 각 투자대상의 수익률 관련(총투자금액 관련×)

## 03 포트폴리오이론에 따른 부동산투자의 포트폴리오 분석에 관한 설명으로 옳은 것은?

[제26회]

① 인플레이션, 경기변동 등의 체계적 위험은 분산투자를 통해 제거가 가능하다.

② 투자자산 간의 상관계수가 1보다 작을 경우, 포트폴리오 구성을 통한 위험절감 효과가 나타나지 않는다.

③ 2개의 투자자산의 수익률이 서로 다른 방향으로 움직일 경우, 상관계수는 양(+)의 값을 가지므로 위험분산효과가 작아진다.

④ 효율적 프론티어(efficient frontier)와 투자자의 무차별곡선이 접하는 지점에서 최적 포트폴리오가 결정된다.

⑤ 포트폴리오에 편입되는 투자자산 수를 늘림으로써 체계적 위험을 줄여나갈 수 있으며, 그 결과로 총 위험은 줄어들게 된다.

**해설▸** ① 인플레이션, 경기변동 등의 체계적 위험은 분산투자를 통해 제거할 수 없다.

② 투자자산 간의 상관계수가 1보다 작을 경우, 포트폴리오 구성을 통한 위험절감효과가 나타난다. 상관계수가 1인 경우 아무 효과가 없다.

③ 2개의 투자자산의 수익률이 서로 다른 방향으로 움직일 경우, 상관계수는 음(−)의 값을 가지므로 위험분산 효과가 커진다.

⑤ 포트폴리오에 편입되는 투자자산 수를 늘림으로써 비체계적 위험을 줄여나갈 수 있으며, 그 결과로 총 위험은 줄어들게 된다.

**정답▸** ④

| 36회 적중예상 핵심내용 | | | 기출 | | | | | | | |
|---|---|---|---|---|---|---|---|---|---|---|
| 테마 21 | 01 | 화폐의 시간가치(계산문제10) | 28 | | 30 | 31 | 32 | 33 | | |
| | 02 | 화폐의 시간가치 이론 | | 29 | 30 | | 32 | | | |

## 01, 02 화폐의 시간가치(계산문제10), 화폐의 시간가치 이론

### 1. 화폐의 시간가치 계산

| 미래가치 | 현재가치 |
|---|---|
| ① 일시불의 내가계수<br>1원, n년 후, $(1+r)^n$ | ④ 일시불의 현가계수<br>1원, 현재, $\frac{1}{(1+r)^n}=(1+r)^{-n}$ |
| ② 연금의 내가계수<br>매년 1원씩, n년 후, $\frac{(1+r)^n-1}{r}$ | ⑤ 연금의 현가계수<br>매년 1원씩, 환원, $\frac{1-(1+r)^{-n}}{r}$ |
| ③ 감채기금계수<br>만들기 위해 불입, $\frac{r}{(1+r)^n-1}$ | ⑥ 저당상수<br>차입, 상환 원리금, $\frac{r}{1-(1+r)^{-n}}$ |

**참고** 역수관계: ① 일. 내 ⇔ ④ 일. 현 | ② 연. 내 ⇔ ③ 감. 기 | ⑤ 연. 현 ⇔ ⑥ 저. 상

| | |
|---|---|
| 일시불의 현재가치계수 | $\frac{4}{6}$ |
| 일시불의 미래가치계수 | $\frac{6}{4}$ |
| 연금의 현재가치계수 | 4 |
| 저당상수 | $\frac{1}{4}$ |
| 연금의 미래가치계수 | 6 |
| 감채기금계수 | $\frac{1}{6}$ |

**참고** 공식판단: 현재는 마이너스 승, 월계산은 나누기 12

### 2. 단리와 복리의 개념

(1) 단리는 초기의 원금에만 이자를 지급하는 것을 말하고 복리는 원금뿐만 아니라 이자에도 이자를 지급하는 것을 말한다.

(2) 은행에 100만원을 12%의 이자율로 1년 동안 예금하는 경우

① 12개월 단리 적용시 : 100만원×1.12 = 112만원

② 6개월 복리 적용시 : 100만원×1.06×1.06 = 112.36만원

### 3. 화폐의 시간가치 계수

┌ 일시금을 현재로 땡길 때 쓰는 도구 : 일시금의 현가계수
└ 일시금을 미래로 보낼 때 쓰는 도구 : 일시금의 내가계수

┌ 매 기간 발생하는 금액을 뭉칠 때 쓰는 도구 : 연금(빗자루)
└ 현재에서 뭉치면 현가계수, 미래에서 뭉치면 내가계수

┌ 일시금을 매 기간으로 쪼갤 때 쓰는 도구 : 저당감채(망치)
└ 현재금액을 조개면 저당상수, 미래금액을 쪼개면 감채기금계수

### 4. 잔금과 잔금비율

① 잔금 = 원리금 × 연.현(잔여기간)

② $\text{잔금비율} = \dfrac{\text{연.현(잔여기간)}}{\text{연.현(전기간)}}$

③ 상환비율 + 잔금비율 = 1

**01 화폐의 시간가치 계산에 관한 설명으로 옳은 것은?** [제32회]

① 현재 10억원인 아파트가 매년 2%씩 가격이 상승한다고 가정할 때, 5년 후의 아파트가격을 산정하는 경우 연금의 미래가치계수를 사용한다.

② 원리금균등상환방식으로 담보대출 받은 가구가 매월 상환할 금액을 산정하는 경우, 일시불의 현재가치계수를 사용한다.

③ 연금의 현재가치계수에 감채기금계수를 곱하면 일시불의 현재가치계수이다.

④ 임대기간 동안 월임대료를 모두 적립할 경우, 이 금액의 현재시점 가치를 산정한다면 감채기금계수를 사용한다.

⑤ 나대지에 투자하여 5년 후 8억원에 매각하고 싶은 투자자는 현재 이 나대지의 구입금액을 산정하는 경우, 저당상수를 사용한다.

해설▸ ① 일시불의 미래가치계수 사용
② 저당상수 사용
④ 연금의 현가계수 사용
⑤ 일시불의 현가계수 사용

정답▸ ③

**02 화폐의 시간가치와 관련한 설명으로 옳은 것은?** (단, 다른 조건은 동일함) [제29회]

① 잔금비율과 상환비율의 합은 '0'이 된다.
② 연금의 현재가치계수와 감채기금계수는 역수관계에 있다.
③ 원금균등상환방식으로 주택저당대출을 받은 경우 저당대출의 매기간 원리금 상환액은 저당상수를 이용하여 계산한다.
④ 원금에 대한 이자뿐만 아니라 이자에 대한 이자도 함께 계산하는 것은 단리 방식이다.
⑤ 현재 5억원인 주택가격이 매년 전년대비 5%씩 상승한다고 가정할 때, 5년 후의 주택가격은 일시불의 미래가치계수를 사용하여 계산할 수 있다.

해설▸ ① 잔금비율과 상환비율의 합은 '1'이 된다.
② 연금의 현재가치계수와 저당상수는 역수관계에 있다.
③ 원리금균등상환방식으로 주택저당대출을 받은 경우 저당대출의 매기간 원리금 상환액은 저당상수를 이용하여 계산한다.
④ 원금에 대한 이자뿐만 아니라 이자에 대한 이자도 함께 계산하는 것은 복리 방식이다.

정답▸ ⑤

**03 화폐의 시간가치에 관한 설명으로 옳은 것을 모두 고른 것은?** (단, 다른 조건은 동일함) [제30회]

ㄱ 은행으로부터 주택구입자금을 대출한 가구가 매월 상환할 금액을 산정하는 경우 감채기금계수를 사용한다.
ㄴ 연금의 현재가치계수와 저당상수는 역수관계이다.
ㄷ 연금의 미래가치란 매 기간마다 일정 금액을 불입해 나갈 때, 미래의 일정시점에서의 원금과 이자의 총액을 말한다.
ㄹ 일시불의 현재가치계수는 할인율이 상승할수록 작아진다.

① ㄱ ② ㄴ, ㄷ ③ ㄱ, ㄴ, ㄹ
④ ㄴ, ㄷ, ㄹ ⑤ ㄱ, ㄴ, ㄷ, ㄹ

해설▸ ㉠ 은행으로부터 주택구입자금을 대출한 가구가 매월 상환할 금액을 산정하는 경우 저당상수를 사용한다.

정답▸ ④

**04** **화폐의 시간가치에 관한 설명으로 옳지 않은 것은?** (단, 다른 조건은 동일함) [2020년 감평]

① 은행으로부터 주택구입자금을 원리금균등분할상환방식으로 대출한 가구가 매월 상환할 원리금을 계산하는 경우, 저당상수를 사용한다.

② 일시불의 미래가치계수는 이자율이 상승할수록 커진다.

③ 연금의 현재가치계수와 저당상수는 역수관계이다.

④ 연금의 미래가치계수와 감채기금계수는 역수관계이다.

⑤ 3년 후에 주택자금 5억원을 만들기 위해 매 기간 납입해야 할 금액을 계산하는 경우, 연금의 미래가치계수를 사용한다.

해설▸ 3년 후에 주택자금 5억원을 만들기 위해 매 기간 납입해야 할 금액을 계산하는 경우, 감채기금계수를 사용한다.

정답▸ ⑤

**05** **A는 매월 말에 50만원씩 5년 동안 적립하는 적금에 가입하였다. 이 적금의 명목금리는 연 3%이며, 월복리 조건이다. 이 적금의 미래가치를 계산하기 위한 식으로 옳은 것은?** (단, 주어진 조건에 한함) [제31회]

① $500,000 \times \left\{\dfrac{(1+0.03)^5-1}{0.03}\right\}$

② $500,000 \times \left\{\dfrac{\left(1+\dfrac{0.03}{12}\right)^{5\times12}-1}{\dfrac{0.03}{12}}\right\}$

③ $500,000 \times \left(1+\dfrac{0.03}{12}\right)^{5\times12}$

④ $500,000 \times \left\{\dfrac{0.03}{1-(1+0.03)^{-5}}\right\}$

⑤ $500,000 \times \left\{\dfrac{\dfrac{0.03}{12}}{1-\left(1+\dfrac{0.03}{12}\right)^{-5\times12}}\right\}$

해설▸ 연금의 내가계수를 이용해서 계산하며, 월복리 조건이기에 (기간×12, 이자율/12) 옳은 식은 ②이다.

| |
|---|
| 연금의 내가계수($r$%, $n$년)$=\dfrac{(1+r)^n-1}{r}$ |

정답▸ ②

| 36회 적중예상 핵심내용 | | | 기출 | | | | | | | |
|---|---|---|---|---|---|---|---|---|---|---|
| 테마 22 | 01 | 현금수지의 측정(계산문제11) | 28 | 29 | 30 | | | | 34 | |

## 01 현금수지의 측정(계산문제11)

### 1. 현금수지의 측정 교체

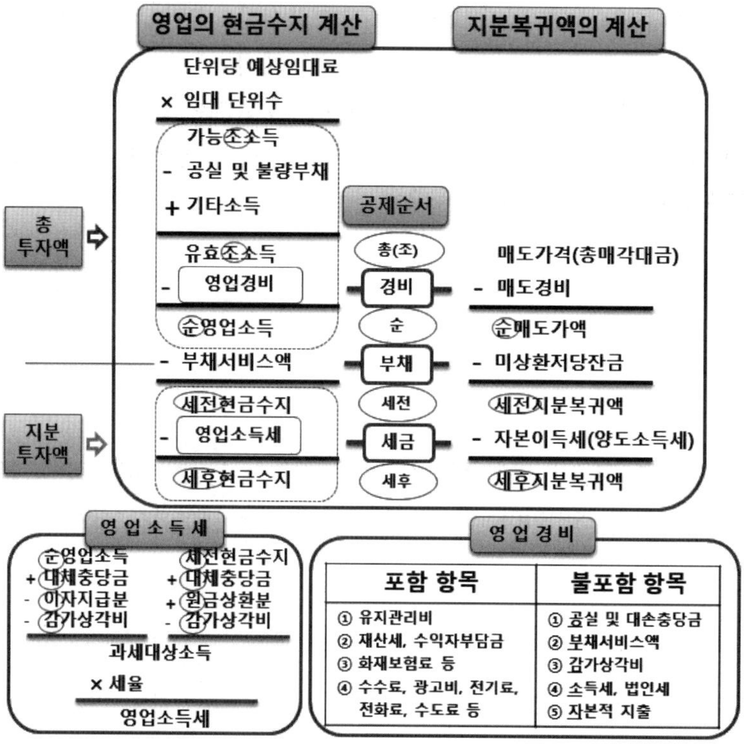


### 2. 영업경비

① 포함 항목: 유지수선비, 재산세, 화재보험료, 수수료, 전기료, 수도료, 광고비

② 불포함 항목: 공실불량부채, 부채서비스액, 감가상각비, 소득·법인세, 자본적 지출, 소유자 급여, 개인적 업무비

**▶ 출제 포인트** **현금수지의 측정**

1. ① 영업수지계산 : 가>. 공. 기. 유. 영. 순. 부. 세. 영. 세
   ② 지분복귀액계산 : 매. 매. 순. 미. 세. 자. 세
2. 유효조소득 > 순영업소득
3. (대출금 ○) 순영업소득 > 세전현금수지, (대출금 ×) 순영업소득 = 세전현금수지
4. (흑자, 과세) 세전현금수지 > 세후현금수지, (적자, 비과세) 세전현금수지 = 세후현금수지
5. 유효조소득에서 순영업소득을 차감하면 영업경비가 되며, 순영업소득에서 영업경비를 더하면 유효조소득이 된다.('㉠ − ㉡ = ㉢', '㉠ − ㉢ = ㉡', '㉢ + ㉡ = ㉠')
6. 영업경비에 포함 : 유지수선비, 화재보험료, 재산세, 수수료·전기료·수도료·광고비 등
7. 영업경비에 불포함 : 공실 및 불량부채, 부채서비스액, 감가상각비, 소득세·법인세, 자본적 지출
8. 영업소득세 계산 : '순. 대. 이. 감' 중 감가상각비와 이자지급분은 공제(−), 나머지(순. 대)는 +
   ⇨ ① 순 + 대 ② − 이 − 감 ③ × 세율

## 01 다음 (    )에 들어갈 내용으로 옳게 나열된 것은? [제24회]

| |
|---|
| 임대단위당 연간 예상임대료 |
| × 임대단위 수 |
| = ( A ) |
| − 공실 및 불량부채액 |
| + 기타소득 |
| = ( B ) |
| − 영업경비 |
| = ( C ) |
| − 부채서비스액 |
| = 세전현금흐름 |
| − 영업소득세 |
| = 세후현금흐름 |

| | A | B | C |
|---|---|---|---|
| ① | 유효총소득 | 순영업소득 | 가능총소득 |
| ② | 가능총소득 | 순영업소득 | 유효총소득 |
| ③ | 순영업소득 | 가능총소득 | 유효총소득 |
| ④ | 유효총소득 | 가능총소득 | 순영업소득 |
| ⑤ | 가능총소득 | 유효총소득 | 순영업소득 |

**해설▸** 현금수지분석에서 매년 발생하는 임대료는 가능총소득, 유효총소득, 순영업소득, 세전현금수지, 세후현금수지이다.

**정답▸** ⑤

## 02 다음은 부동산투자분석을 위한 기간 말 세후지분복귀액(after – tax equity reversion)의 계산과정을 나타내고 있다. 괄호 안에 들어갈 내용을 순서대로 바르게 표시하고 있는 것은?

[제15회]

| |
|---|
| 매도가격 |
| — (　　) |
| 순매도액 |
| — (　　) |
| (　　) |
| — (　　) |
| 세후지분복귀액 |

① 미상환저당잔금, 매도경비, 자본이득세, 세전지분복귀액
② 자본이득세, 영업경비, 세전현금수지, 영업소득세
③ 매도경비, 미상환저당잔금, 세전지분복귀액, 자본이득세
④ 미상환저당잔금, 영업경비, 세전현금수지, 자본이득세
⑤ 매도경비, 세전지분복귀액, 자본이득세, 미상환저당잔금

**해설▸** 지분복귀액의 계산과정(자본이득)

| | |
|---|---|
| | 매도가격(selling price) |
| −) | 매도경비(selling expense) : 중개수수료, 법적 수속비, 기타경비 등 |
| =) | 순매도액(net sales proceed) |
| −) | 미상환저당잔금(unpaid mortgage balance) |
| =) | 세전지분복귀액(before-tax equity reversion) |
| −) | 자본이득세(capital gain tax) |
| =) | 세후지분복귀액(after-tax equity reversion) |

**정답▸** ③

**03 부동산투자분석의 현금흐름 계산에서 (가)순영업소득과 (나)세전지분복귀액을 산정하는 데 각각 필요한 항목을 모두 고른 것은?** (단, 투자금의 일부를 타인자본으로 활용하는 경우를 가정함) [제29회]

| | |
|---|---|
| ㉠ 기타소득 | ㉡ 매도비용 |
| ㉢ 취득세 | ㉣ 미상환저당잔금 |
| ㉤ 재산세 | ㉥ 양도소득세 |

① 가 : ㉢ 나 : ㉣
② 가 : ㉠, ㉤ 나 : ㉡, ㉣
③ 가 : ㉠, ㉤ 나 : ㉡, ㉥
④ 가 : ㉠, ㉢, ㉤ 나 : ㉡, ㉥
⑤ 가 : ㉠, ㉢, ㉤ 나 : ㉡, ㉣, ㉥

**해설▸** 영업현금에서 (가)순영업소득을 산정하는 데 각각 필요한 항목은 기타소득, 재산세이다.

단위당 예상임대료
× 임대단위수
---
가능총소득
− 공실 및 대손충당금
+ 기타 소득
---
유효총소득
− 영업경비(재산세 포함, 취득세 불포함)
---
순영업소득
− 부채서비스액
---
세전현금흐름
− 운영소득세
---
세후현금흐름

매각현금흐름에서 (나)세전지분복귀액을 산정하는 데 각각 필요한 항목은 매도비용과 미상환저당잔금이다.

매도가격
− 매도비용
---
순매도액
− 미상환저당잔금
---
세전지분복귀액
− 자본이득세(양도소득세)
---
세후지분복귀액

**정답▸** ②

**04 부동산 운영수지분석에 관한 설명으로 <u>틀린</u> 것은?** [제28회]

① 가능총소득은 단위면적당 추정 임대료에 임대면적을 곱하여 구한 소득이다.
② 유효총소득은 가능총소득에서 공실손실상당액과 불량부채액(충당금)을 차감하고, 기타 수입을 더하여 구한 소득이다.
③ 순영업소득은 유효총소득에 각종 영업외수입을 더한 소득으로 부동산 운영을 통해 순수하게 귀속되는 영업소득이다.
④ 세전현금흐름은 순영업소득에서 부채서비스액을 차감한 소득이다.
⑤ 세후현금흐름은 세전현금흐름에서 영업소득세를 차감한 소득이다.

**해설▸** 순영업소득은 유효총소득에서 영업경비를 빼서 계산한다.
영업외수입을 더하는 것은 가능총소득으로부터 유효총소득을 계산하는 단계에서이다.

**정답▸** ③

**05 수익성 부동산의 장래 현금흐름에 관한 설명으로 <u>틀린</u> 것은?** [제20회]

① 투자에 따른 현금흐름은 영업 현금흐름과 매각 현금흐름으로 나누어 예상할 수 있다.
② 유효총소득은 잠재(가능)총소득에 공실 및 불량부채에 대한 손실과 기타 수입을 반영한 것이다.
③ 세전현금흐름은 순영업소득에서 부채서비스액(debt service)을 차감하여 계산한다.
④ 영업소득세를 계산하기 위해서는 건물의 감가상각비를 알아야 한다.
⑤ 영업경비에는 임대소득에 대한 소득세가 포함되어야 한다.

**해설▸** 소득세가 포함되지 않음.
포함되어야 한다(×) ⇨ 포함되지 않는다(○) : 재산세·종합부동산세 등 보유과세는 포함되지만 영업소득세·자본이득세는 포함되지 않는다.

**정답▸** ⑤

**06 오피스 빌딩의 현금흐름분석에 관한 설명 중 <u>틀린</u> 것은?** [제16회]

① 매각시점에 미상환 대출잔액이 있다면 세전매각현금흐름이 총 매각대금보다 적다.
② 가능총소득에서 공실 및 회수 불가능 임대수입을 제하고 기타소득을 합하면 유효총소득이 된다.
③ 유효총소득은 순영업소득에 비해서 큰 편이다.
④ 순영업소득은 세전현금흐름과 동일할 수 없다.
⑤ 과세대상 소득이 적자가 아니고 투자자가 과세대상이라면 세전현금흐름은 세후현금흐름보다 크다.

**해설▸** ④ 총투자액을 전액 지분으로 투자했다면 소득이득의 현금흐름상에서 부채서비스액이 없기 때문에 순영업소득과 세전현금흐름(수지)은 동일할 수 있다.

**정답▸** ④

**07** **다음은 임대주택의 1년간 운영실적에 관한 자료이다. 이와 관련하여 <u>틀린</u> 것은?** (단, 문제에서 제시한 것 외의 기타 조건은 고려하지 않음) [제23회]

> ㉠ 호당 임대료 : 6,000,000원
> ㉡ 임대가능호수 : 40호
> ㉢ 공실률 : 10%
> ㉣ 운영비용 : 16,000,000원
> ㉤ 원리금상환액 : 90,000,000원
> ㉥ 융자이자 : 20,000,000원
> ㉦ 감가상각액 : 10,000,000원
> ㉧ 소득세율 : 30%

① 유효총소득은 216,000,000원이다.
② 순영업소득은 200,000,000원이다.
③ 세전현금수지는 110,000,000원이다.
④ 영업소득세는 50,000,000원이다.
⑤ 세후현금수지는 59,000,000원이다.

**해설▸** 가능총소득(호당 6,000,000원 × 40호 = 240,000,000원) − 공실률(= 240,000,000원 × 10% = 24,000,000원) = 유효총소득(216,000,000원) − 운영비용(16,000,000원) = 순영업소득(200,000,000원)

1. 세후현금수지 계산

| | |
|---|---|
| Ⅰ. 순영업소득 | 200,000,000원 |
| − 부채서비스액 | 90,000,000원 |
| Ⅱ. 세전현금수지 | 110,000,000원 |
| − 영업소득세 | 51,000,000원 |
| Ⅲ. 세후현금수지 | 59,000,000원 |

2. 영업소득세 계산

| | |
|---|---|
| Ⅰ. 순영업소득 | 200,000,000원 |
| + 대체충당금 | 0원 |
| − 이자지급액 | 20,000,000원 |
| − 감가상각비 | 10,000,000원 |
| Ⅱ. 과세대상소득 | 170,000,000원 |
| × 소득세율 | 30% |
| Ⅲ. 영업소득세 | 51,000,000원 |

**정답▸** ④

| 36회 적중예상 핵심내용 | | | 기출 | | | | | | | |
|---|---|---|---|---|---|---|---|---|---|---|
| 테마 23 | 01 | 할인현금수지분석법(DCF기법) 이론 | 28 | 29 | 30 | | 32 | 33 | 34 | 35 |
| | 02 | 순현가법과 내부수익률법 | | | | | | | | |
| | 03 | 할인법(DCF)(계산문제12) | | | | 31 | 32 | | | |

## 01 할인현금수지분석법(DCF기법) 이론

### 1. 할인현금수지분석법(DCF법) : '세후소득의 현가와 지분 투자의 현가를 비교'

**암기법** 순영씨 수일이가 내요 할인카드 있어요!

| | |
|---|---|
| 순현가법<br>(NPV법) | ① 순현재가치 = 현금수입의 현가 − 현금지출의 현가<br>② 순현가 ≧ 0 ⇨ 투자채택 |
| 내부수익률법<br>(IRR법) | ① 현금수입의 현가 = 현금지출의 현가<br>⇨ 순현가 = 0, 수익성지수 = 1일 때의 할인율<br>② 내부수익률 ≧ 요구수익률 ⇨ 투자채택 |
| 수익성지수법<br>(PI법) | ① 수익성지수 = $\frac{\text{현금수입의 현가}}{\text{현금지출의 현가}}$, 지출의 현가에 대한 수입의 현가<br>② 수익성지수 ≧ 1 ⇨ 투자채택 |

**참고** 화폐의 시간가치 고려(4): 순현가법, 내부수익률법, 수익성지수법, 현가회수기간법

## 02 순현가법과 내부수익률법

### 1. 순현가법과 내부수익률법의 비교

| 구 분 | 순현가법 | 내부수익률법 |
|---|---|---|
| 할인율 | 요구수익률(주관적)<br>사전 요구 결정 ○ | 내부수익률<br>사전 요구 결정 × |
| 부의 극대화 | 언제나 달성 ○ | 언제나 달성 × |
| 합의 원칙 | 적용 ○ | 적용 × |
| 투자판단 | 언제나 가능 | 불가능(복수의 내부수익률) |
| 결 론 | 1. 독립적 투자안 : 결과치가 반드시 동일하다.<br>2. 배타적 투자안 : 결과치가 동일할 수도 있고, 다를 수도 있다.<br>3. 배타적 투자안에서 결과가 다를 경우 순현가법이 내부수익률법보다 합리적 | |

**01** 부동산 투자타당성 분석기법에 관한 설명으로 틀린 것은? [제18회, 제20회]

① 여러 투자안의 투자 우선순위를 결정할 때, 순현재가치법과 내부수익률법 중 어느 방법을 적용하더라도 투자 우선순위는 달라지지 않는다.
② 단순회수기간법은 화폐의 시간적 가치를 고려하지 않고 투자한 금액을 회수하는 데 걸리는 기간을 분석한다.
③ 순현가(NPV)가 '0'보다 크면 투자타당성이 있다고 할 수 있다.
④ 수익성지수(PI)가 '1'보다 크면 투자타당성이 있다고 할 수 있다.
⑤ 내부수익률법은 내부수익률을 투자자의 요구수익률과 비교하여 투자의사결정을 하는 방법이다.

**해설▸** 순현가법과 내부수익률법의 투자우선순위는 달라질 수 있다. 순현가가 더 우월하다.
달라지지 않는다(×) ⇨ 다를 수 있다(○)

**정답▸** ①

**02 부동산 투자의사결정에 관한 설명으로 틀린 것은?** [제23회]

① 수익성지수법이나 순현재가치법은 화폐의 시간가치를 고려한 투자결정기법이다.
② 단순회수기간법이나 회계적이익률법은 화폐의 시간가치를 고려하지 않는 투자결정기법이다.
③ 내부수익률이 요구수익률보다 작은 경우 그 투자를 기각한다.
④ 어림셈법 중 순소득승수법의 경우 승수값이 클수록 자본회수기간이 짧다.
⑤ 일반적으로 내부수익률법보다 순현재가치법이 투자준거로 선호된다.

**해설▸** 순소득승수란 순영업소득에 대한 총투자액의 배수를 말하며, 승수값이 클수록 자본회수기간은 길어진다.

**정답▸** ④

**03 부동산투자분석기법에 관한 설명으로 틀린 것은?** (단, 다른 조건은 동일함) [제27회]

① 동일한 현금흐름의 투자안이라도 투자자의 요구수익률에 따라 순현재가치(NPV)가 달라질 수 있다.
② 투자규모에 차이가 있는 상호배타적인 투자안의 경우 순현재가치법과 수익성지수법을 통한 의사결정이 달라질 수 있다.
③ 순현재가치법은 가치가산원리가 적용되나 내부수익률법은 적용되지 않는다.
④ 재투자율의 가정에 있어 순현재가치법보다 내부수익률법이 더 합리적이다.
⑤ 회수기간법은 회수기간 이후의 현금흐름을 고려하지 않는다는 단점이 있다.

**해설▸** 순현가법이 내부수익률법보다 재투자율에 대한 가정이 합리적이다.

**정답▸** ④

## 04 부동산투자분석기법에 관한 설명으로 틀린 것은? [제35회]

① 순현재가치법과 내부수익률법은 화폐의 시간가치를 반영한 투자분석방법이다.
② 복수의 투자안을 비교할 때 투자금액의 차이가 큰 경우, 순현재가치법과 내부수익률법은 분석결과가 서로 다를 수 있다.
③ 하나의 투자안에 있어 수익성지수가 1보다 크면 순현재가치는 0보다 크다.
④ 투자자산의 현금흐름에 따라 복수의 내부수익률이 존재할 수 있다.
⑤ 내부수익률법에서는 현금흐름의 재투자율로 투자자의 요구수익률을 가정한다.

**해설▸** ⑤ 내부수익률법에서는 내부수익률로 재투자한다고 가정한다.

**정답▸** ⑤

## 05 다음과 같은 현금흐름을 갖는 투자안 A의 순현가(NPV)와 내부수익률(IRR)은? [단, 할인율은 연 20%, 사업기간은 1년이며, 사업 초기(1월 1일)에 현금지출만 발생하고 사업 말기(12월 31일)에 현금유입만 발생함] [제24회]

| 투자안 | 초기 현금지출 | 말기 현금유입 |
|---|---|---|
| A | 5,000원 | 6,000원 |

| | NPV | IRR |
|---|---|---|
| ① | 0원 | 20% |
| ② | 0원 | 25% |
| ③ | 0원 | 30% |
| ④ | 1,000원 | 20% |
| ⑤ | 1,000원 | 25% |

**해설▸** 순현가 = 현금유입의 현가($\frac{6,000\text{원}}{(1+0.2)^1}$ = 5,000원) − 현금유출의 현가(5,000원)

내부수익률 해설 1 ⇨ 현금유입의 현가($\frac{6,000\text{원}}{(1+r)^1}$) = 현금유출의 현가(5,000원),

$r = 20\%$

내부수익률 해설 2 ⇨ 내부수익률 = $\frac{\text{순수익}(1,000\text{원})}{\text{투자액}(5,000\text{원})} = 20\%$

**유의▸** 순현가와 수익성지수 산정 : 수입을 할인

내부수익률 산정 : $\frac{\text{차이값}}{\text{투자액}}$ (수입 할인×)

**정답▸** ①

**06** **다음 표와 같은 투자 사업들이 있다. 이 사업들은 모두 사업기간이 1년이며, 사업 초기(1월 1일)에 현금지출만 발생하고 사업 말기(12월 31일)에 현금유입만 발생한다고 한다. 할인율이 연 7%라고 할 때 다음 중 틀린 것은?** [제23회]

| 사 업 | 초기 현금지출 | 말기 현금유입 |
|---|---|---|
| A | 3,000만원 | 7,490만원 |
| B | 1,000만원 | 2,675만원 |
| C | 1,500만원 | 3,210만원 |
| D | 1,500만원 | 4,815만원 |

① B와 C의 순현재가치(NPV)는 같다.
② 수익성지수(PI)가 가장 큰 사업은 D이다.
③ 순현재가치(NPV)가 가장 큰 사업은 A이다.
④ 수익성지수(PI)가 가장 작은 사업은 C이다.
⑤ A의 순현재가치(NPV)는 D의 2배이다.

**해설▸**

| 사 업 | 초기 현금지출 | 말기의 현금유입 | 현금유입의 현가 | 순현가 (유입현가－유출현가) | 유입의 현가/유출의 현가 수익성지수 |
|---|---|---|---|---|---|
| A | 3,000만원 | 7,490만원 | $\frac{7{,}490\text{만원}}{(1+0.07)^1}=7{,}000$만원 | 4,000만원 | 2.33 |
| B | 1,000만원 | 2,675만원 | $\frac{2{,}675\text{만원}}{(1+0.07)^1}=2{,}500$만원 | 1,500만원 | 2.5 |
| C | 1,500만원 | 3,210만원 | $\frac{3{,}210\text{만원}}{(1+0.07)^1}=3{,}000$만원 | 1,500만원 | 2 |
| D | 1,500만원 | 4,815만원 | $\frac{4{,}815\text{만원}}{(1+0.07)^1}=4{,}500$만원 | 3,000만원 | 3 |

**계산기▸** ① 7,490 ÷ 1.07 = ② 2,675 = ③ 3,210 = ④ 4,815 =

**정답▸** ⑤

| 36회 적중예상 핵심내용 | | | 기출 | | | | | | | |
|---|---|---|---|---|---|---|---|---|---|---|
| 테마 24 | 01 | 비할인법(어림셈법, 비율분석법) 이론 | 28 | | | 31 | | 33 | 34 | |
| | 02 | 비할인법(어림셈법, 비율분석법)(계산문제13) | 28 | 29 | 30 | | | 33 | 34 | 35 |

## 01, 02 비할인법 이론, 비할인법(어림셈법, 비율분석법)(계산문제13)

### 1. 어림셈법(시간가치 불고려, 결과치만으로 직접 비교 곤란)

| 승수법 | | | 수익률법 | |
|---|---|---|---|---|
| 조소득승수 | $\frac{총투자액}{조소득}$ | ⇔ | 비율분석법<br>총자산회전율 = | $\frac{조소득}{총투자액}$ |
| 순소득승수<br>(자본회수기간) | $\frac{총투자액}{순영업소득}$ | ⇔ | 종합자본환원율<br>(환원이율) | $\frac{순영업소득}{총투자액}$ |
| 세전 현금수지<br>승수 | $\frac{지분투자액}{세전현금수지}$ | ⇔ | 지분배당(환원)률<br>(세전수익률) | $\frac{세전현금수지}{지분투자액}$ |
| 세후 현금수지<br>승수 | $\frac{지분투자액}{세후현금수지}$ | ⇔ | 세후 수익률 | $\frac{세후현금수지}{지분투자액}$ |

**▶ 출제 포인트** **어림셈법**

1. 수익 4가지(조. 순. 세전, 세후), 순수익 3가지(순. 세전, 세후), 투자액 2가지(총, 지분)
2. **순수익**: ① 조소득 = 총수익, ② 순영업소득 = 종합수익, ③ 세전현금수지 = 배당수익, ④ 세후현금수지 = 세후수익
3. ① 조. 순은 총투자액과, ② 세전, 세후는 지분투자액과 같이 다닌다.
4. '조. 총', '순. 종합', '세전. 배당', '세후. 세후'로 셋팅 후 승수법 공식만 기억
5. 순소득승수를 자본회수기간이라고 하며, 자본회수기간은 작을수록 좋다.(순.자.작을수록 좋다)
6. **승수법 크기**: 조소득승수 < 순수득승수, 세전현금수지승수 < 세후현금수지승수
7. **수익률법 크기**: 총자산회전율 > 종합자본환원율, 지분배당률 > 세후수익률

## 2. 비율분석법(시간가치 불고려, 결과치만으로 직접 비교 곤란)

(1) 대부비율($\frac{\text{부채}}{\text{부동산의 가치}}$), 부채비율($\frac{\text{부채}}{\text{지분}}$)

| 대부비율 | 20% | 50% | 60% | 80% | 100% |
|---|---|---|---|---|---|
| 부채비율 | 25% | 100% | 150% | 400% | ∞ |

참고 대부비율이 높을수록 [부채비율, 지렛대효과, 지분수익률, 금융적 위험, 금리, 부동산수요] 모두 커진다.

(2) 부채감당률 $= \frac{\text{순영업소득}}{\text{부채서비스액}}$

참고 부채감당률이 1보다 클수록 순영업소득이 부채서비스액을 감당하고 잔여액이 있다.

(3) 채무불이행률 $= \frac{\text{영업경비} + \text{부채서비스액}}{\text{유효조소득}}$

(4) 총자산회전율 $= \frac{\text{조소득(총소득)}}{\text{부동산의 가치(총투자액)}}$, 조소득승수의 역수

(5) 영업경비비율 $= \frac{\text{영업경비}}{\text{조소득}}$

(6) 총부채상환비율(DTI) $= \frac{\text{연간 원리금상환액}}{\text{연간소득}}$, 부채 $= \frac{\text{연간 원리금상환액}}{\text{저당상수}}$

▶ 출제 포인트 **비율분석법**

1. ① 대부비율($\frac{\textbf{부채}}{\textbf{부동산의 가치}}$) ② 부채비율($\frac{\textbf{부채}}{\textbf{지분}}$)을 구분
2. 대부비율(20, 50, 60, 80, 100) ⇨ 부채비율(25, 100, 150, 400, 무한대)
3. 원칙적으로 대부비율은 100%를 초과할 수 없고, 부채비율은 100%를 초과할 수 있지만, 부동산의 가치가 하락하는 시기에는 대부비율도 100%를 초과할 수 있다.
4. 대부비율이 커지면, '부채비율, 지렛대효과, 지분수익률, 위험, 금리, 수요'가 싹~다 커진다.
5. 부채감당률($\frac{\textbf{순영업소득}}{\textbf{부채서비스액}}$)은 1에 가까워지거나 작을수록 위험하고 1보다 클수록 좋다.
6. 부채감당률은 순영업소득(1, 부채서비스액만 감당)을 사용
7. 채무불이행률은 유일하게 유효조소득(2, 영업경비와 부채서비스액을 감당)을 사용
8. 총자산회전율(총. 총. 총)은 총투자액에 대한 총(조)소득, 어림셈법의 조소득승수와 역수
9. 비율분석법의 한계로는 요소들에 대한 추계산정의 오류가 발생하는 경우에 비율 자체가 왜곡될 수 있다는 점을 들 수 있다.
10. 비율분석법에 의한 투자대안 판단시 사용지표에 따라 투자결정이 달라질 수 있다.

**01 승수법과 수익률법에 관한 설명으로 옳은 것은?** [제23회, 제24회]

① 총소득승수(GIM)는 총투자액을 세후현금흐름(ATCF)으로 나눈 값이다.
② 세전현금흐름승수(BTM)는 지분투자액을 세전현금흐름(BTCF)으로 나눈 값이다.
③ 순소득승수(NIM)는 지분투자액을 순영업소득(NOI)으로 나눈 값이다.
④ 세후현금흐름승수(ATM)는 총투자액을 세후현금흐름으로 나눈 값이다.
⑤ 어림셈법 중 순소득승수법의 경우 승수값이 클수록 자본회수기간이 짧다.

**해설▸** ① 총소득승수(GIM)는 총투자액을 조소득으로 나눈 값이다.
③ 순소득승수(NIM)는 총투자액을 순영업소득(NOI)으로 나눈 값이다.
④ 세후현금흐름승수(ATM)는 지분투자액을 세후현금흐름으로 나눈 값이다.
⑤ 순소득승수란 순영업소득에 대한 총투자액의 배수를 말하며, 승수값이 클수록 자본회수기간은 길어진다.

**정답▸** ②

**02 부동산투자분석기법 중 비율분석법에 관한 설명으로 틀린 것은?** [제28회]

① 채무불이행률은 유효총소득이 영업경비와 부채서비스액을 감당할 수 있는 능력이 있는지를 측정하는 비율이며, 채무불이행률은 손익분기율이라고도 한다.
② 대부비율은 부동산가치에 대한 융자액의 비율을 가리키며, 대부비율을 저당비율이라고도 한다.
③ 부채비율은 부채에 대한 지분의 비율이며, 대부비율이 50%일 경우에는 부채비율은 100%가 된다.
④ 총자산회전율은 투자된 총자산에 대한 총소득의 비율이며, 총소득으로 가능총소득 또는 유효총소득이 사용된다.
⑤ 비율분석법의 한계로는 요소들에 대한 추계산정의 오류가 발생하는 경우에 비율 자체가 왜곡될 수 있다는 점을 들 수 있다.

**해설▸** 부채비율은 지분에 대한 부채의 비율을 말한다.

**정답▸** ③

## 03 부동산투자와 관련한 재무비율과 승수를 설명한 것으로 틀린 것은? [제26회]

① 동일한 투자안의 경우, 일반적으로 순소득승수가 총소득승수보다 크다.
② 동일한 투자안의 경우, 일반적으로 세전현금수지승수가 세후현금수지승수보다 크다.
③ 부채감당률(DCR)이 1보다 작으면, 투자로부터 발생하는 순영업소득이 부채서비스액을 감당할 수 없다고 판단된다.
④ 담보인정비율(LTV)을 통해서 투자자가 재무레버리지를 얼마나 활용하고 있는지를 평가할 수 있다.
⑤ 총부채상환비율(DTI)은 차입자의 상환능력을 평가할 때 사용할 수 있다.

**해설▸** 동일한 투자안의 경우, 일반적으로 세후현금수지승수가 세전현금수지승수보다 크다. 세후현금수지는 영업소득세를 차감한 값이므로 세전현금수지보다 작은 것이 보통이다. 따라서 더 작은 값으로 지분투자액을 나누는 세후현금수지승수가 더 크게 되는 것이다.

**정답▸** ②

## 04 재무비율과 승수에 대한 설명 중 옳은 것은? [제17회]

① 종합자본환원율(overall capitalization rate)의 역수는 순소득승수(net income multiplier)이다.
② 부채감당률(debt coverage ratio)이 1보다 작으면 차입자의 원리금 지불능력이 충분하다고 판단할 수 있다.
③ 총자산회전율(total asset tirnover ratio)은 투자된 총자산에 대한 순영업소득(net operating income)의 비율이다.
④ 대부비율(loan to value ratio)이 높을수록 투자의 레버리지효과가 작아진다.
⑤ 채무불이행률(default ratio)은 순영업소득이 영업경비와 부채서비스액을 감당할 수 있는 능력이 있는가를 측정한다.

**해설▸** ② 부채감당율이 1보다 크면 차입자의 원리금 지불능력이 충분하다고 판단할 수 있다.
③ 총자산회전율이란 투자된 총자산(부동산가치)에 대한 조소득의 비율을 말하며, 조소득승수의 역수가 된다.
④ 대부비율이 높을수록 투자의 레버리지효과는 커진다.
⑤ 채무불이행률은 유효조소득이 영업경비와 부채서비스액을 감당할 수 있는 능력이 있는지를 측정하는 것이다. 영업경비와 부채서비스액이 유효조소득에서 차지하는 비율이 클수록 채무불이행의 가능성은 커진다.

**정답▸** ①

**05** **다음 부동산 투자타당성분석 방법 중 할인기법이 아닌 것은?** [제22회]

> ㉠ 순현가(net present value)법
> ㉡ 회수기간(payback period)법
> ㉢ 내부수익률(internal rate of return)법
> ㉣ 수익성지수(profitability index)법
> ㉤ 회계적수익률(accounting rate of return)법

① ㉠, ㉤ ② ㉡, ㉢ ③ ㉡, ㉣
④ ㉡, ㉤ ⑤ ㉢, ㉣

**해설▸** 부동산투자분석기법 중 화폐의 시간가치를 고려하는 방법은 순현가법, 내부수익률법, 수익성지수법, 현가회수기간법 등이 있다.

**정답▸** ④

**06** **다음 중 투자타당성 판단지표에 관한 설명으로 가장 적절치 않은 것은?** [제15회]

① 내부수익률은 수익성지수(profitability index)가 1.0이 되는 할인율을 의미한다.
② 회수기간법은 화폐의 시간적 가치의 차이를 고려하지 못하는 단점이 있다.
③ 내부수익률법은 사전적으로 요구수익률을 결정하지 않아도 된다는 장점이 있다.
④ 순현가법을 이용한 투자타당성분석에서 선택되는 할인율은 투자주체에 따라 달라진다.
⑤ 2개 투자대안의 투자금액과 회계적 수익률이 각각 동일한 경우, 사업기간 초기에 현금유입이 많은 대안보다, 후기에 현금유입이 많은 대안의 내부수익률이 높다.

**해설▸** 회계적 수익률이란 회계장부상에 계산되는 수익률이다. 회계적 수익률은 현금수지를 할인하지 않는다. 2개 투자대상의 투자금액과 회계적 수익률이 각각 동일한 경우, 사업기간 초기에 현금유입이 많은 대안보다, 후기에 현금유입이 많은 대안의 내부수익률이 낮은 것이 원칙이다.

**정답▸** ⑤

## 07 다음 부동산 투자안에 관한 단순회수기간법의 회수기간은? (단, 주어진 조건에 한함)

[제28회]

| 구 분 | 1기 | 2기 | 3기 | 4기 | 5기 |
|---|---|---|---|---|---|
| 초기 투자액 1억원(유출) | | | | | |
| 순현금흐름 | 3,000만원 | 2,000만원 | 2,000만원 | 6,000만원 | 1,000만원 |

※ 기간은 연간 기준이며, 회수기간은 월 단위로 계산함
※ 초기투자액은 최초시점에 전액 투입하고, 이후 각 기간 내 현금흐름은 매월 말 균등하게 발생

① 2년 6개월　② 3년　③ 3년 6개월
④ 4년　⑤ 4년 6개월

**해설▸** 투자액 1억원을 회수하는 것은 다음과 같다.
3,000(1년) + 2,000(2년) + 2,000(3년) + 3,000(3년 6개월) = 1억원

**정답▸** ③

## 08 甲은 아래 조건으로 부동산에 10억원을 투자하였다. 이에 관한 투자분석의 산출값으로 <u>틀린</u> 것은? (단, 주어진 조건에 한함)

[제34회]

- 순영업소득(NOI) : 2억원/년
- 원리금상환액 : 2,000만원/년
- 유효총소득승수 : 4
- 지분투자액 : 8억원

① 유효총소득은 2억 5천만원　② 부채비율은 25%
③ 지분환원율은 25%　④ 순소득승수는 5
⑤ 종합환원율은 20%

**해설▸** 지분환원율(세전수익률) = 세전현금흐름/지분투자액 = 1억 8,000만원/8억원 = 0.225 = 22.5%
• 세전현금흐름 = 순영업소득 2억원 − 부채서비스액(원리금) 2,000만원 = 1억 8,000만원

**정답▸** ③

**09** **다음 자료는 A부동산의 1년간 운영수지이다. A부동산의 총투자액은 6억원이며, 투자자는 총투자액의 40%를 은행에서 대출받았다. 이 경우 순소득승수(㉠)와 세전현금흐름승수(㉡)는?** (단, 주어진 조건에 한함) [제35회]

- 가능총소득(PGI) : 7,000만원
- 공실손실상당액 및 대손충당금 : 500만원
- 기타소득 : 100만원
- 부채서비스액 : 1,500만원
- 영업소득세 : 500만원
- 수선유지비 : 200만원
- 용역비 : 100만원
- 재산세 : 100만원
- 직원인건비 : 200만원

① ㉠ : 9.0, ㉡ : 8.0
② ㉠ : 9.0, ㉡ : 9.0
③ ㉠ : 9.0, ㉡ : 10.0
④ ㉠ : 10.0, ㉡ : 8.0
⑤ ㉠ : 10.0, ㉡ : 9.0

**해설▸**

| | | |
|---|---|---|
| | 가능총소득 | 7,000 |
| − | 공실 | 500 |
| + | 기타소득 | 100 |
| | 유효총소득 | 6,600 |
| − | 영업경비 | 600 |
| | 순영업소득 | 6,000 |
| − | 부채서비스액 | 1,500 |
| | 세전현금흐름 | 4,500 |

④ 순소득승수는 10, 세전현금승수는 8이다.

- 순소득승수(㉠) = 총투자액(60,000)/순영업소득(6,000) = 10
- 세전현금흐름승수(㉡) = 지분투자액(36,000)/세전현금수지(4,500) = 8

**정답▸** ④

| 36회 적중예상 핵심내용 | | | 기출 | | | | | | | |
|---|---|---|---|---|---|---|---|---|---|---|
| 테마 25 | 01 | 부동산금융 개요 | | | | | | | | |
| | 02 | 대출자(금융기관)의 금융위험 | | | | | | | | |
| | 03 | 대출이자율 결정 | | | | | | | | |
| | 04 | 최대융자가능금액 산정(계산문제14) | 28 | | | 31 | 32 | | | 35 |

## 01, 02, 03 부동산금융 개요, 대출자(금융기관)의 금융위험, 대출이자율 결정

### 1. 고정금리 : 초기이자율 높음, 인플레 발생시 차입자 유리, 대출자 불리

① 저당이자율 < 시장이자율 (시장이자율 상승) : 차입자 – 기존융자 유지

② 저당이자율 > 시장이자율 (시장이자율 하락) : 차입자 – 조기상환, 재융자

### 2. 변동금리 : '기준금리'(지표, CD 또는 COFIX, 변동) + '가산금리'(마진, 불변)

① 초기 이자율 낮음, 차입자 채무불이행 위험 大

② 이자율조정주기가 짧을수록, 대출자에서 차입자에게로, 위험이 더 전가

**▶ 출제 포인트** **고정이자율과 변동이자율**

1. 대출시점(초기) : 고정금리⬆, 변동금리⬇
2. 시장이자율이 상승(저당이자율 < 시장이자율) : 차입자 – 기존융자를 유지하는 것이 유리
3. 시장이자율이 하락(저당이자율 > 시장이자율) : 차입자 – 기존융자 조기상환, 재융자하는 것이 유리
4. 변동금리 : 기준금리(지표, CD · Cofix) + 가산금리(마진)
   ⇨ 기준금리가 변동해서 금리가 변동하며, 가산금리는 만기까지 고정된다.
5. 변동금리에서 이자율조정주기가 ① 짧을수록 ② 대출자에서 차입자에게로 위험이 ③ 더 전가된다.

**01 주택담보대출에 관한 설명으로 옳은 것은?** (다만, 다른 조건은 동일하고, 단기금리가 장기금리보다 낮으며 금리변동위험이 상환불이행위험보다 크다고 가정함) [제20회]

① CD(양도성예금증서)금리가 상승하면 CD금리를 기준금리로 하는 변동금리 주택담보대출의 금리는 반대로 하락한다.
② 대출시점에 고정금리 주택담보대출의 금리가 변동금리 주택담보대출의 금리보다 높다.
③ 주택담보 대출금리가 하락하면 정상재인 주택의 수요는 줄어든다.
④ 대출금리가 고정금리일 때, 대출시점의 예상 인플레이션보다 실제 인플레이션이 높으면 금융기관에게는 이익이고 차입자에게는 손해다.
⑤ 대출비율(loan to value)이 높아질수록 주택담보 대출금리는 낮아진다.

**해설▸** ① CD(양도성 예금증서)금리가 상승하면 CD금리를 기준금리로 하는 변동금리 주택담보대출의 금리도 상승한다.
③ 주택담보금리가 하락하면 정상재인 주택의 수요는 증가한다.
④ 이익 ⇔ 손해
⑤ 대출비율(loan to value)이 높아질수록 주택담보 대출금리는 높아진다.

**정답▸** ②

**02 주택담보대출에 관한 설명 중 <u>틀린</u> 것은?** (단, 다른 변수는 동일하다고 가정) [제16회]

① 연간 이자율이 같은 1년 만기 대출의 경우 대출자는 기말에 한번 이자를 받는 것이 기간 중 4회 나누어 받는 것보다 유리하다.
② 대출자의 명목이자율은 시장 실질이자율, 위험에 대한 대가, 기대인플레이션율 등으로 구성된다.
③ 변동금리부 주택담보대출의 이자율은 기준금리에 가산금리를 합하여 결정된다.
④ 변동금리부 주택담보대출 이자율의 조정 주기가 짧을수록 이자율 변동의 위험은 대출자에서 차입자로 전가된다.
⑤ CD(양도성 예금증서)연동 주택담보대출은 변동금리부 주택담보대출이다.

**해설▸** ① 변동이자율 저당대부방법은 이자율 변동위험의 전부 혹은 일부를 대출자로부터 차입자에게 전가시키기 위해 고안된 융자제도이다. 따라서 연간 이자율이 같은 1년 만기 대출의 경우 대출자는 4회 나누어 받는 것(변동금리)이 기말에 한번 이자를 받는 것(고정금리)보다 유리하다.

**정답▸** ①

**03 고정금리대출과 변동금리대출에 관한 설명으로 옳은 것은?** [감평 4회]

① 예상치 못한 인플레이션이 발생할 경우 대출기관에게 유리한 유형은 고정금리대출이다.
② 일반적으로 대출일 기준시 이자율은 변동금리대출이 고정금리대출보다 높다.
③ 시장이자율 하락시 고정금리대출을 실행한 대출기관은 차입자의 조기상환으로 인한 위험이 커진다.
④ 변동금리대출은 시장상황에 따라 이자율을 변동시킬 수 있으므로 기준금리 외에 가산금리는 별도로 고려하지 않는다.
⑤ 변동금리대출의 경우 시장이자율 상승시 이자율 조정주기가 짧을수록 대출기관에게 불리하다.

**해설▸** ① 고정금리 대출 ⇨ 변동금리 대출
② 높다. ⇨ 낮다.
④ 고려하지 않는다. ⇨ 고려한다.
⑤ 불리하다. ⇨ 유리하다.

**정답▸** ③

## 04 최대융자가능금액 산정(계산문제14)

대출가능금액 구하기 : 주어진 요건을 충족하는 금액 중 적은 금액으로 결정한다.

(1) 주택 : 대부비율(LTV)과 총부채상환비율(DTI) 적용

① 대부비율 $= \dfrac{\text{부채(L)}}{\text{가격(V)}}$

② 총부채상환비율 $= \dfrac{\text{연간상환액(D)}}{\text{연간소득(I)}}$

③ 부채 × 저당상수 = 부채서비스액

(2) 상업용 부동산 : 대부비율(LTV)과 부채감당률 적용

① 부채감당률 $= \dfrac{\text{순영업소득}}{\text{부채서비스액}}$

(1) LTV(Loan to Value Ratio, 융자비율, 대출비율, 대부비율)

① LTV란 $\dfrac{\text{부채잔금(Loan)}}{\text{부동산가격(Value)}}$을 의미한다.

② 담보평가금액(Value)이 1억원인 주택을 담보로 4천만원을 융자(Loan)받았다면 대부비율은 40%가 된다.

(2) DTI(Debt To Income, 총부채상환비율)

① DTI란 $\dfrac{\text{연간 원리금상환액}}{\text{연간소득}}$을 의미한다.

② 담보인정비율(LTV)은 주택의 담보가치를 중심으로 대출규모를 결정하는 기준이고, 차주상환능력(DTI)은 차입자의 소득을 중심으로 대출규모를 결정하는 기준이다.

**기출문제**

**[32회 기출지문]**

① 담보인정비율(LTV)은 주택담보대출 취급시 담보가치에 대한 대출취급가능금액의 비율을 말한다. (○)

② 총부채상환비율(DTI)은 차주의 소득을 중심으로 대출 규모를 결정하는 기준이다. (○)

③ 담보인정비율이나 총부채상환비율에 대한 구체적인 기준은 한국은행장이 정하는 기준에 의한다. (×)

⇨ 담보인정비율이나 총부채상환비율에 대한 구체적인 기준은 금융위원회를 통해 결정된다.

④ 총부채원리금상환비율(DSR)은 차주의 총 금융부채 상환부담을 판단하기 위하여 산정하는 차주의 연간 소득 대비 연간 금융부채 원리금 상환액 비율을 말한다. (○)

**04** **현재 5천만원의 기존 주택담보대출이 있는 A씨가 동일한 은행에서 동일한 주택을 담보로 추가대출을 받으려고 한다. 이 은행의 대출승인기준이 다음과 같을 때, A씨가 추가로 대출받을 수 있는 최대금액은 얼마인가?** (단, 제시된 두 가지 대출승인기준을 모두 충족시켜야 하며, 주어진 조건에 한함) [제35회]

- A씨의 담보주택의 담보가치평가액 : 5억원
- A씨의 연간 소득 : 6천만원
- 연간 저당상수 : 0.1
- 대출승인기준
  - 담보인정비율(LTV) : 70% 이하
  - 총부채상환비율(DTI) : 60% 이하

① 2억원 ② 2억 5천만원 ③ 3억원
④ 3억 2천만원 ⑤ 3억 5천만원

**해설▸** ③ 추가로 대출받을 수 있는 최대금액은 3억원이다.

| LTV 기준 | DTI 기준 |
|---|---|
| 1) 공식을 적는다. $\frac{L}{V} = 0.7$<br>2) V에 부동산 가격 500을 대입한다.<br>3) L을 구한다. (500 × 0.7 = 350) | 1) 공식을 적는다. $\frac{D}{I} = 0.6$<br>2) I에 차입자의 연소득 60을 대입한다.<br>3) D를 구한다. (60 × 0.6 = 36)<br>4) 융자가능금액을 계산한다.<br>D(36) ÷ 저당상수(0.1) = 360 |
| 1) LTV 기준 융자가능 최대금액은 350이다.<br>2) DTI 기준 융자가능 최대금액은 360이다.<br>3) 두 기준을 모두 만족시키는 금액은 적은 금액인 350이다.<br>4) 이미 50을 빌렸기 때문에 추가로 융자가능한 금액은 300(3억원)이다. | |

**정답▸** ③

## 05 시장가격이 5억원이고 순영업소득이 연 1억원인 상가를 보유하고 있는 A가 추가적으로 받을 수 있는 최대 대출가능금액은? (단, 주어진 조건에 한함) [제27회]

- 연간 저당상수 : 0.2
- 대출승인조건(모두 충족하여야 함)
  - 담보인정비율(LTV) : 시장가격기준 60% 이하
  - 부채감당률(DCR) : 2 이상
- 상가의 기존 저당대출금 : 1억원

① 1억원 ② 1억 5천만원 ③ 2억원
④ 2억 5천만원 ⑤ 3억원

**해설▸** 대부비율(60%) × 부동산가치(5억원) = 3억원, 부채감당률(2) = $\frac{\text{순영업소득(1억원)}}{\text{부채서비스액(?)}}$ =

부채서비스액 = $\frac{\text{1억원}}{2}$ = 5,000만원이고, 이를 저당상수(0.2)로 나누면 2억 5,000만원이다. 즉 대부비율로는 3억까지 대출이 가능하고 부채감당률로는 2억 5,000만원까지 대출이 가능하다. 양쪽 기준을 모두 충족하려면 작은 쪽은 대출이 가능하므로 2억 5,000만원인데 기존대출액이 1억원이므로 추가적 대출금액은 1억 5,000만원이 된다.

상업용 부동산 : 대부비율(LTV)과 부채감당률 적용

부채감당률 : “순/당/당” 활용

**계산기▸** 순영업소득(1억원) ÷ 부채감당률(2) ÷ 저당상수(0.2)

**정답▸** ②

| 36회 적중예상 핵심내용 | | | 기출 | | | | | | | |
|---|---|---|---|---|---|---|---|---|---|---|
| 테마 26 | 01 | 원리금상환방법 비교 | 28 | 29 | | | 32 | | | 35 |
| | 02 | 원리금상환방법 계산(계산문제15) | 28 | 29 | | 31 | 32 | | | |

## 01, 02 원리금상환방법 비교, 원리금상환방법 계산(계산문제15)

**1. 원금 균등** : ‘원금 = 융자원금/상환기간’, ‘이자 = 융자잔고 × 이자율’

**2. 원리금 균등** : ‘원리금 = 융자원금 × 저당상수’, ‘이자 = 융자잔고 × 이자율’

| 원금 균등(CAM) | 원리금 균등(CPM) | 점증상환(GPM) |
|---|---|---|
| ① 원금불변, 이자감소, 원리금감소<br>② 초기회수 빠름, 잔금비율 낮음<br>③ 기간의 $\frac{1}{2}$ 경과, 원금의 $\frac{1}{2}$ 상환 | ① 원금증가, 이자감소, 원리금불변<br>② 기간의 $\frac{2}{3}$ 경과, 원금의 $\frac{1}{2}$ 상환 | ① 미래, 젊은, 짧은 유리<br>② 초기회수 느림, 잔금비율 높음<br>③ 상환초기 ⇨ 부(−)의 상환 |

1. 대출 초기의 상환액이 많은 순서(초기의 대부비율·총부채상환비율이 큰 순서)
   ① 원금균등분할상환방법 > ② 원리금균등분할상환방법 > ③ 체증식분할상환방법
2. 대출기간 중 중도상환할 때 융자잔금(총이자납부액, 누적원리금상환액)이 많은 순서
   ① 체증식분할상환방법 > ② 원리금균등분할상환방법 > ③ 원금균등분할상환방법

**▶ 출제 포인트** **자금의 상환방법**

1. 원금균등: 현재 소득이 많고 미래 소득이 감소할 것으로 예측되는 중장년층에게 유리
2. 체증식상환: 미래 소득이 증가될 것으로 예측되는 젊은층, 주택보유예정기간은 짧은 사람에 유리
3. 융자잔액은 원금균등이 가장 적고, 체증식이 가장 많다.
4. ① 원금균등: 기간 $\frac{1}{2}$ 경과, 원금 $\frac{1}{2}$ 상환 ② 원리금균등: 기간 $\frac{2}{3}$ 경과, 원금 $\frac{1}{2}$ 상환
5. 원금균등과 원리금균등은 둘 다 만기로 갈수록 이자가 감소한다.(공통점)

**01 대출조건이 동일할 경우 대출상환방식별 대출채권의 가중평균상환기간**(duration)**이 짧은 기간에서 긴 기간의 순서로 옳은 것은?** [제33회]

| |
|---|
| ㉠ 원금균등분할상환<br>㉡ 원리금균등분할상환<br>㉢ 민기일시상환 |

① ㉠⇨㉡⇨㉢
② ㉠⇨㉢⇨㉡
③ ㉡⇨㉠⇨㉢
④ ㉡⇨㉢⇨㉠
⑤ ㉢⇨㉡⇨㉠

**해설▸** 가중평균상환기간 즉, 회수기간이 짧은 것은 원금균등분할상환 ⇨ 원리금균등분할상환 ⇨ 만기일시상환 순이다.

**정답▸** ①

**02 다음 중 대출 실행시점의 총부채상환비율**(debt to income)**이 가장 높고, 대출실행 후 10년이 되는 시점에 대출비율**(loan to value)**이 가장 낮은 상환방식은?** (다만, 대출은 고정금리로 20년 만기이며, 다른 조건은 동일하다고 가정한다.) [제20회]

① 점증상환(graduated payment mortgage)
② 원리금균등분할상환
③ 원금균등분할상환
④ 원금만기일시상환
⑤ 거치 후 원리금균등분할상환(거치기간 10년)

**해설▸** 원금균등, 원리금균등, 체증식상환방식 중에서 대부기간 동안 잔금이 가장 적게 남는 것은 원금균등분할상환방식이다. 만기 전 미상환 저당잔고가 가장 낮은 것은 원금균등상환이다.

**정답▸** ③

**03 주택금융에 관한 설명으로 옳은 것은?** (다만, 다른 조건은 동일함) [제21회]

① 원금균등상환방식과 원리금균등상환방식의 1회차 월 불입액은 동일하다.

② 변동금리이자율과 고정금리이자율이 같고 향후 금리상승이 예상되는 경우 차입자는 변동금리 대출이 고정금리 대출보다 유리하다.

③ 일반적으로 차입자의 소득과 담보부동산의 가치는 시간이 지날수록 증가하는 경향으로 인해 차입자의 채무불이행 위험이 높아진다.

④ 변동금리부 주택담보대출 이자율의 조정주기가 짧을수록 이자율변동의 위험은 차입자에서 대출자로 전가된다.

⑤ 차입자가 대출액을 중도상환할 경우 원금균등상환방식은 원리금균등상환방식보다 대출잔액이 적다.

**해설▸** ⑤ 차입자가 대출액을 중도상환할 경우 원금균등상환방식이 원리금균등상환방식보다 초기의 원금 상환액이 많으므로 대출잔액이 작아진다.

① 1회차 월 불입금액은 원금균등상환방식이 원리금균등상환방식보다 더 크다.

② 향후 금리상승이 예상되면 차입자는 고정금리방식이 유리하다.

③ 차입자의 소득과 부동산가치가 상승하므로 차입자의 채무불이행 위험은 시간이 지날수록 낮아진다.

④ 조정주기가 짧을수록 이자율변동위험은 대출자에서 차입자로 전가된다.

**정답▸** ⑤

**04** **대출상환방식에 관한 설명으로 옳은 것은?** (단, 대출금액과 기타 대출조건은 동일함) [제27회]

① 원리금균등상환방식은 매기 이자상환액이 감소하는 만큼 원금상환액이 증가한다.
② 원금균등상환방식은 원리금균등상환방식에 비해 전체 대출기간 만료시 누적원리금상환액이 더 크다.
③ 대출실행시점에서 총부채상환비율(DTI)은 체증(점증)상환방식이 원금균등상환방식보다 항상 더 크다.
④ 대출금을 조기상환하는 경우 원리금균등상환방식에 비해 원금균등상환방식의 상환액이 더 크다.
⑤ 체증(점증)상환방식은 대출잔액이 지속적으로 감소하므로 다른 상환방식에 비해 이자부담이 작다.

**해설▸** ② 원금균등상환방식과 원리금균등상환방식이 바뀌어야 한다.
③ 체증상환방식과 원금균등상환방식의 위치가 바뀌어야 한다.
④ 원리금균등상환과 원금균등상환방식의 위치가 바뀌어야 한다.
⑤ 이자부담이 작다. ⇨ 크다.

**정답▸** ①

**05** **저당상환방법에 관한 설명 중 옳은 것을 모두 고른 것은?** (단, 대출금액과 기타 대출조건은 동일함) [제29회]

| |
|---|
| ㉠ 원금균등상환방식의 경우, 매기간에 상환하는 원리금상환액과 대출잔액이 점차적으로 감소한다.<br>㉡ 원리금균등상환방식의 경우, 매기간에 상환하는 원금상환액이 점차적으로 감소한다.<br>㉢ 점증(체증)상환방식의 경우, 미래 소득이 증가될 것으로 예상되는 차입자에게 적합하다.<br>㉣ 대출기간 만기까지 대출기관의 총 이자수입 크기는 '원금균등상환방식 > 점증(체증)상환방식 > 원리금균등상환방식' 순이다. |

① ㉠, ㉡ ② ㉠, ㉢ ③ ㉠, ㉣
④ ㉡, ㉣ ⑤ ㉢, ㉣

**해설▸** ㉡ 원리금균등상환방식의 경우, 매기간에 상환하는 원금상환액이 점차적으로 증가한다.
㉣ 대출기간 만기까지 대출기관의 총 이자수입 크기는 '점증(체증)상환방식 > 원리금균등상환방식 > 원금균등상환방식' 순이다.

**정답▸** ②

**06 고정금리대출의 상환방식에 관한 설명으로 옳은 것을 모두 고른 것은?** (단, 주어진 조건에 한하며, 다른 조건은 동일함) [제35회]

> ㉠ 만기일시상환대출은 대출기간 동안 차입자가 원금만 상환하기 때문에 원리금상환구조가 간단하다.
> ㉡ 체증식분할상환대출은 대출기간 초기에는 원리금상환액을 적게 하고 시간의 경과에 따라 늘려가는 방식이다.
> ㉢ 원리금균등분할상환대출이나 원금균등분할상환대출에서 거치기간이 있을 경우, 이자지급총액이 증가하므로 원리금지급총액도 증가하게 된다.
> ㉣ 대출채권의 가중평균상환기간(duration)은 원금균등분할상환대출에 비해 원리금균등분할상환대출이 더 길다.

① ㉠, ㉡　② ㉠, ㉢　③ ㉡, ㉢
④ ㉡, ㉢, ㉣　⑤ ㉠, ㉡, ㉢, ㉣

**해설▸** ④ 옳은 것은 ㉡, ㉢, ㉣이다.
㉠ 원금만 상환 ⇨ 이자만 상환
만기일시상환은 저당기간 동안은 이자만 지불하다가 만기에 원금을 일시불로 지불하는 방식이다.

**정답▸** ④

**07 A씨는 은행으로부터 5억원을 대출받았다. 은행의 대출조건이 다음과 같을 때, 9회차에 상환할 원리금상환액과 13회차에 납부하는 이자납부액을 나열한 것은?** [제28회]

> • 대출금리 : 고정금리, 연 5%
> • 대출기간 : 20년
> • 원리금 상환조건 : 원금균등상환이고, 연단위 매 기말 상환

① 4,000만원, 1,000만원　② 4,000만원, 1,100만원
③ 4,500만원, 1,000만원　④ 4,500만원, 1,100만원
⑤ 5,000만원, 1,100만원

해설▸

| 구 분 | 1기 | 9기 | 13기 |
|---|---|---|---|
| 원 금 | 5억÷20=2,500만원 | 2,500만원 | 2,500만원 |
| 이 자 | | 남원이(12년×2,500만원×5%)<br>=1,500만원 | 남원이(8년×2,500만원×5%)<br>=1,000만원 |
| 원리금 | | 4,000만원 | 3,500만원 |

• 남원이 : 남은기간 × 원금 × 이자율

정답▸ ①

**08** A씨는 은행으로부터 4억원을 대출받았다. 은행의 대출조건이 다음과 같을 때, A씨가 2회차에 상환할 원금과 3회차에 납부할 이자액을 순서대로 나열한 것은? [제29회]

• 대출금리 : 고정금리, 연 6%
• 대출기간 : 20년
• 저당상수 : 0.087
• 상환조건 : 원리금균등상환방식, 연 단위 매기간 말 상환

① 10,800,000원, 23,352,000원
② 11,448,000원, 22,665,120원
③ 11,448,000원, 23,352,000원
④ 12,134,880원, 22,665,120원
⑤ 12,134,880원, 23,352,000원

해설▸

| 연 차 | 저당잔금 | 원리금<br>(대출원금 × 저당상수) | 이자지급액(연 6%)<br>(저당잔금 × 이자율) | 원금상환액<br>(원리금 – 이자) |
|---|---|---|---|---|
| 1년 | 4억원 | 34,800,000원 | 24,000,000원 | 10,800,000원 |
| 2년 | 389,200,000원 | 34,800,000원 | 23,352,000원 | 11,448,000원 |
| 3년 | 377,752,000원 | 34,800,000원 | 22,665,120원 | 12,134,880원 |

| 구 분 | 1기 | 2기 | 3기 |
|---|---|---|---|
| 원리금 | 400(부채) × 0.087(저당상수)<br>= 34.8 | 34.8(균등) | 34.8(균등) |
| 이 자 | 400(잔금) × 6%(이자율) = 24 | | 22.66512 |
| 원 금 | 34.8(원리금) – 24(이자) = 10.8 | 10.8 × 1.06 = 11.448 | 11.448 × 1.06 = 12.13488 |

• 400,000,000 = 400으로 표시
• 2기 원금[1기 원금 × (1 + r)], 3기 원금[2기 원금 × (1 + r)]

정답▸ ②

| 36회 적중예상 핵심내용 | | | 기출 | | | | | | | |
|---|---|---|---|---|---|---|---|---|---|---|
| 테마 27 | 01 | 저당유동화 개요 | | | 30 | | | 33 | 34 | |
| | 02 | 주택저당증권(MBS)의 종류 | 28 | | | | 32 | | 34 | 35 |
| | 03 | 한국주택금융공사 | 28 | | | 31 | | 33 | | 35 |

## 01 저당유동화 개요

### 1. 저당의 유동화

① 1차 저당시장 : 수요자 − 금융기관, 저당채권 형성, 대출자들 저당권 보유 or 2차 저당시장에 팔기도 함

② 2차 저당시장 : 저당대출기관 − 투자자, 저당채권 매매 · 유동화, 1차의 차입자와 직접적인 관련 없음

③ 유동화의 효과

㉠ 부동산금융 활성화(간접적, 장기적 효과)

㉡ 한정된 재원으로 보다 많은 차입자 공급

㉢ 자본시장이 침체, 자금흐름 왜곡방지

㉣ 금융기관 : BIS제고, 대출여력 확대, 유동성 증가, 금리 · 유동성 위험 감소

④ 유동화 활성화 요건 : 1차 시장금리(저당금리) > 2차 시장금리(저당수익률) > 투자자의 요구수익률

▶ 출제 포인트 **저당의 유동화**

1. 1차 : 수요자 − 금융기관, 저당권 형성(설정), 대출자의 유동화는 임의적(필수적 ×)
2. 2차 : 대출기관 − 투자자, 저당권 유동화(매매), 1차와 직접 관련 없음 ⇨ 저당의 유동화에 결정적 역할
3. 유동화의 전제조건 ⇨ 1차(7%) > 2차 = 저당(6%) > 요구(5%)
4. 저당유동화의 효과
   ① 자가주택공급 확대
   ② 금융기관 입장 : 대출여력 확대, 자기자본비율 상승, 유동성 증가, 유동성위험 감소 ⇨ 좋다.

## 02 주택저당증권(MBS)의 종류

**1. 부동산 증권** : 지분증권(REITs, 신디케이션, 조인트 벤처), 부채증권(MBS-4, ABS)

| 구 분 | | 저당권 | 원리금 | 위험 부담 | 콜방어 | 초과 담보 | 주택저당 총액 | 발행액 | 초과 담보 | 위험, 수익 |
|---|---|---|---|---|---|---|---|---|---|---|
| 지분형 | MPTS | 투자자 | 투자자 | 투자자 | × | × | 1,000억 | 1,000억 | zero | ↑, ↑ |
| 채권형 | MBB | 발행자 | 발행자 | 발행자 | ○ | ○ | 1,000억 | 700억 | 300억 | ↓, ↓ |
| 혼합형 | MPTB | 발행자 | 투자자 | 투자자 | × | △ | 1,000억 | 800억 | 200억 | 중간 |
| | CMO | 발행자 | 투자자 | 투자자 | 장기가능 | △ | 1,000억 | 800억 | 200억 | 중간 |

**참고** 우리나라에서는 대부분 CMO이다.

**01 다음은 저당시장의 구조에 관한 기술이다. 가장 옳은 것은?** [제13회]

① 1차 저당시장은 저당대출기관과 다른 기관투자자들 사이에 저당을 사고 파는 시장이다.

② 2차 저당시장은 저당대부를 원하는 수요자와 저당대부를 제공하는 금융기관으로 이루어진다.

③ 1차 대출기관들은 2차 저당시장에서 그들이 설정한 저당을 팔고 필요한 자금을 조달한다.

④ 2차 저당시장 수익률이 모저당 수익률보다 높을 때 저당의 유동화가 활성화된다.

⑤ 2차 저당시장은 저당대부를 받은 원래의 저당차입자와 밀접한 관계가 있다.

**해설▸** ① 1차 ⇨ 2차 ② 2차 ⇨ 1차 ④ 높을 때 ⇨ 낮을 때 ⑤ 밀접한 관계가 있다. ⇨ 직접적 관련이 없다.

**정답▸** ③

**02 부동산시장 및 부동산금융에 관한 설명으로 틀린 것은?** (단, 다른 조건은 동일함) [제25회]

① 부동산시장은 부동산권리의 교환, 가격결정, 경쟁적 이용에 따른 공간배분 등의 역할을 수행한다.

② 주택시장이 침체하여 주택거래가 부진하면 수요자 금융을 확대하여 주택수요를 증가시킴으로써 주택경기를 활성화 시킬 수 있다.

③ 다른 대출조건이 동일한 경우, 통상적으로 고정금리 주택저당대출의 금리는 변동금리 주택저당대출의 금리보다 높다.

④ 주택저당대출의 기준인 담보인정비율(LTV)과 차주상환능력(DTI)이 변경되면 주택수요가 변화될 수 있다.

⑤ 주택금융시장은 금융기관이 수취한 예금 등으로 주택담보대출을 제공하는 주택자금공급시장, 투자자로부터 자금을 조달하여 주택자금 대출기관에 공급해 주는 주택자금대출시장, 신용보강이 일어나는 신용보증시장 및 기타의 간접투자시장으로 구분할 수 있다.

**해설▸** 주택금융시장은 금융기관이 수취한 예금 등으로 주택담보대출을 제공하는 '주택자금대출시장', 투자자로부터 자금을 조달하여 주택자금 대출기관에 공급해 주는 '주택자금공급시장', 신용보강이 일어나는 신용보증시장 및 기타의 간접투자시장으로 구분할 수 있다.

**정답▸** ⑤

**03 부동산증권에 관한 설명으로 옳지 않은 것은?** [감평 4회]

① 자산유동화증권(ABS)은 금융기관 및 기업이 보유하고 있는 매출채권, 부동산저당채권 등 현금흐름이 보장되는 자산을 담보로 발행하는 증권을 의미한다.

② 저당담보부채권(MBB)은 모기지풀에서 발생하는 현금흐름과 관련된 위험을 투자자에게 이전하는 채권이다.

③ 주택저당증권(MBS)은 금융기관 등이 주택자금을 대출하고 취득한 주택저당채권을 유동화전문회사 등이 양수하여 이를 기초로 발행하는 증권을 의미한다.

④ 저당이체증권(MPTS)은 발행기관이 원리금수취권과 주택저당권에 대한 지분권을 모두 투자자에게 이전하는 증권이다.

⑤ 다계층증권(CMO)은 저당채권의 발행액을 몇 개의 계층으로 나눈 후 각 계층마다 상이한 이자율을 적용하고 원금이 지급되는 순서를 다르게 정할 수 있다.

**해설▸** 저당담보부채권(MBB)은 모기지풀에서 발생하는 현금흐름을 발행기관이 보유하며, 관련된 위험 역시 발행기관이 보유한다.

**정답▸** ②

**04 저당담보부증권(MBS)의 가격변동에 관한 설명으로 옳은 것은?** (단, 주어진 조건에 한함)

[제34회]

① 투자자들이 가까운 시일에 채권시장 수익률의 하락을 예상한다면, 가중평균상환기간(duration)이 긴 저당담보부증권일수록 그 가격이 더 크게 하락한다.

② 채무불이행위험이 없는 저당담보부증권의 가격은 채권시장 수익률의 변동에 영향을 받지 않는다.

③ 자본시장 내 다른 투자수단들과 경쟁하므로, 동일위험수준의 다른 투자수단들의 수익률이 상승하면 저당담보부증권의 가격은 상승한다.

④ 채권시장 수익률이 상승할 때 가중평균상환기간이 긴 저당담보부증권일수록 그 가격의 변동정도가 작다.

⑤ 고정이자를 지급하는 저당담보부증권은 채권시장 수익률이 상승하면 그 가격이 하락한다.

**해설▸** 채권시장이 저당담보부증권(MBS)에 미치는 영향을 설명하고 있다.

⑤ 채권시장의 수익률이 상승하면 저당담보부증권의 수요가 감소하고 그 가격은 하락한다.

① 채권시장 수익률의 하락이 예상되면 가중평균상환기간이 긴 저당담보부증권일수록 그 가격이 더 크게 상승한다.

② 저당담보부증권의 가격은 채권시장 수익률의 변동에 영향을 받는다.

③ 동일위험수준의 다른 투자수단들의 수익률이 상승하면 저당담보부증권의 수요는 감소하고 그 가격은 하락한다.

④ 채권시장 수익률이 상승할 때 가중평균상환기간이 긴 저당담보부증권일수록 그 가격의 변동 정도가 커서 더 크게 하락할 것이다.

**정답▸** ⑤

**05 주택저당담보부채권(MBB)에 관한 설명으로 옳은 것은?** [제35회]

① 유동화기관이 모기지 풀(mortgage pool)을 담보로 발행하는 지분성격의 증권이다.
② 차입자가 상환한 원리금은 유동화기관이 아닌 MBB 투자자에게 직접 전달된다.
③ MBB 발행자는 초과담보를 제공하지 않는 것이 일반적이다.
④ MBB 투자자 입장에서 MPTS(mortgage pass-through securities)에 비해 현금흐름이 안정적이지 못해 불확실성이 크다는 단점이 있다.
⑤ MBB 투자자는 주택저당대출의 채무불이행위험과 조기상환위험을 부담하지 않는다.

**해설▸** ⑤ MBB 투자자는 어떤 위험도 부담하지 않는다.
① MPTS에 관한 설명이다.
② 차입자가 상환한 원리금은 유동화기관에 전달되고 유동화기관이 책임을 지고 투자자와 약속한 원리금을 지불한다.
③ MBB 발행자는 초과담보를 가장 많이 제공하여야 한다.
④ MBB 투자자 입장에서는 불확실성(위험)이 가장 적은 증권이다.

**정답▸** ⑤

# 03 한국주택금융공사

## 1. 주택연금(역모기지론, 주택담보노후연금)

### (1) 절 차

공사는 연금 가입자를 위해 은행에 보증서를 발급하고, 은행은 공사의 보증서에 의해 가입자에게 주택연금을 지급한다.

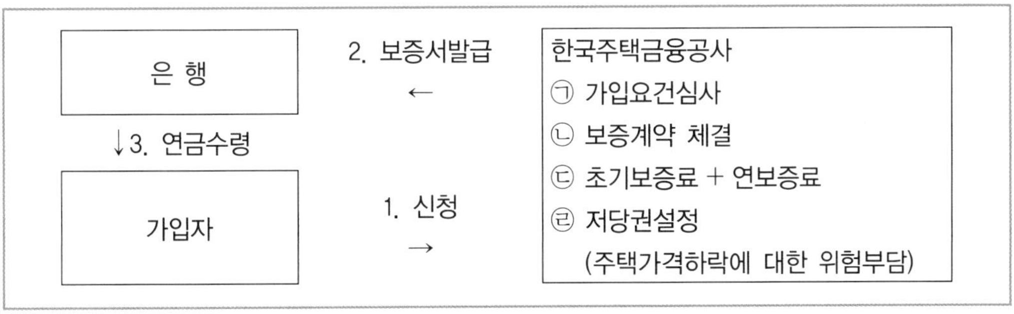


☑ **주택연금(종신방식)**

1. 자격 : 주택소유자 또는 배우자가 만 55세 이상, 부부기준 1주택자 또는 다주택자(12억원 이하)
   ① 의사능력 및 행위능력이 있어야 주택연금 가입 가능
   ② 상기 외 2주택자는 3년 이내 1주택 처분조건으로 가입 가능
2. 대상주택 : 공시가격 12억원 이하의 주택 및 지방자치단체에 신고된 노인복지주택
   상가 등 복합용도주택은 전체 면적 중 주택이 차지하는 면적이 1/2 이상인 경우 가입 가능

   **참고** 주택연금의 대상주택은(공시가격 등은 ① 공시가격 ⇨ ② 시가표준액 ⇨ ③ 시세 또는 감정평가액 순으로 적용) 12억 이하의 주택 및 지방자치단체에 신고된 노인복지주택이 대상이 되며 업무시설인 오피스텔은 포함되지 않는다. 주거목적 오피스텔만 주택보유수에 포함.
3. 거주요건 : 주택연금 가입주택을 가입자 또는 배우자가 실제 거주지로 이용하고 있어야 함.

   **참고** 해당주택을 전세 또는 월세로 주고 있는 경우 가입 불가(단, 부부 중 한 명이 거주하며 보증금 없이 주택의 일부만을 월세로 주고 있는 경우 가입 가능)
4. 지급방식
   ① 종신지급방식 : 인출한도 설정 없이 월지급금을 종신토록 지급
   ② 종신혼합방식 : 인출한도(50% 이내) 설정 후 나머지 부분을 월지급금으로 종신토록 지급

5. 지급정지사유
   ① 부부 모두 사망하는 경우: 가입자만 사망하는 경우에는 배우자가 채무인수 후 계속 이용 가능
   ② 주택 소유권을 상실하는 경우: 매각, 양도로 소유권 이전, 화재 등으로 주택 소실 등
   ③ 장기 미거주의 경우: 부부 모두 1년 이상 미거주하는 경우
   ④ 처분조건약정 미이행 및 주택의 용도 외 사용(일시적 2주택자로 3년 내 주택 미처분 등)

**참고** 이용도중에 이혼 또는 재혼을 한 경우 이혼 또는 재혼한 배우자는 주택연금을 받을 수 없음

6. 가입비(초기보증료) 및 연보증료
   ① 초기보증료(1.5%), 최초 연금지급일에 납부
   ② 연보증료(잔액 0.75%), 매월 납부, 금융기관이 가입자 부담으로 공사에 납부, 대출잔액에 가산
7. 적용금리: 변동금리(기준금리 + 가산금리), 이자는 매월 대출잔액에 가산(조기상환 수수료 無)
8. 상 환
   ① 잉여금 발생(주택가격 > 대출금): 상속인에게 배당교부
   ② 부족분 발생(주택가격 < 대출금): 상속인 및 다른 재산에 청구 불가

### ☑ 주택연금(확정기간방식)

1. 의의: 고객이 선택한 일정 기간(10년, 15년, 20년, 25년, 30년) 동안만 월지급금을 지급받는 방식, 반드시 대출한도의 5%에 해당하는 금액은 인출한도로 설정
2. 신청자격: 주택 소유자가 또는 배우자 만 55세 이상인 자 중 연소자가 만 55세 ~ 만 74세
3. 대상주택: 공시가격 12억원 이하의 주택(확정기간방식은 노인복지주택 제외)

**06 한국주택금융공사의 주택담보노후연금(주택연금)에 관한 설명으로 틀린 것은?** [제31회]

① 주택연금은 주택소유자가 주택에 저당권을 설정하고 연금방식으로 노후생활자금을 대출받는 제도이다.
② 주택연금은 수령기간이 경과할수록 대출잔액이 누적된다.
③ 주택소유자(또는 배우자)가 생존하는 동안 노후생활자금을 매월 지급받는 방식으로 연금을 받을 수 있다.
④ 담보주택의 대상으로 업무시설인 오피스텔도 포함된다.
⑤ 한국주택금융공사는 주택연금 담보주택의 가격하락에 대한 위험을 부담할 수 있다.

**해설▸** ④ 주택연금의 대상주택은 (공시가격 등은 ① 공시가격 ⇨ ② 시가표준액 ⇨ ③ 시세 또는 감정평가액 순으로 적용) 12억 이하의 주택 및 지방자치단체에 신고된 노인복지주택이 대상이 되며 업무시설인 오피스텔은 포함되지 않는다. 주거목적 오피스텔만 주택보유수에 포함.

**정답▸** ④

**07 한국주택금융공사의 주택담보노후연금(주택연금)에 관한 설명으로 옳은 것은?** [제35회]

① 주택소유자와 그 배우자의 연령이 보증을 위한 등기시점 현재 55세 이상인 자로서 소유하는 주택의 기준가격이 15억원 이하인 경우 가입할 수 있다.
② 주택소유자가 담보를 제공하는 방식에는 저당권 설정 등기 방식과 신탁 등기 방식이 있다.
③ 주택소유자가 생존해 있는 동안에만 노후생활자금을 매월 연금 방식으로 받을 수 있고, 배우자에게는 승계 되지 않는다.
④ 「주택법」에 따른 준주택 중 주거목적으로 사용되는 오피스텔의 소유자는 가입할 수 없다.
⑤ 주택담보노후연금(주택연금)을 받을 권리는 양도・압류할 수 있다.

**해설▸** ①, ④ 부부 중 한 명이라도 만 55세 이상이고, 공시가격 12억원 이하의 주택 또는 주거용도의 오피스텔을 소유한 사람이라면 누구나 이용할 수 있다. 다주택자인 경우에도 부부 소유주택의 공시지가를 합산한 가격이 12억원 이하이면 신청할 수 있다.
③ 주택소유자가 생존해 있는 동안에만 노후생활자금을 매월 연금 방식으로 받을 수 있고, 배우자에게는 승계 되지 않는다. ⇨ 부부 중 한 명이 사망한 경우에도 연금감액 없이 100% 동일금액의 지급을 보장한다.
⑤ 주택담보노후연금(주택연금)을 받을 권리는 양도・압류할 수 있다. ⇨ 양도・압류할 수 없다.

**정답▸** ②

| 36회 적중예상 핵심내용 | | | 기출 | | | | | | | |
|---|---|---|---|---|---|---|---|---|---|---|
| 테마 28 | 01 | 부동산투자회사 개요 | | | | | | | | |
| | 02 | 부동산투자회사법 핵심내용 | | 29 | 30 | | | 33 | 34 | 35 |

## 01, 02 부동산투자회사 개요, 부동산투자회사법 핵심내용

### 1. 부동산투자회사(REITs)

① 지분형 간접투자

② 자기관리 리츠 : 실체상 회사, 직접 자산운용, 임직원 ○, 지점 ○, 법인세 과세

③ 위탁관리 리츠, 기업구조조정 리츠 : 명목상 회사, 자산관리회사 위탁, 임직원 ×, 지점 ×, 법인세 비과세

**참고**

1. 자산관리회사 : 국장의 인가로 설립, 자본금 70억원 이상, 자산운용전문인력 5인 이상 확보
2. 부동산 투자자문회사 : 국장의 등록으로 설립, 자산의 투자운용 의사결정에 필요한 조사·분석 및 정보제공, 자문 및 평가업무

### 2. 부동산투자회사법

| 구 분 | 자기관리 리츠(실체상 회사) | 위탁관리 리츠(명목) | 기업구조조정 리츠(명목) |
|---|---|---|---|
| 운용기관 | 내부조직이 직접(상근 임직원) | 자산관리회사에 업무를 위탁(비상근) | |
| 전문인력 | 영업인가시 3인<br>영업인가 후 6개월 후 5인 | 없음<br>자산관리회사 : 5인, 자본금 70억원, 국장인가 설립 | |
| 투자부동산 | 모든 부동산 | 모든 부동산 | 기업구조조정 관련 부동산 |
| 설립자본금 | 발기설립시 5억<br>국장 영업인가 후 6개월 내 70억 | 발기설립시 3억<br>국장 등록 후 6개월 내 50억 | |
| 현물출자 | 영업인가·등록 후 가능<br>(영업인가·등록 전 불가능) | 좌동 | |
| 차입과 사채 | 자기자본 2배, 특별결의 10배까지 可 | 좌동 | |

| | | | |
|---|---|---|---|
| 배 당 | 50% 이상<br>(이익준비금 적립 가능) | 90% 이상<br>(초과배당 가능) | |
| 주식공모 | 영업인가 후 2년 내<br>100분의 30을 일반인에게 청약 | 등록 후 2년 내<br>100분의 30을 일반인에게 청약 | 의무사항<br>아님 |
| 1인 소유한도 | 100분의 50을 초과하지 못함 | 100분의 50을 초과 못함 | 제한 없음 |
| 처분제한 | 비주택(1년), 주택(1년) | 좌동 | 제한 없음 |
| 자산구성 | 부동산 · 증권 · 현금<br>100분의 80 이상<br>부동산 100분의 70 이상 | 좌동 | 제한 없음<br>(부동산<br>70%) |
| 취득세 | 50% 감면 | 50% 감면 | 50% 감면 |
| 법인세 | 공제 혜택 없음, 과세(실체회사) | 공제 혜택 있음, 비과세(명목회사) | |

### 3. 부동산투자회사 현황

① 사업투자 : 주거용 부동산보다는 업무용 부동산에 투자

② 투자회사 수 : 기업구조조정 리츠 > 자기관리 리츠

③ 증권시장 : 자기관리 리츠, 위탁관리 리츠 상장되어 있음. 기업구조조정 리츠는 상장되어 있지 않음.

> **【부동산투자회사법 제47조 제1항】** 자기관리 부동산투자회사 및 자산관리회사는 법령을 준수하고 자산운용을 건전하게 하며 주주를 보호하기 위하여 임직원이 따라야 할 기본적인 절차와 기준(내부통제기준)을 제정하여 시행하여야 한다.

**01** **우리나라 부동산투자회사(REITs)에 관한 설명 중 <u>틀린</u> 것은?** [제29회]

① 자기관리 부동산투자회사의 설립 자본금은 5억원 이상으로 한다.

② 위탁관리 부동산투자회사 및 기업구조조정 부동산투자회사의 설립 자본금은 3억원 이상으로 한다.

③ 공인중개사로서 해당 분야에 5년 이상 종사한 사람은 자기관리 부동산투자회사의 자산운용전문인력이 될 수 있다.

④ 위탁관리 부동산투자회사는 본점 외의 지점을 설치할 수 없다.

⑤ 부동산투자회사는 현물출자에 의한 설립이 가능하다.

**해설▸** ⑤ 부동산투자회사는 현물출자에 의한 설립이 불가능하다.

**정답▸** ⑤

## 02 부동산투자회사법령상 부동산투자회사에 관한 설명으로 옳은 것은? [감평 1회]

① 영업인가를 받은 날부터 6개월이 지난 자기관리 부동산투자회사의 자본금은 70억원 이상이 되어야 한다.

② 위탁관리 부동산투자회사 및 기업구조조정 부동산투자회사의 설립 자본금은 10억원 이상으로 한다.

③ 자기관리 부동산투자회사의 설립 자본금은 3억원 이상으로 한다.

④ 영업인가를 받은 날부터 6개월이 지난 위탁관리 부동산투자회사 및 기업구조조정 부동산투자회사의 자본금은 100억원 이상이 되어야 한다.

⑤ 부동산투자회사는 부동산 등 자산의 운용에 관하여 회계처리를 할 때에는 국토교통부가 정하는 회계처리기준에 따라야 한다.

**해설▸** ② 10억 ⇨ 3억
③ 3억 ⇨ 5억
④ 100억 ⇨ 50억
⑤ 국토교통부 ⇨ 금융위원회

> **제25조의2 【회계처리】** ① 부동산투자회사는 부동산 등 자산의 운용에 관하여 회계처리를 할 때에는 금융위원회가 정하는 회계처리기준에 따라야 한다.

**정답▸** ①

## 03 부동산투자회사법상 '자기관리 부동산투자회사'(REITs, 이하 "회사"라 한다)에 관한 설명으로 <u>틀린</u> 것은? [제34회]

① 국토교통부장관은 회사가 최저자본금을 준비하였음을 확인한 때에는 지체 없이 주요 출자자(발행주식 총수의 100분의 5를 초과하여 주식을 소유하는 자)의 적격성을 심사하여야 한다.

② 최저자본금준비기간이 지난 회사의 최저자본금은 70억원 이상이 되어야 한다.

③ 주요 주주는 미공개 자산운용정보를 이용하여 부동산을 매매하거나 타인에게 이용하게 하여서는 아니 된다.

④ 회사는 그 자산을 투자·운용할 때에는 전문성을 높이고 주주를 보호하기 위하여 자산관리회사에 위탁하여야 한다.

⑤ 주주총회의 특별결의에 따른 경우, 회사는 해당 연도 이익배당한도의 100분의 50 이상 100분의 90 미만으로 이익배당을 정한다.

**해설▸** ④ '자기관리 부동산투자회사'는 자산운용전문인력을 포함한 임직원을 상근으로 두고 자산의 투자·운용을 직접 수행하는 회사이다. 자산을 자산관리회사에 위탁하는 것은 '위탁관리 부동산투자회사'에 대한 설명이다.

**정답▸** ④

**04** **부동산투자회사법령상 자기관리 부동산투자회사가 상근으로 두어야 하는 자산운용 전문인력의 요건에 해당하는 사람을 모두 고른 것은?** [제35회]

> ㉠ 감정평가사로서 해당 분야에 3년을 종사한 사람
> ㉡ 공인중개사로서 해당 분야에 5년을 종사한 사람
> ㉢ 부동산투자회사에서 3년을 근무한 사람
> ㉣ 부동산학 석사학위 소지자로서 부동산의 투자·운용과 관련된 업무에 3년을 종사한 사람

① ㉠, ㉡ ② ㉠, ㉢ ③ ㉡, ㉣
④ ㉡, ㉢, ㉣ ⑤ ㉠, ㉡, ㉢, ㉣

**해설▸** ③ 자산운용 전문인력의 요건에 해당하는 사람은 ㉡, ㉣이다.

> **부동산투자회사법 제22조【자기관리 부동산투자회사의 자산운용 전문인력】**
> 자기관리 부동산투자회사는 그 자산을 투자·운용할 때에는 전문성을 높이고 주주를 보호하기 위하여 다음에 따른 자산운용 전문인력을 상근으로 두어야 한다.
> ① 감정평가사 또는 공인중개사로서 해당 분야에 5년 이상 종사한 사람
> ② 부동산 석사학위 이상의 소지자로서 관련된 업무에 3년 이상 종사한 사람
> ③ 그 밖에 대통령령으로 정하는 사람: 부동산투자회사 등에 5년 이상 근무하고 그중 3년 이상을 해당업무에 종사한 경력이 있는 사람

**정답▸** ③

| 36회 적중예상 핵심내용 | | | 기출 | | | | | | | |
|---|---|---|---|---|---|---|---|---|---|---|
| 테마 29 | 01 | 프로젝트 금융 | | 29 | | | | | | |
| | 02 | 부채금융과 지분금융, 메자닌 금융 – 자금조달방법 | 28 | 29 | | 31 | 32 | | | |

# 01 프로젝트 금융

## 1. 프로젝트 파이낸싱(PF)

① 사업성(물적 담보×, 신용도×)

② 비(제한)소구금융, 부외금융 – 사업주 장점(금융기관 장점×)

③ 위험 大, 수익 大, 위험감소 방안(보증 · 보험, 다양한 주체 참여)

④ 정보 비대칭성 문제 감소(정보 대칭적)

**▶ 출제 포인트 | 프로젝트 금융**

1. 사업성(사전 계약에 따라 미래에 발생할 현금흐름과 사업자체자산)에 근거하여 자금 조달(부동산 담보×, 신용×)
2. 비소구 금융 또는 제한소구 금융(소구금융×, 모기업에 상환청구할 수 있다×)
3. 프로젝트금융 부실 : 채권회수×, 해당 금융기관의 부실
4. 프로젝트금융의 자금은 건설회사로부터 별도 독립된 계정으로 관리(시공회사 자체계좌 직접 관리×)
5. 부외금융효과 : 재무상태표에 해당 부채 표시×, 사업주의 채무수용능력⬆(금융기관 장점×, 대출자 장점×)
6. **정보의** 대칭성 : 정보의 비대칭성 문제 감소(정보의 비대칭성×, 정보의 비대칭성 문제 증가×)
7. 복잡한 계약에 따른 사업의 지연과 이해당사자 간의 조정의 어려움은 사업주와 금융 기관 모두의 입장에서 단점으로 작용한다.
8. 부동산 개발사업의 자금지출 우선순위를 정할 때, 주로 시행사의 개발이익보다 공사비를 먼저 주도록 한다. 대출로 이루어진 공사비 상환이 우선되어야 한다.

**01 사업주(sponsor)가 특수목적회사인 프로젝트 회사를 설립하여 프로젝트 금융을 활용하는 경우에 관한 설명으로 옳은 것은?** (단, 프로젝트 회사를 위한 별도의 보증이나 담보 제공은 없음) [제29회]

① 프로젝트 금융의 상환재원은 사업주의 모든 자산을 기반으로 한다.
② 사업주의 재무상태표에 해당 부채가 표시된다.
③ 해당 프로젝트가 부실화되더라도 대출기관의 채권회수에는 영향이 없다.
④ 일정한 요건을 갖춘 프로젝트 회사는 법인세 감면을 받을 수 있다.
⑤ 프로젝트 사업의 자금은 차주가 임의로 관리한다.

**해설▸** ① 프로젝트 금융의 상환재원은 사업주의 모든 자산을 기반으로 하지 않는다. 프로젝트 파이낸싱이란 개발사업시 사업주(스폰서)의 신용이나 물적 담보로 대출을 받는 것이 아니라 특정 프로젝트의 사업성(미래의 현금흐름)을 담보로 자금을 조달하는 금융기법으로, 상환재원은 특정 프로젝트의 사업성(미래의 현금흐름)을 기반으로 한다.
② 프로젝트 사업주의 재무상태표에 해당 부채가 표시되지 않는다.
③ 해당 프로젝트가 부실화되면 대출기관의 채권회수에도 영향이 있다. 프로젝트 금융이 부실화될 경우 해당 금융기관의 부실로 이어질 수 있다.
⑤ 프로젝트 사업의 자금은 차주가 임의로 관리하는 것이 아니라 일반적으로 PF의 자금관리는 부동산 신탁회사가 에스크로우(Escrow) 계정을 관리하면서 사업비의 공정하고 투명한 자금집행을 담당한다.

**정답▸** ④

**02 금융기관이 시행사에게 프로젝트 금융(PF)을 제공하고 대출 원리금의 회수를 원활하게 하기 위하여 시행사나 시공사에게 요구할 수 있는 사항으로 적합하지 <u>않은</u> 것은?** [제20회]

① 부동산 개발사업의 현금흐름을 통제하기 위해서 에스크로우 계정(escrow account)을 운영한다.
② 부동산 개발사업의 자금지출 우선순위를 정할 때, 주로 시행사의 개발이익이 공사비보다 먼저 인출되도록 한다.
③ 시행사와 시공사의 부도 등과 같은 사유가 발생할 경우 사업권이나 시공권을 포기하겠다는 각서를 받는다.
④ 시공사에게 책임준공 의무를 지우는 동시에 PF 대출의 채무를 인수하게 하거나 이에 대한 보증을 제공하도록 한다.
⑤ 부동산 개발 사업지를 부동산신탁회사에 담보신탁하고 받은 수익권증서에 질권을 설정한다.

**해설▸** ② 부동산 개발사업의 자금지출 우선순위를 정할 때, 주로 시행사의 개발이익보다 공사비를 먼저 주도록 한다. 대출로 이루어진 공사비 상환이 우선되어야 한다.

**정답▸** ②

## 02 부채금융과 지분금융, 메자닌 금융 – 자금조달방법

### 1. 지분금융과 부채금융

① 지분금융 : 리츠, 신디케이트, 조인트 벤처, 공모에 의한 증자, 펀드, 보통주
부동산 신디케이트(투자자모집형, 투자자 합동조합)
지분형 직접투자, 다수의 투자자

**참고** 조인트 벤처 : 지분형 직접투자, 소수의 기관이나 개인

② 부채금융 : 저당금융, 회사채 발행, MBS(주택저당증권)(MPTS, MBB, MPTB, CMO), 자산유동화(담보부)증권(ABS), 주택저당채권담보부채권(MBB), 주택상환사채, 신탁증서금융(담보신탁), 자산담보부기업어음(ABCP), CMBS(상업용 부동산 모기지를 기초자산으로 하여 발행하는 증권), 프로젝트 금융(회사채 발행)

### 2. 메자닌 금융 : 부채금융과 지분금융의 결합형 : 전 · 신주 : 메달린~ 우후

조달한 자금의 성격이 지분(주식)과 부채 · 차입(채권)의 중간적 성격을 갖고 있다.

① 전환사채(CB) : 채권(부채금융)을 발행 ⇨ 회사의 주식(지분금융)으로 전환

② 신주인수권부사채(BW) : 채권(부채금융)매입 + 새로운 주식(지분금융)인수권

③ 후순위대출 : 채무상환시 변제의 우선순위가 다른 모든 대출이나 특정 대출보다 하위에 놓이는 조건으로 행해지는 대출이다. 선순위대출을 제공한 채권자의 입장에서는 후순위대출이 사실상 지분과 같은 역할을 하기 때문에 투자에 대한 신뢰도가 향상된다.

총투자 100억원

| 부채금융 80억원<br>(빌린 돈 - 이자지급)<br>저당을 설정하거나 사채를 발행하여 타인자본을 조달하는 것을 말한다. | 메자닌 금융<br>(부채와 지분 사이) | 지분금융 20억원<br>(투자유치-배당지급)<br>주식회사가 주식을 발행하거나, 주식회사가 아닌 법인지분권을 판매하여 자기자본을 조달하는 것을 말한다. |
|---|---|---|
| ① 저당금융, 프로젝트 금융<br>② 신탁증서금융(담보신탁)<br>③ 회사채발행, 주택상환사채<br>④ 주택저당증권(MBS)<br>주택저당채권담보부채권(MBB)<br>⑤ 자산유동화증권(ABS)<br>**암기법** 저당.채. 담보.<br>M. A, 프로젝트 금융 | ① 전환사채 : 주식으로 바꿀 수 있는 채권<br>② 신주인수권부사채 : 신주를 먼저 받을 권리가 있는 채권<br>③ 우선주<br>④ 후순위대출<br>**암기법** 전 · 신주 메달린~우후 | ① 신디케이트(Syndicate)<br>② 공모에 의한 증자<br>③ 조인트벤처(Joint Venture)<br>④ 부동산투자회사<br>(리츠, REITs)<br>⑤ 부동산 간접투자펀드<br>⑥ 보통주<br>**암기법** 신공조리펀 |

## 03 메자닌금융(mezzanine financing)에 해당하는 것을 모두 고른 것은? [제32회]

| | | |
|---|---|---|
| ㉠ 후순위대출 | ㉡ 전환사채 | ㉢ 주택상환사채 |
| ㉣ 신주인수권부사채 | ㉤ 보통주 | |

① ㉠, ㉡, ㉢　② ㉠, ㉡, ㉣　③ ㉠, ㉢, ㉣
④ ㉡, ㉢, ㉤　⑤ ㉡, ㉣, ㉤

**해설▸** ② ㉠ 후순위대출, ㉡ 전환사채, ㉣ 신주인수권부사채가 메자닌금융에 해당된다.
메자닌금융은 자금의 성격이 지분과 부채의 중간적인 성격을 지닌 재원을 통칭하여 말하며 후순위대출, 전환사채, 신주인수권부사채, 우선주 등이 해당된다.

**정답▸** ②

| 36회 적중예상 핵심내용 | | | 기출 | | | | | | | |
|---|---|---|---|---|---|---|---|---|---|---|
| 테마 31 | 01 | 부동산개발 개요 | 28 | 29 | | | 32 | | | |
| | 02 | 부동산개발의 위험 | | | | | | | | |
| | 03 | 부동산분석(타당성분석의 과정) | 28 | 29 | | 31 | 32 | | | |

## 01 부동산개발 개요

### 1. 의 의

부동산개발이란 타인에게 공급할 목적으로 토지를 조성(토지 자체)하거나 건축물을 건축, 공작물을 설치하는 행위이다. 단, 시공을 담당하는 행위는 제외된다.

**암기법** 개발에는 시공을 담당하는 행위 제외

### 2. 주 체

① 공적주체 : 1섹터, 국가 · 지자체 · 공사

② 사적주체 : 2섹터, 개인 · 기업 · 조합

③ 제3섹터 : 공적주체 + 사적주체, 공동주체 예 민관합동개발사업

### 3. 부동산 개발과정의 7단계

> 구상(아이디어) ⇨ 예비적타당성분석(개략적) ⇨ 부지매입 ⇨ 타당성분석(구체적) ⇨ 금융 ⇨ 건설 ⇨ 마케팅(매도, 임대 – 초기)

**참고** 타당성분석: 개발사업에 대한 타당성분석 결과가 동일한 경우에도 분석된 사업안은 개발업자에 따라 채택될 수도 있고 그렇지 않을 수도 있다.

**암기법** 아예! 불타는 금요일은 건마와 함께

## 02 부동산개발의 위험

### 1. 부동산개발의 위험 : 법률적 위험, 시장 위험, 비용 위험

① 법률적 위험 : 공법상(이용규제) · 사법상(소유권 관계) 위험, 이미 이용계획이 확정된 토지를 구입

② 시장 위험 : 시장성연구, 시장연구, 흡수율분석

㉠ 시장연구 : 특정부동산, 시장에서의 수요와 공급 상황을 분석 (선행)

㉡ 시장성연구 : 개발된 부동산, 매매 · 임대될 수 있는가를 분석 (후행)

㉢ 흡수율 분석 : 구체적 · 미시적 분석, 과거추세를 파악, 미래의 흡수율 파악 목적

③ 비용위험부담 : 최대가격 보증계약을 맺기도 한다.(비용위험↓, 개발사업비↑)

## 03 부동산분석(타당성분석의 과정)

### 1. 부동산개발의 타당성 분석

| 1. 시장분석(선행) | ⇨ | 2. 경제성 분석(후행) |
|---|---|---|
| ① 지역경제 분석(모든 부동산, 거시적)<br>② 시장 분석(특정 부동산, 수요공급)<br>③ 시장성 분석(개발된 부동산, 매매) | ⇨ | ④ 타당성 분석(민감도 분석)<br>⑤ 투자분석 |
| 정보제공, 제약조건<br>시장에서의 채택가능성<br>지역, 근린, 부지, 수요, 공급분석 | ⇨ | 수익성, 최종투자결정 |

**참고**

- 흡수율 분석: 시장에 공급된 부동산이 시장에서 일정기간 동안 소비되는 비율을 조사하여 해당 부동산 시장의 추세를 파악하는 것이다.
- 민감도 분석: 타당성분석에 활용된 투입요소의 변화가 그 결과치에 어떠한 영향을 주는가를 분석하는 기법

**암기법** 민변(만감도분석 변화)으로 흡수(흡수율 분석)되는 추세

## 2. 아파트 재건축사업조합의 사업성(개발사업)의 긍정요소(좋다)와 부정요소(안 좋다) 구분하기

유일 : 용적률, 분양가 상승 (용분 상승)

| 긍정적 영향 : 앗싸! | 부정적 영향 : 에이씨! |
|---|---|
| ① 건설자재 가격 하락 | ① 건설자재 가격 상승 |
| ② 일반분양분분양가 상승 | ② 일반분양분분양가 하락 |
| ③ 조합원부담금 인하 | ③ 조합원부담금 인상 |
| ④ 용적률의 할증 | ④ 용적률의 축소 |
| ⑤ 이주비 대출금리 하락 | ⑤ 이주비 대출금리 상승 |
| ⑥ 공사기간 단축 | ⑥ 공사기간 연장 |
| ⑦ 기부채납의 감소 | ⑦ 기부채납의 증가 |

**01** 부동산개발이 다음과 같은 5단계만 진행된다고 가정할 때, 일반적인 진행 순서로 적절한 것은? [제26회]

> ㉠ 사업부지 확보　　㉡ 예비적 타당성 분석
> ㉢ 사업구상(아이디어)　　㉣ 사업 타당성 분석
> ㉤ 건설

| | 1단계 | | 2단계 | | 3단계 | | 4단계 | | 5단계 |
|---|---|---|---|---|---|---|---|---|---|
| ① | ㉢ | ⇨ | ㉡ | ⇨ | ㉠ | ⇨ | ㉣ | ⇨ | ㉤ |
| ② | ㉢ | ⇨ | ㉠ | ⇨ | ㉡ | ⇨ | ㉤ | ⇨ | ㉣ |
| ③ | ㉡ | ⇨ | ㉢ | ⇨ | ㉣ | ⇨ | ㉠ | ⇨ | ㉤ |
| ④ | ㉡ | ⇨ | ㉣ | ⇨ | ㉠ | ⇨ | ㉢ | ⇨ | ㉤ |
| ⑤ | ㉡ | ⇨ | ㉠ | ⇨ | ㉣ | ⇨ | ㉢ | ⇨ | ㉤ |

**해설▸** 부동산 개발의 단계
1. 아이디어 단계
2. 예비적 타당성 분석 단계
3. 부지 모색 및 확보 단계
4. 타당성 분석 단계
5. 금융 단계
6. 건설 단계
7. 마케팅 단계

**정답▸** ①

## 02 부동산분석은 단계별 분석과정을 거쳐 이루어진다. 단계를 순서대로 나열한 것은?

[제17회]

① 지역경제분석 ⇨ 시장성분석 ⇨ 시장분석 ⇨ 타당성분석 ⇨ 투자분석
② 지역경제분석 ⇨ 시장분석 ⇨ 시장성분석 ⇨ 타당성분석 ⇨ 투자분석
③ 지역경제분석 ⇨ 시장분석 ⇨ 타당성분석 ⇨ 시장성분석 ⇨ 투자분석
④ 지역경제분석 ⇨ 시장성분석 ⇨ 타당성분석 ⇨ 시장분석 ⇨ 투자분석
⑤ 지역경제분석 ⇨ 타당성분석 ⇨ 시장분석 ⇨ 시장성분석 ⇨ 투자분석

**해설▸** 부동산분석 단계
지역경제분석 ⇨ 시장분석 ⇨ 시장성분석 ⇨ 타당성분석 ⇨ 투자분석

**정답▸** ②

## 03 부동산개발에 관한 설명으로 옳은 것을 모두 고른 것은? [제23회]

㉠ 부동산개발이란 타인에게 공급할 목적으로 토지를 조성하거나 건축물을 건축, 공작물을 설치하는 행위로 조성・건축・대수선・리모델링・용도변경 또는 설치되거나 될 예정인 부동산을 공급하는 것을 말한다. 다만 시공을 담당하는 행위는 제외된다.
㉡ 개발권양도제(TDR)는 개발제한으로 인해 규제되는 보전지역에서 발생하는 토지 소유자의 손실을 보전하기 위한 제도로서 현재 널리 시행되고 있다.
㉢ 흡수율분석은 부동산시장의 추세를 파악하는 데 도움을 주는 것으로, 과거의 추세를 정확하게 파악하는 것이 주된 목적이다.
㉣ 개발사업에 있어서 법률적 위험은 용도지역・지구제와 같은 공법적 측면과 소유권 관계와 같은 사법적 측면에서 형성될 수 있다.
㉤ 개발사업에 대한 타당성분석 결과가 동일한 경우에도 분석된 사업안은 개발업자에 따라 채택될 수도 있고, 그렇지 않을 수도 있다.

① ㉠, ㉡, ㉢ ② ㉠, ㉣, ㉤ ③ ㉡, ㉢, ㉣
④ ㉡, ㉢, ㉤ ⑤ ㉢, ㉣, ㉤

**해설▸** ㉡ 개발권양도제(TDR)은 현재 시행되고 있지 않다.
㉢ 흡수율분석의 목적은 단순히 과거의 추세를 파악하는 데 있는 것이 아니라, 이를 기초로 대상개발사업에 대한 미래의 흡수율을 파악하는 데 있다. 과거추세를 파악, 미래의 흡수율 파악 목적

**정답▸** ②

**04 부동산개발의 위험에 관한 설명으로 <u>틀린</u> 것은?** [제23회]

① 부동산개발사업은 그 과정에 내포되어 있는 불확실성으로 인해 위험요소가 존재한다.
② 부동산개발사업의 위험은 법률적 위험(legal risk), 시장위험(market risk), 비용위험(cost risk) 등으로 분류할 수 있다.
③ 이용계획이 확정된 토지를 구입하는 것은 법률적 위험 부담을 줄이기 위한 방안 중 하나이다.
④ 개발사업부지에 군사시설보호구역이 일부 포함되어 사업이 지연되었다면 이는 시장위험 분석을 소홀히 한 결과이다.
⑤ 공사기간 중 이자율의 변화, 시장침체에 따른 공실의 장기화 등은 시장위험으로 볼 수 있다.

**해설▸** 개발사업부지에 군사시설보호구역이 일부 포함되어 사업이 지연되었다면, 법률적 타당성 분석을 게을리 한 것이다.

**정답▸** ④

**05 다음 중 아파트개발사업을 추진하고 있는 시행사의 사업성에 긍정적 영향을 주는 요인은 모두 몇 개인가?** (단, 다른 조건은 동일함) [제29회]

- 공사기간의 연장
- 대출이자율의 상승
- 초기 분양률의 저조
- 인·허가시 용적률의 증가
- 매수예정 사업부지가격의 상승

① 1개 ② 2개 ③ 3개
④ 4개 ⑤ 5개

**해설▸** 인·허가시 용적률의 증가만 아파트개발사업을 추진하고 있는 시행사의 사업성에 긍정적 영향을 주는 요인이며 나머지는 부정적 영향을 주는 요인이다.

**정답▸** ①

| 36회 적중예상 핵심내용 | | | 기출 | | | | | | | |
|---|---|---|---|---|---|---|---|---|---|---|
| 테마 32 | 01 | 민간에 의한 부동산개발방식 | | 29 | 30 | | | | | |
| | 02 | 민간자본유치사업(BTO와 BTL) | 28 | | | 31 | 32 | | 34 | 35 |
| | 03 | 공적개발방식 : 신개발과 재개발 | | | 30 | 31 | | | | 35 |

## 01 민간에 의한 부동산개발방식

### 1. 민간에 의한 부동산개발방식

① 자체개발사업 : 사업기획, 자금조달, 건설시행, 이익귀속 모두 토지소유자

② 지주공동사업 : 토지소유자 + 개발업자

㉠ 공사비대물변제형(등가교환방식) : 완성된 부동산으로 공사비를 지급(공유 – 완성된 부동산)

㉡ 분양금공사비지급형 : 분양수익금으로 공사비를 지급(공유 – 분양수익금)

㉢ 투자자모집형 : 개발자가 투자자로부터 사업자금 마련(신디케이트, 조합아파트)

㉣ 사업위탁형 : 신탁과 유사, 토지소유자 명의로 사업시행 · 자금조달, 개발자는 수수료 취득

③ 토지신탁방식 : 신탁회사에 소유권이전, 개발자(신탁회사) 명의, 신탁회사는 수수료 취득

④ 컨소시엄 구성형 : 대규모 사업의 경우 여러 법인이 컨소시엄을 구성

VS

| 대물변제 | 토지소유자 + 개발자(공유)<br>수수료 × |
|---|---|
| 분양금<br>공사비지급형 | 토지소유자 + 개발자(공유)<br>수수료 × |
| 토지신탁 | |
| 이전, 수익증권, 개발, 수익교부 | |

vs

| 토지신탁 | 토지소유자(공유 ×), 수수료 ○<br>이전 ○, 신탁회사 명의 · 자금조달 |
|---|---|
| 사업수탁 | 토지소유자(공유 ×), 수수료 ○<br>이전 ×, 토지소유자<br>명의 · 자금조달 |
| 신탁(증서)금융 | |
| 이전, 수익증권, 담보, 대출 | |

☑ 사업위탁 vs 토지신탁

| 구 분 | 사업위탁(수탁)방식 | 토지신탁방식 |
|---|---|---|
| 분 류 | 지주공동사업방식 ○ | 지주공동사업방식 × |
| 토지소유권, 개발명의 | 토지소유자(위탁자) | 신탁회사 – 형식상 소유권이전 |
| 자금조달 | 토지소유자(위탁자) | 신탁회사(수탁자) |
| 개발이익(지분) | 토지소유자 | 신탁자(수익자) [제3자 가능] |
| 개발대가 지급 | 수탁자에게 수수료 지급 | 수탁자에게 수수료 지급 |

▶ **출제 포인트** **택지개발**

1. 대물변제방식과 분양금공사비지급형 : 이익 공유(토지소유자 + 개발업자), 수수료 ×
2. **토지신탁과 사업수탁** : 이익(토지소유자), 수수료(개발업자), 공유 ×
3. 토지신탁(소유권이전 ○, 신탁회사 명의), 사업수탁(소유권이전 ×, 토지소유자 명의)

## 02 민간자본유치사업(BTO와 BTL)

### 1. 민간투자사업방식, 사회간접자본(SOC시설)

① BTO : 민간이 짓고 ⇨ 정부에 소유권 이전 ⇨ 민간에 일정기간 운영권 부여

② BOT : 민간이 짓고 ⇨ 민간에 소유권 · 운영권 부여 ⇨ 정부에 소유권 이전

③ BTL : 민간이 짓고 ⇨ 정부에 소유권 이전 ⇨ 운영권을 정부에 임대

④ BLT : 민간이 짓고 ⇨ 정부에 운영권 임대 ⇨ 정부에 소유권 이전

⑤ BOO : 민간이 짓고 ⇨ 민간에 소유권 · 운영권 부여

| BTO방식(수익형) | BTL방식(임대형) |
|---|---|
| ① 사용자에게 직접회수(민간운영) | ① 정부의 임대료로 회수(정부운영) |
| ② 민간 위험 大, 수익 大 | ② 민간 위험 小, 수익 小 |
| ③ 민간제안, 정부채택 | ③ 정부제안, 민간채택 |
| ④ 사후 수익보장 | ④ 사전 수익보장 |
| ⑤ 고속도로, 터널공사(교통시설) | ⑤ 학교건물, 기숙사, 도서관(교육, 문화, 복지) |

VS

| BTO | 짓고, 이전, 운영권 | 시설 | vs | BTL | 짓고, 이전, 운영권 · 임차 | 건물 |
|---|---|---|---|---|---|---|

▶ **출제 포인트** **민간투자사업**

1. BTO방식(수익형)과 BTL방식(임대형)의 구분 ⇨ 끝날 때까지 끝난 게 아니다.
2. BTL방식은 민간이 개발한 시설의 소유권을 준공과 동시에 공공에 귀속시키고 민간은 시설관리의 운영권을 가지며, 공공은 그 시설을 임차하여 사용하는 민간투자사업방식이다.(BTO방식 아님)

## 01 부동산개발사업의 방식에 관한 설명 중 ㉠과 ㉡에 해당하는 것은? [제29회]

| |
|---|
| ㉠: 토지소유자가 토지소유권을 유지한 채 개발업자에게 사업시행을 맡기고 개발업자는 사업시행에 따른 수수료를 받는 방식<br>㉡: 토지소유자로부터 형식적인 토지소유권을 이전받은 신탁회사가 사업주체가 되어 개발·공급하는 방식 |

① ㉠: 사업위탁(수탁)방식 ㉡: 등가교환방식
② ㉠: 사업위탁(수탁)방식 ㉡: 신탁개발방식
③ ㉠: 등가교환방식 ㉡: 합동개발방식
④ ㉠: 자체개발방식 ㉡: 신탁개발방식
⑤ ㉠: 자체개발방식 ㉡: 합동개발방식

**해설▸** ㉠ 토지소유자가 토지소유권을 유지한 채 개발업자에게 사업시행을 맡기고 개발업자는 사업시행에 따른 수수료를 받는 방식은 사업위탁(수탁)방식이다.
㉡ 토지소유자로부터 형식적인 토지소유권을 이전받은 신탁회사가 사업주체가 되어 개발·공급하는 방식은 신탁개발방식이다.

**정답▸** ②

## 02 민간의 부동산개발방식에 관한 설명으로 틀린 것은? [제26회]

① 자체개발사업에서는 사업시행자의 주도적인 사업추진이 가능하나 사업의 위험성이 높을 수 있어 위기관리능력이 요구된다.
② 토지소유자가 제공한 토지에 개발업자가 공사비를 부담하여 부동산을 개발하고, 개발된 부동산을 제공된 토지 가격과 공사비의 비율에 따라 나눈다면, 이는 등가교환방식에 해당된다.
③ 토지신탁(개발)방식과 사업수탁방식은 형식의 차이가 있으나, 소유권을 이전하고 사업주체가 토지소유자가 된다는 점이 동일하다.
④ 개발 사업에 있어서 사업자금 조달 또는 상호 기술 보완 등 필요에 따라 법인 간에 컨소시엄을 구성하여 사업을 추진한다면, 이는 컨소시엄구성방식에 해당된다.
⑤ 토지소유자가 사업을 시행하면서 건설업체에 공사를 발주하고 공사비의 지급은 분양 수입금으로 지급한다면, 이는 분양금 공사비 지급(청산)형 사업방식에 해당된다.

**해설▸** 토지신탁(개발)방식과 사업수탁방식은 형식의 차이가 있으며, 특히 신탁방식은 소유권을 이전하고 사업주체가 신탁회사가 된다는 점에서 사업수탁방식과 상이하다. 사업수탁방식은 토지소유권 이전 없이 토지소유자가 자금을 부담하여 자신의 이름으로 사업을 수행하며 개발업자는 사업시행에 따른 수수료를 취하는 방식이다.

**정답▸** ③

**03 사회기반시설에 대한 민간투자법령상 BOT(build-operate-transfer) 방식에 대한 내용이다. (  )에 들어갈 내용을 〈보기〉에서 옳게 고른 것은?** [제34회]

> 사회기반시설의 ( ㉠ )에 일정기간 동안 ( ㉡ )에게 해당 시설의 소유권이 인정되며 그 기간이 만료되면 ( ㉢ )이 ( ㉣ )에 귀속되는 방식이다.

보기

| | |
|---|---|
| a. 착공 후 | b. 준공 후 |
| c. 사업시행자 | d. 국가 또는 지방자치단체 |
| e. 시설소유권 | f. 시설관리운영권 |

① ㉠-a ㉡-c ㉢-e ㉣-d
② ㉠-a ㉡-c ㉢-e ㉣-c
③ ㉠-a ㉡-d ㉢-f ㉣-c
④ ㉠-b ㉡-c ㉢-e ㉣-d
⑤ ㉠-b ㉡-d ㉢-f ㉣-c

**해설▸** BOT(build-operate-transfer) 방식에 대한 설명으로 바르게 연결된 것은 ④이다.

**정답▸** ④

## 04 민간투자사업의 추진방식에 관한 설명으로 옳지 않은 것은? [감평 4회]

① 사회기반시설의 준공과 동시에 해당 시설의 소유권이 국가 또는 지방자치단체에 귀속되며, 사업시행자에게 일정기간의 시설관리운영권을 인정하는 방식을 BTO방식이라고 한다.

② 사회기반시설의 준공과 동시에 해당 시설의 소유권이 국가 또는 지방자치단체에 귀속되며, 사업시행자에게 일정기간의 시설관리운영권을 인정하되, 그 시설을 국가 또는 지방자치단체 등이 협약에서 정한 기간 동안 임차하여 사용·수익하는 방식을 BTL방식이라고 한다.

③ 사회기반시설의 준공 후 일정기간 동안 사업시행자에게 해당 시설의 소유권이 인정되며 그 기간이 만료되면 시설소유권이 국가 또는 지방자치단체에 귀속되는 방식을 BOT방식이라고 한다.

④ BTO방식은 초등학교 교사 신축사업에 적합한 방식이다.

⑤ BTL방식은 사업시행자가 최종수요자에게 사용료를 직접 부과하기 어려운 경우 적합한 방식이다.

**해설▸** ④ BTO방식 ⇨ BTL방식, BTL방식은 초등학교 교사 신축사업에 적합한 방식이다.

**정답▸** ④

## 05 부동산개발사업에 관한 설명으로 틀린 것은? [제35회]

① 부동산개발의 타당성분석 과정에서 시장분석을 수행하기 위해서는 먼저 시장지역을 설정하여야 한다.

② 부동산개발업의 관리 및 육성에 관한 법령상 건축물을 리모델링 또는 용도변경하는 행위(다만, 시공을 담당하는 행위는 제외한다)는 부동산개발에 포함된다.

③ 민간투자사업에 있어 민간사업자가 자금을 조달하여 시설을 건설하고 일정기간 소유 및 운영을 한 후 국가 또는 지방자치단체에게 시설의 소유권을 이전하는 방식은 BOT(build-operate-transfer) 방식이다.

④ 부동산개발의 유형을 신개발방식과 재개발방식으로 구분하는 경우, 도시 및 주거환경정비법령상 재건축사업은 재개발방식에 속한다.

⑤ 개발사업의 방식 중 사업위탁방식과 신탁개발방식의 공통점은 토지소유자가 개발사업의 전문성이 있는 제3자에게 토지소유권을 이전하고 사업을 위탁하는 점이다.

**해설▸** ⑤ 개발사업의 방식 중 사업위탁방식과 신탁개발방식의 차이점은 신탁개발방식은 토지소유자가 신탁회사에게 소유권을 이전하고 개발사업을 맡기지만, 사업위탁방식은 개발사업의 전문성이 있는 제3자에게 사업을 맡기지만 소유권을 이전하지는 않는다는 점이다.

**정답▸** ⑤

## 03 공적개발방식 : 신개발과 재개발

### 1. 신개발 ⇨ 개발법 ⇨ 개발사업

| 구 분 | 환지방식 | 매수방식(공영개발) |
|---|---|---|
| 의 의 | 택지개발 전 토지의 위치·지목·면적·등급·이용도를 고려하여, 택지가 개발된 후 개발된 토지를 체비지와 보류지를 제외하고 토지소유자에게 <u>재분배</u>(매입×, 매각×) | 공공개발주체에 의한 '전면매수－전면개발－전면분양'으로 시행자가 직접 재원 조달 후 개발사업을 진행하여 실수요자에게 <u>매각·임대</u> |
| 장 점 | 초기자금부담⬇, 재산권 침해⬇ | 속도⬆, 개발이익환수 용이 |
| 단 점 | 절차 복잡, 개발이익의 사유화 우려 | 초기자금부담⬆, 피수용자와 갈등(민원) |

**참고** 혼용방식(혼합방식) : 일부지역 환지방식 + 일부지역 수용방식을 혼합해서 사용

☑ **도시개발법**

**제2조 【정의】** "도시개발사업"이란 도시개발구역에서 주거, 상업, 산업, 유통, 정보통신, 생태, 문화, 보건 및 복지 등의 기능이 있는 단지 또는 시가지를 조성하기 위하여 시행하는 사업을 말한다.

**제21조 【도시개발사업의 시행방식】** ① 도시개발사업은 시행자가 도시개발구역의 토지 등을 수용 또는 사용하는 방식이나 환지 방식 또는 이를 혼용하는 방식으로 시행할 수 있다.

### 2. 재개발 ⇨ 정비법 ⇨ 정비사업

(1) 도시 및 주거환경정비법

| VS | **암기법** 극단 주거 | vs | **암기법** 상열 개발 | vs | **암기법** 공양 건축 |
|---|---|---|---|---|---|
| | 주거환경개선(관리, 정비×) 사업 | | 재개발사업 | | 재건축사업 |
| | 극히열악, 과도밀집, 단독주택, 다세대주택 | | 열악, 밀집 상업·공업지역 | | 양호 공동주택밀집 |

**06** **A광역시장은 관할구역 중 농지 및 야산으로 형성된 일단의 지역에 대해 도시개발법령상 도시개발사업**(개발 후 용도: 주거용 및 상업용 택지)**을 추진하면서 시행방식을 검토하고 있다. 수용방식**(예정사업시행자: 지방공사)**과 환지방식**(예정사업시행자: 도시개발사업조합)**을 비교한 설명으로 틀린 것은?** (단, 보상금은 현금으로 지급하며, 주어진 조건에 한함)

[제35회]

① 수용방식은 환지방식에 비해 세금감면을 받기 위한 대토(代土)로 인해 도시개발구역 밖의 지가를 상승시킬 가능성이 크다.
② 수용방식은 환지방식에 비해 사업시행자의 개발토지(조성토지) 매각부담이 크다.
③ 사업시행자의 사업비부담에 있어 환지방식은 수용방식에 비해 작다.
④ 사업으로 인해 개발이익이 발생하는 경우, 환지방식은 수용방식에 비해 종전 토지 소유자에게 귀속될 가능성이 크다.
⑤ 개발절차상 환지방식은 토지소유자의 동의를 받아야 하는 단계(횟수)가 수용방식에 비해 적어 절차가 간단하다.

**해설▸** ⑤ 개발절차상 환지방식은 토지소유자의 동의를 받아야 하는 단계(횟수)가 수용방식에 비해 많아서 절차가 복잡하다.

**정답▸** ⑤

**07** **다음에 해당하는 도시 및 주거환경정비법상의 정비사업은?** [제35회]

| |
|---|
| 도시저소득 주민이 집단거주하는 지역으로서 정비기반시설이 극히 열악하고 노후·불량건축물이 과도하게 밀집한 지역의 주거환경을 개선하거나 단독주택 및 다세대주택이 밀집한 지역에서 정비기반시설과 공동이용시설 확충을 통하여 주거환경을 보전·정비·개량하기 위한 사업 |

① 자율주택정비사업
② 소규모재개발사업
③ 가로주택정비사업
④ 소규모재건축사업
⑤ 주거환경개선사업

**해설▸** ⑤ 주거환경개선사업에 대한 설명이다.

| |
|---|
| 1. 주거환경개선사업 : 도시저소득 주민이 집단거주하는 지역으로서 정비기반시설이 극히 열악하고 노후·불량건축물이 과도하게 밀집한 지역의 주거환경을 개선하거나 단독주택 및 다세대주택이 밀집한 지역에서 정비기간시설과 공동이용시설 확충을 통하여 주거환경을 보전·정비·개량하기 위한 사업을 말한다.<br>2. 재개발사업 : 정비기간시설이 열악하고 노후·불량건축물이 밀집한 지역에서 주거환경을 개선하거나 상업지역·공업지역 등에서 도시기능의 회복 및 상권활성화 등을 위하여 도시환경을 개선하기 위한 사업을 말한다. 이 경우 공적 주체가 일정비율 이상을 공공임대주택 등으로 건설·공급하는 재개발사업을 "공공재개발사업"이라 한다.<br>3. 재건축사업 : 정비기반시설은 양호하나 노후·불량건축물에 해당하는 공동주택이 밀집한 지역에서 주거환경을 개선하기 위한 사업을 말한다. 이 경우 공적 주체가 일정 세대수 이상을 공급하면 "공공재건축사업"이라 한다. |

**정답▸** ⑤

| 36회 적중예상 핵심내용 | | | 기출 | | | | | | | |
|---|---|---|---|---|---|---|---|---|---|---|
| 테마 33 | 01 | 부동산관리의 구분 | | | 30 | | | | 34 | 35 |
| | 02 | 부동산관리자의 업무내용(계산문제) | | | 30 | 31 | | 33 | 34 | 35 |
| | 03 | 건물의 내용연수와 생애주기 | | | | | | | | |

## 01 부동산관리의 구분

### 1. 부동산관리의 세 가지 영역

| 시설관리<br>(유지관리) | 건물 및 임대차관리<br>(재산관리) | 자산관리<br>(투자관리) |
|---|---|---|
| 시설을 운영·유지<br>소극적 관리 | 재산관리(부동산관리)<br>임대 및 수지관리 | 부동산가치 증가<br>적극적 관리 |
| 설비의 운전·보수<br>에너지관리<br>청소관리<br>방범·방재(보안관리)<br>외주관리 | 수입목표수립<br>비용통제<br>지출계획<br>임대차 유치 및 유지 | 부동산의 매입·매각<br>재개발·재투자, 리모델링 결정<br>투자 리스크 관리<br>포트폴리오<br>프로젝트 파이낸싱 |

| VS | 시설 | 설비, 에너지, 청소, 방범, 외주 | vs | 자산 | 매입(각), 재투자(개발), 리스크, P, P·F |
|---|---|---|---|---|---|

☑ 부동산관리의 영역

1. 자산관리와 시설관리의 예시를 구분하여 정리할 것
2. 자산관리 : 부의 극대화, 적극적 관리 예 매입·매각, 재개발·재투자, 포트폴리오, 투자리스크, P·F
3. 시설관리 : 시설 사용자의 요구, 소극적 관리 예 설비운전·보수, 에너지, 청소, 방범, 방재, 외주관리

## 2. 복합적 관리(광의의 관리)

| 구 분 | 기술적 관리<br>(유지관리, 협의) | 경제적 관리<br>(경영관리) | 법률적 관리<br>(보존관리) |
|---|---|---|---|
| 토 지 | • 경계 확정, 사도,<br>경사지 대책 | • 부동산에 대한 수익의<br>극대화를 추구 | • 권리관계 조정,<br>토지도난방지대책 |
| 건 물 | • 위생, 설비,<br>보안(보험가입), 보전 | • 손익분기점, 회계관리,<br>인력관리 | • 계약관리, 권리의 보존,<br>공법상 규제 |

▶ **출제 포인트** **복합적 관리**

1. 기술적 관리(보안관리), 경제적 관리(인력관리), 법률적 관리(도난방지, 계약관리)
2. 기술적 관리 : 물리적·기능적 하자 유무 판단 필요한 조치, 건물과 부지의 부적응 개선

## 3. 부동산관리의 방식 : 자가관리 ⇨ 혼합관리(과도기, 책임소재 불분명) ⇨ 위탁관리

| 구 분 | 장 점 | 단 점 |
|---|---|---|
| 자가관리<br>(직접관리)<br>(전통방식) | ① 기밀유지, 보안관리 유리<br>② 친절서비스, 애호정신 높음<br>③ 종합적 관리 용이, 신속, 신뢰도 높음 | ① 소유자 본업에 전념하기 곤란<br>② 업무의 타성화(매너리즘화)<br>③ 전문성 결여, 관리비 상승 |
| 위탁관리<br>(외주관리)<br>(현대방식) | ① 소유자 본업에 전념 가능<br>② 업무의 타성화(매너리즘) 방지<br>③ 전문성 높음, 효율적 관리 | ① 기밀유지 곤란, 보안관리 불리<br>② 서비스, 애호정신 낮음<br>③ 종합적 관리 곤란, 신속×, 신뢰도 문제 |
| 혼합관리<br>(과도기) | ① 일부 자기가 관리하고 필요부분만 위탁관리<br>② 자가관리와 위탁관리의 장점 채택 | ① 책임감 한계가 애매, 책임 소재가 불명확<br>② 잘못 운영되면 두 방식 단점만 노출 |

VS

| 자가 | |
|---|---|
| (+) | 기밀 ○, 친절⬆, 종합 ○, 신속 ○, 신뢰⬆ |
| (−) | 본업×, 타성화, 전문성⬇ |

vs

| 위탁 | |
|---|---|
| (+) | 본업 ○, 타성화방지, 전문성⬆ |
| (−) | 기밀×, 친절⬇, 종합×, 신속×, 신뢰⬇ |

▶ **출제 포인트** **부동산관리의 방식**

1. 자가관리와 위탁관리의 장단점 구분할 것
2. 혼합관리방식은 관리의 책임소재가 불분명해지는 단점이 있다.(책임소재 분명×)
3. 건물의 관리에 있어서 재무·회계관리, 시설이용·임대차 계약, 인력관리는 위탁하고, 청소를 포함한 그 외 나머지는 소유자가 직접관리할 경우, 이는 혼합관리방식에 해당한다.(위탁관리×)

## 02 부동산관리자의 업무내용(계산문제)

### 1. 임대차 활동

☑ **임차자 선정, 임대차 유형**

| 구 분 | 임차자 선정 | 임대차 유형 | 특 징 |
|---|---|---|---|
| **매장용** | 가능매상고 | 비율임대차 | 기본임대료 + 수익 일정비율 |

임차 부동산에서 발생하는 총수입(매상고)의 일정 비율을 임대료로 지불한다면, 이는 임대차의 유형 중 비율임대차에 해당한다.(순임대차×)

**01** **부동산관리방식에 따른 해당 내용을 옳게 묶은 것은?** [제34회]

㉠ 소유자의 직접적인 통제권이 강화된다.
㉡ 관리의 전문성과 효율성을 높일 수 있다.
㉢ 기밀 및 보안 유지가 유리하다.
㉣ 건물설비의 고도화에 대응할 수 있다.
㉤ 대형건물의 관리에 더 유용하다.
㉥ 소유와 경영의 분리가 가능하다.

① **자기관리방식** − ㉠, ㉡, ㉢, ㉣
② **자기관리방식** − ㉠, ㉢, ㉤, ㉥
③ **자기관리방식** − ㉡, ㉢, ㉣, ㉥
④ **위탁관리방식** − ㉠, ㉢, ㉣, ㉤
⑤ **위탁관리방식** − ㉡, ㉣, ㉤, ㉥

**해설▸** ㉡, ㉣, ㉤, ㉥은 위탁관리방식에 대한 설명이며, ㉠과 ㉢은 자기관리방식에 대한 설명이다.
**정답▸** ⑤

**02** **부동산관리에 관한 설명으로 옳은 것은?** [감평 3회]

① 시설관리(facility management)는 부동산시설의 자산 및 부채를 종합관리하는 것으로 시설사용자나 기업의 요구에 따르는 적극적인 관리에 해당한다.
② 자기관리방식은 입주자와 소통 측면에 있어서 위탁관리방식에 비해 유리한 측면이 있다.
③ 위탁관리방식은 자기관리방식에 비해 기밀유지가 유리한 측면이 있다.
④ 혼합관리방식은 자기관리방식에 비해 문제발생시 책임소재 파악이 용이하다.
⑤ 건물의 고층화와 대규모화가 진행되면서 위탁관리방식에서 자기관리방식으로 바뀌는 경향이 있다.

**해설▸** ① 자산관리(facility management)는 부동산시설의 자산 및 부채를 종합관리하는 것으로 시설사용자나 기업의 요구에 따르는 적극적인 관리에 해당한다.
③ 위탁관리방식은 자기관리방식에 비해 기밀유지가 불리한 측면이 있다.
④ 혼합관리방식은 자기관리방식에 비해 문제발생시 책임소재 파악이 용이하지 않다.
⑤ 건물의 고층화와 대규모화가 진행되면서 자기관리방식에서 위탁관리방식으로 바뀌는 경향이 있다.

**정답▸** ②

**03** **부동산관리방식을 관리주체에 따라 분류할 때, 다음 설명에 모두 해당하는 방식은?** [제35회]

- 소유와 경영의 분리가 가능하다.
- 대형건물의 관리에 더 유용하다.
- 관리에 따른 용역비의 부담이 있다.
- 전문적이고 체계적인 관리가 가능하다.

① 직접관리 ② 위탁관리 ③ 자치관리
④ 유지관리 ⑤ 법정관리

**해설▸** ② 위탁관리에 관한 설명이다.

> **위탁관리의 장단점**
> • 장점 ㉠ 부동산소유자는 본업에 전념할 수 있다.
> ㉡ 부동산관리를 위탁함으로써 자사의 참모체계는 단순화시킬 수 있다.
> ㉢ 합리적인 부동산관리를 통해 부동산관리비용을 절감할 수 있다.
> ㉣ 관리업무의 타성화(매너리즘)를 방지할 수 있다.
> • 단점 ㉠ 기밀유지 및 보안관리가 불안할 수 있다.
> ㉡ 관리요원의 인사이동이 잦을 수 있어 안정성이 문제된다.
> ㉢ 각 부문의 종합적인 관리가 용이하지 않다.

**정답▸** ②

**04** **A회사는 전년도에 임대면적 750m² 매장을 비율임대차**(percentage lease)**방식으로 임차하였다. 계약 내용에 따르면, 매출액의 손익분기점 매출액 이하이면 기본임대로만 지급하고, 이를 초과하는 매출액에 대해서는 일정 임대료율을 적용한 추가임대료를 기본임대료에 가산하도록 하였다. 전년도 연임대료로 총 12,000만원을 지급한 경우, 해당 계약 내용에 따른 추가임대료율은?** (단, 연간 기준이며, 주어진 조건에 한함) [제34회]

> • 전년도 매출액 : 임대면적 m²당 100만원
> • 손익분기점 매출액 : 임대면적 m²당 60만원
> • 기본임대료 : 임대면적 m²당 10만원

① 15%　② 20%　③ 25%
④ 30%　⑤ 35%

**해설▸** ① 연임대료 = 기본임대로 + 추가임대로 = 7,500만원 + 4,500만원 = 12,000만원
• 기본임대료 = 750m² × 10만원 = 7,500만원
• 전년도 매출액 = 750m² × 100만원 = 7억 5,000만원
• 손익분기점 매출액 = 750m² × 60만원 = 4억 5,000만원
• 초과매출액 = 7억 5,000만원 − 4억 5,000만원 = 3억원
• 추가임대료 4,500만원 = 3억원 × 추가임대료율
∴ 추가임대료율 = 4,500만원/3억원 = 0.15 = 15%

**정답▸** ①

**05** **A임차인은 비율임대차(percentage lease)방식의 임대차계약을 체결하였다. 이 계약에서는 매장의 월 매출액이 손익분기점 매출액 이하이면 기본임대료만 지급하고, 손익분기점 매출액 초과이면 초과매출액에 대해 일정 임대료율을 적용한 추가임대료를 기본임대료에 가산하여 임대료를 지급한다고 약정하였다. 구체적인 계약조건과 예상매출액은 다음과 같다. 해당 계약내용에 따라 A임차인이 지급할 것으로 예상되는 임대료의 합계는?** (단, 주어진 조건에 한함) [제35회]

- 계약기간 : 1년(1월~12월)
- 매장 임대면적 : 300$m^2$
- 임대면적당 기본임대료 : 매월 5만원/$m^2$
- 손익분기점 매출액 : 매월 3,500만원
- 월별 임대면적당 예상매출액
  - 1월~6월 : 매월 10만원/$m^2$
  - 7월~12월 : 매월 19만원/$m^2$
- 손익분기점 매출액 초과시 초과매출액에 대한 추가임대료율 : 10%

① 18,000만원 ② 19,320만원 ③ 28,320만원
④ 31,320만원 ⑤ 53,520만원

**해설▸** 비율임대차 임대료 = 9,000만원 + 10,320만원 = 19,320만원

- 1월 ~ 6월 : 1,500만원 × 6월 = 9,000만원

<table>
<tr><td rowspan="2">매출액 = 3,000만원<br>(10만원 × 300$m^2$)</td><td>초과금액 : 0원</td><td>추가임대료 = 없음</td><td rowspan="2">월 임대료<br>1,500만원</td></tr>
<tr><td>손익분기점 : 3,500만원</td><td>기본임대료 = 1,500만원<br>(5만원 × 300$m^2$)</td></tr>
</table>

- 7월 ~ 12월 : 1,720만원 × 6월 = 10,320만원

<table>
<tr><td rowspan="2">매출액 = 5,700만원<br>(19만원 × 300$m^2$)</td><td>초과금액 : 2,200만원</td><td>추가임대료 = 220만원<br>(2,200만원 × 10%)</td><td rowspan="2">월 임대료<br>1,720만원</td></tr>
<tr><td>손익분기점 : 3,500만원</td><td>기본임대료 = 1,500만원<br>(5만원 × 300$m^2$)</td></tr>
</table>

**정답▸** ②

| 36회 적중예상 핵심내용 | | | 기출 | | | | | | | |
|---|---|---|---|---|---|---|---|---|---|---|
| 테마 34 | 01 | 부동산 마케팅의 개요 | | | | | 32 | 33 | 34 | |
| | 02 | STP 전략의 구분 : 세표차의 구분 | 28 | | | | 32 | | 34 | |
| | 03 | 마케팅믹스(4P믹스) : 제판가유의 구분 | 28 | | | 31 | 32 | | 34 | 35 |

## 1. 부동산 마케팅의 세 가지 차원

① 시장점유 마케팅(공급자) : 표적시장을 선점하거나 틈새시장을 점유하는 마케팅(STP전략, 4P MIX전략)

㉠ STP 전략 : 시장세분화(Segmentation, 수요자), 표적시장의 선점(Target), 차별화(positioning, 공급상품)

㉡ 4P Mix 전략 : 유통경로(Place), 제품(Product), 가격(Price), 판매촉진(Promotion)의 제 측면에서 차별화를 도모하는 전략을 말하며 주로 상업용 마케팅에서 사용

② 고객점유 마케팅(수요자) : 소비자의 구매의사결정의 각 단계에서 소비자와 심리적 접점을 마련하고, 전달되는 메시지의 통과 강도를 조절하여 마케팅 효과를 극대화(AIDA전략)

③ 관계 마케팅(수요 · 공급자) : 생산자와 소비자 간의 1회성 거래를 전제로 한 종래의 마케팅이론에 대한 반성으로 양자 간의 지속적 · 우호적 관계 유지를 주축으로 하는 마케팅(Brand 마케팅)

## 2. 마케팅 믹스(4P MIX)

① 유통경로(공급장소믹스, Place) : 현입주자, 직접분양, 분양대행사, 금융기관, 중개업소

② 상품계획(상품 및 서비스믹스, Products) : 고급화(단지 내 자연 친화적인 공간설치, 거주자 라이프스타일을 반영한 평면설계, 보안설비의 디지털화, 지상주차장의 지하화)

③ 가격전략(가격믹스, Price) : 저가정책(장기적, 수요탄력), 고가정책(단기적, 수요비탄력)

④ 의사소통전략 (판매촉진, Promotion 및 커뮤니케이션전략) : 홍보, 광고, 인적판매, 판매촉진, 경품제공

## 3. STP 전략

① 시장세분화(Segmentation) : 수요자 집단을 인구, 경제학적 특성상 세분하여 상품의 판매지향점을 분명히 하는 전략 ⇨ 수요자층별로 시장을 분할하는 것(성인층, 노년층, 여성층 등으로 세분)

② 표적시장선점(Target) : 세분화된 시장에서 자신의 상품과 일치되는 수요집단을 확인하거나 선정된 표적집단에서 신상품을 기획하는 것

③ 차별화전략(Positioning) : 동일한 표적시장을 갖는 다양한 공급경쟁자 사이에서 자신의 상품을 어디에 위치시킬 것인가 하는 전략(시장차별화) : 자사제품을 어떻게 경쟁사 제품과 차별화할 것인가, 자사제품의 이미지를 어떻게 고객의 마음을 잡게 할 것인가 ⇨ 공급제품에 따라 시장을 구분하는 것

▶ **출제 포인트** **부동산 마케팅의 세 가지 차원**

1. 시장점유 **마케팅** : 공급자, 표적시장선점, 틈새시장점유, STP전략, 4P MIX전략
2. 고객점유 **마케팅** : 수요자, 소비자의 구매의사결정 과정의 각 단계에서 소비자와의 심리적인 접점을 마련하고 전달하려는 메시지의 취지와 강약을 조절하는 전략, AIDA전략
3. 관계 **마케팅** : 수요자와 공급자, 브랜드(Brand)

▶ **출제 포인트** **4P MIX 전략과 STP 전략**

1. 4P mix 전략(product, price, place, promotion)과 STP 전략(Segmentation, Target, Positioning) 구분
2. 4P mix 전략 중 제품전략(5가지), 유통경로전략(5가지), 판매촉진전략 세부사항 암기
3. STP 전략 중 세분화전략(S), 표적시장의 선정(T), 차별화 전략(P)의 세부사항 암기

**참고** 바이럴(바이러스) 마케팅(viral marketing)전략은 SNS, 블로그 등 다양한 매체를 통해 해당 브랜드나 제품에 대해 입소문을 내게 하여 마케팅효과를 극대화시키는 것이다.

**01 부동산 마케팅에 관한 설명으로 <u>틀린</u> 것은?** [제34회]

① 부동산마케팅은 부동산상품을 수요자의 욕구에 맞게 상품을 개발하고 가격을 결정한 후 시장에서 유통, 촉진, 판매를 관리하는 일련의 과정이다.
② STP전략은 대상 집단의 시장세분화(segmentation), 표적 시장 선정(targeting), 포지셔닝(positioning)으로 구성된다.
③ 시장세분화 전략은 부동산시장에서 마케팅활동을 수행하기 위하여 수요자의 집단을 세분하는 것이다.
④ 표적시장 전략은 세분화된 시장을 통해 선정된 표적 집단을 대상으로 적합한 마케팅 활동을 수행하는 것이다.
⑤ AIDA원리는 주의(attention), 관심(interest), 욕망(desire), 행동(action)의 단계를 통해 공급자의 욕구를 파악하여 마케팅 효과를 극대화하는 시장점유마케팅 전략의 하나이다.

**해설▸** ⑤ AIDA원리는 고객점유마케팅 전략에 해당된다.

**정답▸** ⑤

## 02 부동산 마케팅 4P[가격(price), 제품(product), 유통경로(place), 판매촉진(promotion)] 전략과 다음 부동산 마케팅 활동의 연결이 옳은 것은? [제27회]

| |
|---|
| ㉠ 아파트 단지 내 자연친화적 실개천 설치<br>㉡ 부동산 중개업소 적극 활용<br>㉢ 시장분석을 통한 적정 분양가 책정<br>㉣ 주택청약자 대상 경품추첨으로 가전제품 제공 |

① ㉠: 제품, ㉡: 판매촉진, ㉢: 가격, ㉣: 유통경로
② ㉠: 유통경로, ㉡: 판매촉진, ㉢: 가격, ㉣: 제품
③ ㉠: 유통경로, ㉡: 제품, ㉢: 가격, ㉣: 판매촉진
④ ㉠: 제품, ㉡: 유통경로, ㉢: 가격, ㉣: 판매촉진
⑤ ㉠: 제품, ㉡: 유통경로, ㉢: 판매촉진, ㉣: 가격

**해설▸** ④번이 옳은 정답이다.

**정답▸** ④

## 03 부동산 마케팅 전략에 관한 설명으로 옳은 것은? [감평 4회]

① 시장점유 마케팅 전략은 AIDA원리에 기반을 두면서 소비자의 욕구를 파악하여 마케팅효과를 극대화하는 전략이다.
② 고객점유 마케팅 전략은 공급자 중심의 마케팅 전략으로 표적시장을 선정하거나 틈새시장을 점유하는 전략이다.
③ 관계 마케팅 전략은 생산자와 소비자의 지속적인 관계를 통해서 마케팅효과를 도모하는 전략이다.
④ STP 전략은 시장세분화(Segmentation), 표적시장 선정(Targeting), 판매촉진(Promotion)으로 구성된다.
⑤ 4P-Mix 전략은 제품(Product), 가격(Price), 유통경로(Place), 포지셔닝(Positioning)으로 구성된다.

**해설▸** ① 시장점유 마케팅 전략 ⇨ 고객점유 마케팅 전략
② 고객점유 마케팅 전략 ⇨ 시장점유 마케팅 전략
④ 판매촉진(Promotion) ⇨ 포지셔닝(Positioning)
⑤ 포지셔닝(Positioning) ⇨ 판매촉진(Promotion)

**정답▸** ③

## 04 부동산 마케팅에서 4P 마케팅 믹스(Marketing Mix) 전략의 구성요소를 모두 고른 것은?

[제35회]

| | |
|---|---|
| ㉠ Price(가격) | ㉡ Product(제품) |
| ㉢ Place(유통경로) | ㉣ Positioning(차별화) |
| ㉤ Promotion(판매촉진) | ㉥ Partnership(동반자관계) |

① ㉠, ㉡, ㉢, ㉣
② ㉠, ㉡, ㉢, ㉤
③ ㉡, ㉢, ㉤, ㉥
④ ㉡, ㉣, ㉤, ㉥
⑤ ㉢, ㉣, ㉤, ㉥

**해설▸** ② ㉠, ㉡, ㉢, ㉤이 4P 마케팅 믹스 전략의 구성요소에 해당한다. 마케팅믹스는 4P를 구성요소로 하며, 4P mix 전략이란 제품(Product), 판매촉진(Promotion), 가격(Price), 유통경로(Place)의 제 측면에서 차별화를 도모하는 전략이다. 주로 상업용 부동산의 마케팅에서 사용된다.

**정답▸** ②

| 36회 적중예상 핵심내용 | | | 기출 | | | | | | | |
|---|---|---|---|---|---|---|---|---|---|---|
| 테마 35 | 01 | 감정평가 개요 | | | | | | | | |
| | 02 | 감칙 제5조~제7조: 원칙 | | | 30 | | | 33 | | 35 |

## 01, 02 감정평가 개요, 감칙 제5조~제7조: 원칙

### 1. 전제조건에 따른 분류

① 현황평가(원칙): 감정평가는 기준시점에서의 대상물건의 이용상황(불법적이거나 일시적인 이용은 제외) 및 공법상 제한을 받는 상태를 기준으로 한다.

② 조건부평가(예외): 장래 불확실, ㉠ 법령에 다른 규정이 있는 경우 ㉡ 의뢰인이 요청하는 경우 ㉢ 사회통념상 필요하다고 인정되는 경우

③ 기한부평가: 장래 확실

④ 소급평가: 과거

### 2. 우리나라 분류

① 개별평가(2 ⇨ 2): 원칙

② 일괄평가(2 ⇨ 1): 일체, 불가분, 복합부동산, 1획지

③ (가치)구분평가(1 ⇨ 2): 하나의 부동산이라도 가치를 달리하는 부분, 복합건물, 多획지

④ 부분평가(1 ⇨ 1/2): 대상토지의 일부분만 평가, 일부분이 수용되는 경우 보상평가

> 1. 부분평가: 건부지, 현황, 건물의 영향 고려
> 2. 독립평가: 나지, 조건부, 건물의 영향 불고려
> ⇨ 표준지평가: 적정가격, 실제용도, 나지 상정, 공법규제○, 개발이익 반영○

### 3. 가치와 가격(단기 - 괴리, 장기 - 일치 | 가치와 가격은 비례, 화폐가치와 가격은 반비례)

① 가치(value): 현재값, 평가사, 주관적 · 추상적, 多

② 가격(price): 과거값, 중개사, 객관적 · 구체적, 하나

### 4. 부동산가치의 특징(부동산가격의 이중성 : 수요공급 ⇨ 가격, 가격 ⇨ 수요공급)

① 교환의 대가인 가격(원본), 용익의 대가인 임대료(과실)

② 소유권 · 권리 · 이익의 가격(물리적 가격 ×), 둘 이상의 권리존재 可, 각각의 가격 형성 可

③ 부동산 가격은 항상 변동하며 장기적 배려하에 형성 ⇨ 기준시점 · 시점수정

④ 불완전한 시장에서 형성되고 당사자의 개별적 동기나 특수한 사정이 개입 ⇨ 사정보정

### 5. 기준시점(평가기준, 변동의 원칙, 기준시점과 평가시점은 반드시 일치 ×)

① 원칙 : 가격조사를 완료한 일자를 원칙

② 예외 : 과거, 미래의 특정일(기준시점이 미리 정해, 가격조사가 可 경우만)

③ 임대료의 기준시점 : 임대차의 개시점

### 6. 부동산가치의 종류

① 시장가치(원칙) : 대상물건이 통상적인 시장에서 충분한 기간 거래를 위하여 공개된 후 그 대상물건의 내용에 정통한 당사자 사이에 신중하고 자발적인 거래가 있을 경우 성립될 가능성이 가장 높다고 인정되는 대상물건의 가액을 말한다.

② 시장가치 이외의 가치(예외) : '법령에 다른 기준이 있거나, 의뢰인이 요청하거나, 사회통념상 필요하다고 인정되는 경우'

### 7. 부동산가치의 형성과정

가치형성요인(일반, 지역, 개별) ⇨ 가치발생요인(유용성, 유효수요, 희소성, 이전성)
⇨ 부동산가치

| | |
|---|---|
| **효용(유용성)**<br>경제적인 **측면** | ① 효용이란 인간의 욕구를 만족시켜 줄 수 있는 재화의 능력이다.<br>② 주거지는 쾌적성, 상업지는 수익성, 공업지는 생산성 등으로 표현된다. |
| **상대적 희소성**<br>경제적인 **측면** | 희소성이란 부동산의 공급이 수요에 비해 상대적으로 충분하지 못한 상태를 의미한다. |
| **유효수요**<br>경제적인 **측면** | 유효수요란 '구매의사(욕구)'와 '구매능력'을 갖춘 수요를 의미한다. |
| **이전성**<br>법률적인 **측면** | 이전성은 부동산의 소유권을 구성하고 있는 모든 권리에 대한 통제의 정도가 이전하는 것을 의미하는 것으로써 법률적 개념이다. |

## 01 다음 〈보기〉와 같은 감정평가에 대한 설명 중 틀린 것은? [제18회]

| 보기 |
|---|
| • 법원은 경매개시결정(2021년 7월 4일)이 된 甲소유의 A물건에 대하여 □□감정평가사 사무소 △△△감정평가사에게 감정평가 의뢰(2021년 10월 24일)<br>• A물건 현장조사 및 가격조사 완료(2021년 10월 30일)<br>• 감정평가사 △△△이(가) 보고서 작성(2021년 11월 12일) |

① 본 감정평가는 국가로부터 자격을 부여받은 개인이 평가주체인 점에서 공인감정평가이다.
② 본 감정평가를 통해 산정된 감정평가액을 참작하여 법원은 최저경매가격을 정한다.
③ 본 감정평가는 법원의 임의 의사에 의해서 행하여지는 감정평가인 점에서 임의적 평가이다.
④ 본 감정평가의 기준시점은 2021년 10월 30일이다.
⑤ 본 감정평가는 A물건의 상태·용도 등 기준시점 현재 상태대로 평가하는 점에서 현황평가이다.

**해설▸** 임의적 평가 ⇨ 필수적 평가, 경매를 위하여 평가를 하는 것이므로 '필수적 평가'에 해당된다.
**정답▸** ③

## 02 감정평가 유형에 관한 설명으로 옳지 않은 것은? [감평 2회]

① 일괄평가란 2개 이상의 대상물건이 일체로 거래되거나 대상물건 상호간에 용도상 불가분의 관계가 있는 경우에는 일괄하여 평가하는 것을 말한다.
② 조건부평가란 일체로 이용되고 있는 물건의 일부만을 평가하는 것을 말한다.
③ 구분평가란 1개의 대상물건이라도 가치를 달리하는 부분은 이를 구분하여 평가하는 것을 말한다.
④ 현황평가란 대상물건의 상태, 구조, 이용방법 등을 있는 그대로 평가하는 것을 말한다.
⑤ 참모평가란 대중평가가 아니라 고용주 혹은 고용기관을 위해 하는 평가를 말한다.

**해설▸** 조건부평가 ⇨ 부분평가
**정답▸** ②

**03 감정평가에 관한 규칙상 시장가치기준에 관한 설명으로 틀린 것은?** [제33회]

① 대상물건에 대한 감정평가액은 원칙적으로 시장가치를 기준으로 결정한다.
② 감정평가법인등은 법령에 다른 규정이 있는 경우에는 대상물건의 감정평가액을 시장가치 외의 가치를 기준으로 결정할 수 있다.
③ 감정평가법인등은 대상물건의 특성에 비추어 사회통념상 필요하다고 인정되는 경우에는 대상물건의 감정평가액을 시장가치 외의 가치를 기준으로 결정할 수 있다.
④ 감정평가법인등은 감정평가 의뢰인이 요청하여 시장가치 외의 가치를 기준으로 감정평가할 때에는 해당 시장가치 외의 가치의 성격과 특징을 검토하지 않는다.
⑤ 감정평가법인등은 시장가치 외의 가치를 기준으로 하는 감정평가의 합리성 및 적법성이 결여(缺如)되었다고 판단할 때에는 의뢰를 거부하거나 수임(受任)을 철회할 수 있다.

**해설▸** ④ 감정평가법인등은 시장가치 외의 가치를 기준으로 감정평가할 때에는 해당 시장가치 외의 가치의 성격과 특징, 시장가치 외의 가치를 기준으로 하는 감정평가의 합리성 및 적법성을 검토해야 한다.

**정답▸** ④

**04 감정평가에 관한 규칙에 규정된 내용이 아닌 것은?** [제27회]

① 감정평가법인등은 감정평가 의뢰인이 요청하는 경우에는 대상물건의 감정평가액을 시장가치 외의 가치를 기준으로 결정할 수 있다.
② 시장가치란 한정된 시장에서 성립될 가능성이 있는 대상물건의 최고가액을 말한다.
③ 감정평가는 기준시점에서의 대상물건의 이용상황(불법적이거나 일시적인 이용은 제외한다) 및 공법상 제한을 받는 상태를 기준으로 한다.
④ 둘 이상의 대상물건이 일체로 거래되거나 대상물건 상호간에 용도상 불가분의 관계가 있는 경우에는 일괄하여 감정평가할 수 있다.
⑤ 하나의 대상물건이라도 가치를 달리하는 부분은 이를 구분하여 감정평가할 수 있다.

**해설▸** 시장가치란 통상적인 시장에서 충분한 기간 거래를 위하여 공개된 후 대상물건에 정통한 당사자 간에 신중하고 자발적인 거래가 이루어질 경우 성립될 가능성이 가장 높은 가격을 의미한다.

**정답▸** ②

**05 감정평가에 관한 규칙에 규정된 내용으로 틀린 것은?** [제30회]

① 감정평가법인등은 법령에 다른 규정이 있는 경우에는 대상물건의 감정평가액을 시장가치 외의 가치를 기준으로 결정할 수 있다.
② 감정평가법인등은 법령에 다른 규정이 있는 경우에는 기준시점의 가치형성요인 등을 실제와 다르게 가정하거나 특수한 경우로 한정하는 조건(감정평가조건)을 붙여 감정평가할 수 있다.
③ 둘 이상의 대상물건이 일체로 거래되거나 대상물건 상호간에 용도상 불가분의 관계가 있는 경우에는 일괄하여 감정평가할 수 있다.
④ 하나의 대상물건이라도 가치를 달리하는 부분은 이를 구분하여 감정평가할 수 있다.
⑤ 기준시점은 대상물건의 가격조사를 개시한 날짜로 한다. 다만, 기준시점을 미리 정하였을 때에는 그 날짜에 가격조사가 가능한 경우에만 기준시점으로 할 수 있다.

**해설▸** 기준시점은 대상물건의 가격조사를 완료한 날짜로 한다.

**정답▸** ⑤

**06 감정평가에 관한 규칙에 규정된 내용으로 틀린 것은?** [제35회]

① 기준시점은 대상물건의 가격조사를 완료한 날짜로 한다. 다만, 기준시점을 미리 정하였을 때에는 그 날짜로 하여야 한다.
② 감정평가법인등은 법령에 다른 규정이 있는 경우에는 기준시점의 가치형성요인 등을 실제와 다르게 가정하거나 특수한 경우로 한정하는 조건을 붙여 감정평가할 수 있다.
③ 둘 이상의 대상물건이 일체로 거래되거나 대상물건 상호간에 용도상 불가분의 관계가 있는 경우에는 일괄하여 감정평가할 수 있다.
④ 하나의 대상물건이라도 가치를 달리하는 부분은 이를 구분하여 감정평가할 수 있다.
⑤ 일체로 이용되고 있는 대상물건의 일부분에 대하여 감정평가하여야 할 특수한 목적이나 합리적인 이유가 있는 경우에는 그 부분에 대하여 감정평가할 수 있다.

**해설▸** 기준시점은 대상물건의 가격조사를 완료한 날짜로 한다. 다만, 기준시점을 미리 정하였을 때에는 그 날짜에 가격조사가 가능한 경우에만 기준시점으로 할 수 있다.

**정답▸** ①

**07** **부동산가격이론에서 가치와 가격에 관한 설명 중 <u>틀린</u> 것은?** [제19회]

① 가치는 주관적 · 추상적인 개념이고, 가격은 가치가 시장을 통하여 화폐단위로 구현된 객관적 · 구체적인 개념이다.
② 가치가 상승하면 가격도 상승하고, 가치가 하락하면 가격도 하락한다.
③ 수요와 공급의 변동에 따라 단기적으로 가치와 가격은 일치하게 되고, 장기적으로 가격은 가치로부터 괴리되는 현상을 나타낸다.
④ 부동산가치는 평가목적에 따라 일정 시점에서 여러 가지가 존재하나, 부동산가격은 지불된 금액이므로 일정 시점에서 하나만 존재한다.
⑤ 부동산의 가치는 장래 기대되는 유 · 무형의 편익을 현재가치로 환원한 값을 의미한다.

**해설▸** 가격과 가치는 단기적으로는 일치하지 않을 수도 있다. 그러나 장기적으로는 가격과 가치는 일치하게 된다. 결국 가치는 가격의 장기적인 균형점이라고 할 수 있다.

**정답▸** ③

**08** **부동산의 가격과 가치에 관한 설명으로 <u>틀린</u> 것은?** [제25회]

① 가격은 특정 부동산에 대한 교환의 대가로서 매수인이 지불한 금액이다.
② 가치는 효용에 중점을 두며, 장래 기대되는 편익은 금전적인 것뿐만 아니라 비금전적인 것을 포함할 수 있다.
③ 가격은 대상부동산에 대한 현재의 값이지만, 가치는 장래 기대되는 편익을 예상한 미래의 값이다.
④ 가치란 주관적 판단이 반영된 것으로 각 개인에 따라 차이가 발생할 수 있다.
⑤ 주어진 시점에서 대상부동산의 가치는 다양하다.

**해설▸** 가격은 대상부동산에 대한 과거의 값이지만, 가치는 장래 기대되는 편익을 예상한 현재의 값이다.

**정답▸** ③

**09 부동산가치에 관한 설명으로 <u>틀린</u> 것은?** [제23회]

① 사용가치는 대상부동산이 시장에서 매도되었을 때 형성될 수 있는 교환가치와 유사한 개념이다.
② 투자가치는 투자자가 대상부동산에 대해 갖는 주관적인 가치의 개념이다.
③ 보험가치는 보험금 산정과 보상에 대한 기준으로 사용되는 가치의 개념이다.
④ 과세가치는 정부에서 소득세나 재산세를 부과하는 데 사용되는 기준이 된다.
⑤ 공익가치는 어떤 부동산의 보존이나 보전과 같은 공공목적의 비경제적 이용에 따른 가치를 의미한다.

**해설▸** 사용가치는 대상부동산이 특정한 용도로 사용되었을 때 가질 수 있는 가치를 말하므로 교환가치와는 별개의 개념이다.

**정답▸** ①

**10 부동산의 가치발생요인에 관한 설명으로 <u>틀린</u> 것은?** [제22회]

① 효용(유용성)은 인간의 필요나 욕구를 만족시켜 줄 수 있는 재화의 능력을 말한다.
② 상대적 희소성은 인간의 욕망에 비해 욕망의 충족 수단이 질적·양적으로 한정되어 있어서 부족한 상태를 말한다.
③ 가치발생요인인 효용, 유효수요, 상대적 희소성 중 하나만 있어도 가격이 발생한다.
④ 양도가능성(이전성)을 부동산의 가치발생요인으로 포함하는 견해도 있다.
⑤ 가치형성요인은 가치발생요인에 영향을 미친다.

**해설▸** 가치발생요인인 효용, 유효수요, 상대적 희소성 등의 상호작용하에 부동산가격은 발생한다.

**정답▸** ③

**11 부동산가치의 발생요인에 관한 설명으로 옳지 <u>않은</u> 것은?** [2020년 감평]

① 유효수요는 구입의사와 지불능력을 가지고 있는 수요이다.
② 효용(유용성)은 인간의 필요나 욕구를 만족시킬 수 있는 재화의 능력이다.
③ 효용(유용성)은 부동산의 용도에 따라 주거지는 쾌적성, 상업지는 수익성, 공업지는 생산성으로 표현할 수 있다.
④ 부동산은 용도적 관점에서 대체성이 인정되고 있기 때문에 절대적 희소성이 아닌 상대적 희소성을 가지고 있다.
⑤ 이전성은 법률적인 측면이 아닌 경제적인 측면에서의 가치발생요인이다.

**해설▸** ⑤ 이전성은 경제적인 측면이 아닌 법률적인 측면에서의 가치발생요인이다.
**정답▸** ⑤

**12 부동산의 가치발생요인에 관한 설명으로 <u>틀린</u> 것은?** [제24회]

① 대상부동산의 물리적 특성뿐 아니라 토지이용규제 등과 같은 공법상의 제한 및 소유권의 법적 특성과 대상부동산의 효용에 영향을 미친다.
② 유효수요란 대상부동산을 구매하고자 하는 욕구로, 지불능력(구매력)을 필요로 하는 것은 아니다.
③ 상대적 희소성이란 부동산에 대한 수요에 비해 공급이 부족하다는 것이다.
④ 효용은 부동산의 용도에 따라 주거지는 쾌적성, 상업지는 수익성, 공업지는 생산성으로 표현할 수 있다.
⑤ 부동산의 가치는 가치발생요인들의 상호결합에 의해 발생한다.

**해설▸** 유효수요란 특정 재화를 구매하고자 하는 욕구와 지불능력을 갖춘 수요를 말한다. 유효수요는 지불능력(구매력)을 필요로 하는 개념이다.
**정답▸** ②

**13** **부동산의 가치와 가격에 관한 설명으로 옳지 않은 것은?** [감평 3회]

① 일정시점에서 부동산가격은 하나밖에 없지만, 부동산가치는 여러 개 있을 수 있다.
② 부동산가격은 장기적 고려하에서 형성된다.
③ 부동산의 가격과 가치 간에는 오차가 있을 수 있으며, 이는 감정평가 필요성의 근거가 된다.
④ 부동산가격은 시장경제에서 자원배분의 기능을 수행한다.
⑤ 부동산가치는 부동산의 소유에서 비롯되는 현재의 편익을 미래가치로 환원한 값이다.

**해설▸** 부동산가치는 부동산의 소유에서 비롯되는 장래의 편익을 현재가치로 환원한 값이다.

**정답▸** ⑤

**14** **감정평가에 관한 규칙상 가치에 관한 설명으로 옳지 않은 것은?** [감평 4회]

① 대상물건에 대한 감정평가액은 시장가치를 기준으로 결정하는 것을 원칙으로 한다.
② 법령에 다른 규정이 있는 경우에는 시장가치 외의 가치를 기준으로 감정평가할 수 있다.
③ 대상물건의 특성에 비추어 사회통념상 필요하다고 인정되는 경우에는 시장가치 외의 가치를 기준으로 감정평가할 수 있다.
④ 시장가치란 대상물건이 통상적인 시장에서 충분한 기간 방매된 후 매수인에 의해 제시된 것 중에서 가장 높은 가격을 말한다.
⑤ 감정평가 의뢰인이 요청하여 시장가치 외의 가치로 감정평가하는 경우에는 해당 시장가치 외의 가치의 성격과 특징을 검토하여야 한다.

**해설▸** "시장가치"란 감정평가의 대상이 되는 토지 등(이하 "대상물건"이라 한다)이 통상적인 시장에서 충분한 기간 동안 거래를 위하여 공개된 후 그 대상물건의 내용에 정통한 당사자 사이에 신중하고 자발적인 거래가 있을 경우 성립될 가능성이 가장 높다고 인정되는 대상물건의 가액(價額)을 말한다.

**정답▸** ④

| 36회 적중예상 핵심내용 | | | 기출 | | | | | | | |
|---|---|---|---|---|---|---|---|---|---|---|
| 테마 36 | 01 | 가격제원칙 | 28 | | | | | | | |
| | 02 | 지역분석과 개별분석 | 28 | 29 | 30 | | 32 | | 34 | |

## 01 가격제원칙

가격제원칙은 부동산가치 형성의 법칙성을 발견하여 이를 감정평가활동의 지침으로 삼은 것이다.

| 가격원칙 | 감정평가활동에의 적용 |
|---|---|
| ① [내부]균형의 원칙 | 내부, 구성요소(설계와 설비), 위배시 기능적 감가 발생, 개별분석의 기준 |
| ② [외부]적합의 원칙－고유 | 외부, 환경(주변 다른 부동산과 관계), 위배시 경제적 감가 발생, 지역분석의 기준 |
| ③ [시점]변동의 원칙－토대원칙 | 가치형성요인은 변동 ⇨ 부동산가격도 변동 ⇨ 기준시점 확정 필요 |
| ④ [장래]예측(예상)의 원칙－토대원칙 | 부동산가치는 장래 기대편익의 현재가치 ⇨ 예측이 중요 ⇨ 수익방식 |
| ⑤ 기여(공헌)의 원칙 | 부동산가치는 기여도의 합(생산비의 합 ×), 추가투자의 적부 판정(결정과 관련) |
| ⑥ 수익체증·체감의 원칙 | 추가투자 결정과 관련, 수익은 체증하다가 체감 |
| ⑦ 수익배분(잉여생산성)의 원칙 | 토지잔여법, 수익분석법 관련, 부동산수익은 최종적으로 토지에 배분된다(부동성). |
| ⑧ 대체의 원칙 | 부동산은 대체가능 ⇨ 유사부동산은 비슷한 가격 ⇨ 간접법의 근거, 평가 3방식 모두 관련, 용도·기능·가격 측면 |
| ⑨ 최유효이용의 원칙–고유, 중심원칙 중추적인 기능, 감정평가의 전제, 감정평가 규칙에 규정은 없음 | 복합개념으로 판단 : 합리성 + 합법성 + 물리적 채택가능성 + 최고 수익성 |
| ⑩ 기회비용의 원칙 | • 부동산가격은 차선책(기회비용)의 가격을 고려해서 가격이 결정된다.<br>• 도심공업지(기회비용 : 주거·상업)가 외곽공업지(기회비용 : 농지)보다 비싸다. |

| | |
|---|---|
| ⑪ 수요공급의 원칙 | 부동산가격의 이중성 관련<br>부동산가격은 시장에서 수요와 공급에 의해 결정 |
| ⑫ 경쟁의 원칙 | 초과이윤은 경쟁을 야기하고, 경쟁은 초과이윤을 소멸.<br>부동산시장에서 수요자 및 공급자 상호간 경쟁 발생<br>⇨ 초과이윤 소멸 |
| ⑬ 외부성의 원칙-고유 | 부동산에는 외부효과 발생 |

▶ **출제 포인트** **부동산가치의 제원칙 : 감정평가에 관한 규칙에서 직접 규정 ×**

1. **부동산에만 적용되는** 고유**의 원칙** : 최유효이용, 적합, 외부성
2. 내부 균형의 원칙, 외부 적합의 원칙, 시점 변동의 원칙, 장래 예측의 원칙으로 기억
3. 추가투자 관련(기여, 수익체증체감), 토지잔여법(수익배분의 원칙)
4. 부동산의 가격은 기여도의 합(생산비의 합 ×)
5. 균형의 원칙은 외부적 관계의 원칙인 적합의 원칙과는 대조적인 의미로, 부동산 구성요소의 결합에 따른 최유효이용을 강조하는 것이다.(내부적 ×)
6. 도심지역의 공업용지(기회비용 : 주거・상업)가 동일한 효용을 가지고 있는 외곽지역의 공업용지(기회비용 : 농지)보다 시장가격이 더 높은 현상은 기회비용의 원칙에 의해서 설명 가능하다.
7. 동일한 효용을 가진 여러 부동산 중에서 가격이 가장 낮은 것이 선택되고 이 가격이 다른 부동산의 가격형성에 영향을 미치는 가격원칙은 대체의 원칙이다.

## 02 지역분석과 개별분석

### 1. 지역분석과 개별분석의 비교 - 선 지 표 | 후 개 최

선행 : 지역분석 : 표준적 이용 | 후행 : 개별분석 : 최유효이용

**암기법** 지역분석(표적수 경부선), 거지, 미개

| (거시분석) 지역분석 | (미시분석) 개별분석 |
| --- | --- |
| 표준적이용 판정 | 최유효이용 판정 |
| 적합의 원칙 | 균형의 원칙 |
| 가격수준 판정 | 구체적 가격 판정 |
| 경제적 감가 | 기능적 감가 |
| 부동성 | 개별성 |
| 선행분석 | 후행분석 |

### 2. 지역분석의 대상지역(감칙)

① 인근지역 : 감정평가의 대상부동산이 속한 지역으로서 부동산의 이용이 동질적이고 가치형성요인 중 지역요인을 공유하는 지역을 말한다.

② 유사지역 : 대상부동산이 속하지 아니하는 지역으로서 인근지역과 유사한 특성을 갖는 지역을 말한다.

③ 동일수급권 : 대상부동산과 대체 · 경쟁 관계가 성립하고 가치 형성에 서로 영향을 미치는 관계에 있는 대상부동산이 존재하는 권역을 말하며, 인근지역과 유사지역을 포함한다.

**01** **다음 부동산현상 및 부동산활동을 설명하는 감정평가이론상 부동산가격원칙을 순서대로 나열한 것은?** [제28회]

• 복도의 천정 높이를 과대개량한 전원주택이 냉 · 난방비 문제로 시장에서 선호도가 떨어진다.
• 판매시설 입점부지 선택을 위해 후보지역분석을 통해 표준적 사용을 확인한다.

① 균형의 원칙, 적합의 원칙
② 예측의 원칙, 수익배분의 원칙
③ 적합의 원칙, 예측의 원칙
④ 수익배분의 원칙, 균형의 원칙
⑤ 적합의 원칙, 변동의 원칙

**해설▸** ㉠ 복도의 계단 높이를 과대 개량한 것은 과다설비로서 균형의 원칙에 어긋나는 내용이다.
㉡ 후보지역분석을 통해 표준적이용을 확인하는 것은 적합의 원칙과 관련된다.

**정답▸** ①

## 02 부동산가치의 제원칙에 대한 설명 중 <u>틀린</u> 것은? [제15회 추가]

① 수익배분의 원칙은 토지잔여법의 성립근거가 된다.
② 변동의 원칙은 감정평가시 기준시점과 관련이 있다.
③ 균형의 원칙은 기능적 감가와 관련이 있고, 적합의 원칙은 경제적 감가와 관련이 있다.
④ 적합의 원칙은 내부구성요소 간의 결합이 적합해야 최유효이용이 된다는 점에서 최유효이용원칙과 관련성이 깊다.
⑤ 기여의 원칙은 인근토지를 매수·합필하거나 기존건물을 증축하는 경우, 그 추가 투자의 적부를 결정하는데 유용한 원칙이다.

**해설▸** ④ 적합의 원칙은 대상부동산과 주변 환경과의 조화의 적부에 대한 외부원칙이다.

**정답▸** ④

## 03 동일한 효용을 가진 여러 부동산 중에서 가격이 가장 낮은 것이 선택되고 이 가격이 다른 부동산의 가격형성에 영향을 미치는 가격 원칙은? [제16회]

① 균형의 원칙
② 예측의 원칙
③ 변동의 원칙
④ 대체의 원칙
⑤ 기여의 원칙

**해설▸** 대체의 원칙이란 가격은 부동산의 가격결정과정에서 효용이 동일하다면 가격이 싼 것을, 가격이 동일하다면 효용이 큰 것을 선택하게 되는 과정 또는 법칙을 말한다.

**정답▸** ④

**04 다음 보기와 관련이 깊은 부동산가격원칙을 맞게 나열한 것은?** [제17회]

| 보기 | |
|---|---|
| • 기능적 감가 | – ( ㉠ ) |
| • 경제적 감가 | – ( ㉡ ) |
| • 기준시점의 필요 | – ( ㉢ ) |

| | ㉠ | ㉡ | ㉢ |
|---|---|---|---|
| ① | 기여의 원칙 | 균형의 원칙 | 변동의 원칙 |
| ② | 적합의 원칙 | 기여의 원칙 | 예측의 원칙 |
| ③ | 대체의 원칙 | 기여의 원칙 | 예측의 원칙 |
| ④ | 균형의 원칙 | 대체의 원칙 | 예측의 원칙 |
| ⑤ | 균형의 원칙 | 적합의 원칙 | 변동의 원칙 |

**해설▸** • 균형의 원칙 – 기능적 감가
• 적합의 원칙 – 경제적 감가
• 변동의 원칙 – 기준시점

**정답▸** ⑤

**05 부동산감정평가의 부동산가치 제 원칙에 관한 설명으로 틀린 것은?** [제21회]

① 대체의 원칙에서 대체관계가 성립되기 위해서는 부동산 상호간 또는 부동산과 일반재화 상호간에 용도, 효용, 가격 등이 동일성 또는 유사성이 있어야 한다.
② 균형의 원칙에서 부동산의 유용성이 최고로 발휘되기 위해서는 부동산을 둘러싼 외부환경과의 균형이 중요하다.
③ 기여의 원칙은 부동산의 구성요소가 전체에 기여하는 정도가 가장 큰 사용방법을 선택해야 한다는 점에서 용도의 다양성, 병합·분할의 가능성 등이 그 성립근거가 된다.
④ 부동산의 가격도 경쟁에 의해 결정되며, 경쟁이 있으므로 초과이윤이 소멸되고 대상부동산은 그 가격에 적합한 가격을 갖게 되는데, 이를 경쟁의 원칙이라 한다.
⑤ 변동의 원칙은 부동산의 자연적 특성인 영속성과 인문적 특성인 용도의 다양성, 위치의 가변성 등을 성립근거로 한다.

**해설▸** 부동산을 둘러싼 외부환경과의 균형을 중요시하는 원칙은 적합의 원칙이다.

**정답▸** ②

## 06 감정평가의 분류 및 부동산 가격의 제 원칙에 관한 설명 중 (  )에 들어갈 내용으로 옳은 것은? [제22회]

- 1필의 토지 일부분이 도시계획시설에 저촉되어 수용될 경우 저촉부분에 대해 보상평가를 하는 것은 ( ㉠ )이다.
- 도심지역의 공업용지가 동일한 효용을 가지고 있는 외곽지역의 공업용지보다 시장가격이 더 높은 현상은 ( ㉡ )에 의해서 설명 가능하다.

① ㉠ – 부분평가, ㉡ – 기회비용의 원칙
② ㉠ – 부분평가, ㉡ – 균형의 원칙
③ ㉠ – 구분평가, ㉡ – 경쟁의 원칙
④ ㉠ – 구분평가, ㉡ – 기회비용의 원칙
⑤ ㉠ – 구분평가, ㉡ – 균형의 원칙

**해설▸** ㉠ 도시계획시설에 저촉되어 수용되는 경우 저촉부분에 대해 평가를 하는 경우 이것은 부분평가에 해당한다.
㉡ 도심지역의 경우 공업용지로의 사용에 대한 기회비용이 외곽지역에 대한 공업용지로의 사용에 대한 기회비용보다 더 크므로 도심지역의 시장가격이 더 높게 형성된다. 이 현상은 (기회비용의 원칙)에 의해서 설명 가능하다.

**정답▸** ①

## 07 감정평가 과정상 지역분석 및 개별분석에 관한 설명으로 옳은 것은? [제34회]

① 동일수급권(同一需給圈)이란 대상부동산과 대체·경쟁관계가 성립하고 가치 형성에 서로 영향을 미치는 관계에 있는 다른 부동산이 존재하는 권역(圈域)을 말하며, 인근지역과 유사지역을 포함한다.
② 지역분석이란 대상부동산이 속해 있는 지역의 지역요인을 분석하여 대상부동산의 최유효이용을 판정하는 것을 말한다.
③ 인근지역이란 대상부동산이 속한 지역으로서 부동산의 이용이 동질적이고 가치형성요인 중 개별요인을 공유하는 지역을 말한다.
④ 개별분석이란 대상부동산의 개별적 요인을 분석하여 해당 지역 내 부동산의 표준적 이용과 가격수준을 판정하는 것을 말한다.
⑤ 지역분석보다 개별분석을 먼저 실시하는 것이 일반적이다.

**해설▸** ② 지역분석이란 대상부동산이 속해 있는 지역의 지역요인을 분석하여 그 지역 내 부동산에 대한 표준적 사용을 판정하는 것이다.
③ 인근지역이란 대상부동산이 속한 지역으로서 부동산의 이용이 동질적이고 가치형성요인 중 지역요인을 공유하는 지역을 말한다.
④ 해당 지역 내 부동산의 표준적 이용과 가격수준을 판정하는 것은 지역분석이며, 개별분석이란 대상부동산의 개별요인을 분석하여 최유효이용을 판정하는 것이다.
⑤ 지역분석이 일반적으로 개별분석보다 선행된다.

**정답▸** ①

## 08 지역분석과 개별분석에 관한 설명으로 옳은 것은? [감평 4회]

① 지역분석은 일반적으로 개별분석에 선행하여 행하는 것으로 그 지역 내의 최유효이용을 판정하는 것이다.
② 인근지역이란 대상부동산이 속한 지역으로 부동산의 이용이 동질적이고 가치형성요인 중 개별요인을 공유하는 지역이다.
③ 유사지역이란 대상부동산이 속하지 아니하는 지역으로서 인근지역과 유사한 특성을 갖는 지역이다.
④ 개별분석이란 지역분석의 결과로 얻어진 정보를 기준으로 대상부동산의 가격을 표준화·일반화시키는 작업을 말한다.
⑤ 지역분석시에는 균형의 원칙에, 개별분석시에는 적합의 원칙에 더 유의하여야 한다.

**해설▸** ① 최유효이용 ⇨ 표준적이용
② 개별요인을 공유 ⇨ 지역요인을 공유
④ 표준화·일반화 ⇨ 개별화·구체화
⑤ 지역분석시에는 적합의 원칙, 개별분석시에는 균형의 원칙에 유의

**정답▸** ③

**09 감정평가에 관한 규칙에서 규정하고 있는 내용으로 옳지 않은 것은?** [감평 3회]

① 감정평가법인등이 자신의 능력으로 업무수행이 불가능한 경우 감정평가를 하여서는 아니 된다.
② 감정평가법인등이 감정평가조건의 합리성이 결여되었다고 판단할 때에는 감정평가 의뢰를 거부할 수 있다.
③ 유사지역이란 감정평가의 대상이 된 부동산이 속한 지역으로서 인근지역과 유사한 특성을 갖는 지역을 말한다.
④ 둘 이상의 대상물건 상호간에 용도상 불가분의 관계가 있는 경우에는 일괄하여 감정평가할 수 있다.
⑤ 기준시점을 미리 정하였을 때에는 그 날짜에 가격조사가 가능한 경우에만 기준 시점을 할 수 있다.

**해설▸** 유사지역이란 대상부동산이 속하지 아니하는 지역으로서 인근지역과 유사한 특성을 갖는 지역을 말한다(「감정평가에 관한 규칙」 제2조 제14호).

**정답▸** ③

| 36회 적중예상 핵심내용 | | | 기출 | | | | | | | |
|---|---|---|---|---|---|---|---|---|---|---|
| 테마 37 | 01 | 감정평가의 3방식과 7방법 | | | | | | | | |
| | 02 | 감칙 제8조~제13조: 절차 외<br>감칙 제14조~제25조: 물건별 감정평가 | 28 | | 30 | | | 33 | 34 | 35 |

## 01 감정평가의 3방식과 7방법

### 1. 감정평가의 3방식과 7방법

| 3방식 | 평가조건 | 7방법 | 시산가액<br>시산임료 | 적용대상 | 장·단점 |
|---|---|---|---|---|---|
| 원가방식<br>(비용성) | 가액 | 원가법 | 적산가격 | 상각자산<br>(건, 건, 항, 선) | ① 비시장성·비수익성 물건 (조성지, 매립지)<br>② 시장성이나 수익성 반영 안 됨 |
| | 임대료 | 적산법 | 적산임료 | | |
| 비교방식<br>(시장성) | 가액 | 거래사례비교법 | 비준가격 | 시장성 有 물건<br>맛동산 과자 일괄<br>입목(사례) 상장 | ① 가장 널리 이용, 이해 쉽고, 설득력 ↑<br>② 주관적(편차 大), 과거의 가격, 신뢰도↓ |
| | 임대료 | 임대사례비교법 | 비준임료 | | |
| | 가액 | 공시지가기준법 | 토지가격 | | |
| 수익방식<br>(수익성) | 가액 | 수익환원법 | 수익가격 | ~ 권,<br>재단, 기업가치<br>(수익성 有 물건) | ① 가장 이론적, 논리적, 합리적<br>② 신(新)·고(古) 구별 곤란 |
| | 임대료 | 수익분석법 | 수익임료 | | |

### 2. 감정평가 3방식과 7방법 공식

(1) 원가방식

① 원가법: 적산가격 = 재조달원가 − 감가누계액(감가수정)

② 적산법: 적산임료 = 기초가액 × 기대이율 + 필요제경비

(2) 비교방식

① 거래사례비교법: 비준가격 = 사례가격 × (사정보정 × 시점수정 × 지역요인비교 × 개별요인비교 × 면적)

② 임대사례비교법 : 비준임료 = 사례임료 × (사정보정 × 시점수정 × 지역요인비교 × 개별요인비교 × 면적)

③ 공시지가기준법 : 토지가격 = 표준지공시지가 × (시점수정 × 지역요인비교 × 개별요인비교 × 면적)

(3) 수익방식

① 수익환원법 : 수익가격 = $\frac{\text{순수익}}{\text{환원이율}}$

② 수익분석법 : 수익임료 = 순수익 + 필요제경비

### 3. 감정평가에 관한 규칙(물건별 감정평가)

| 대 상 | 원 칙 | 예 외 |
|---|---|---|
| 토 지 | 공시지가기준법 | 적정한 실거래가<br>: 거래사례비교법<br>임대료, 조성비용고려 |
| 건 물 | 원가법 | |
| 토지와 건물, 집합건물 일괄평가 | 거래사례비교법 | 토지와 건물가액 구분표시 가능 |
| 건설기계, 항공기, 선박 | 원가법 | 해체처분가액(효용가치 ×) |
| 자동차, 동산 | 거래사례비교법 | 해체처분가액(효용가치 ×) |
| 산 림 | 산지, 입목을 구분평가<br>입목 : 거래사례비교법 | 소경목림 : 원가법<br>일괄평가 : 거래사례비교법 |
| 영업권(무형자산), 광업재단 · 공장재단 | 수익환원법 | |
| 임대료 | 임대사례비교법 | |
| 상장주식, 상장채권 | 거래사례비교법 | 비상장채권은 수익환원법 |

| | |
|---|---|
| 공장재단 | 개별평가(원칙) ⇨ 공장재단을 구성하는 개별 물건의 감정평가액을 합산<br>* 토지평가액 + 건물평가액 + 기계평가액 + … |
| | 일괄평가(예외) ⇨ 수익환원법을 적용(계속적인 수익이 예상되는 경우) |
| 광업재단 | 수익환원법을 적용 |

| | | |
|---|---|---|
| 유가증권 | 상장주식, 상장채권 | 거래사례비교법을 적용 |
| | 비상장채권, 기업가치 | 수익환원법을 적용 |

☑ 물건별 감정평가방법

| 원가법 | 거래사례비교법 | 수익환원법 |
| --- | --- | --- |
| ㉠ 건물<br>㉡ 소경목림<br>㉢ 항공기<br>㉣ 선박<br>㉤ 건설기계<br>**암기법** 건물사서 성공하는게 소원 | ㉠ 토지와 건물의 일괄평가<br>㉡ 산지와 입목을 일괄평가<br>㉢ 입목<br>㉣ 과수원 : 토지+과수원<br>㉤ 자동차 ㉥ 동산<br>㉦ 상장주식 ㉧ 상장채권<br>**암기법** 맛동산 과자 일괄 입목(사례) 상장 | ㉠ 무형자산 : 영업권, ~권<br>㉡ 광업재단 : 광업권+광물채굴 설비 등<br>㉢ 공장재단(합산, 계속수익예상 일괄)<br>㉣ 비상장채권<br>㉤ 기업가치<br>**암기법** 권, 재단, 기업가치 |

**제10조 【대상물건의 확인】** ① 감정평가법인등이 감정평가를 할 때에는 실지조사를 하여 대상물건을 확인해야 한다.

② 감정평가법인등은 실지조사를 하지 않고도 객관적이고 신뢰할 수 있는 자료를 충분히 확보할 수 있는 경우에는 실지조사를 하지 않을 수 있다.

**제25조 【소음 등으로 인한 대상물건의 가치하락분에 대한 감정평가】** 감정평가법인등은 소음 · 진동 · 일조침해 또는 환경오염 등(이하 "소음등"이라 한다)으로 대상물건에 직접적 또는 간접적인 피해가 발생하여 대상물건의 가치가 하락한 경우 그 가치하락분을 감정평가할 때에 소음등이 발생하기 전의 대상물건의 가액 및 원상회복비용 등을 고려해야 한다.

☑ 감정평가에 관한 규칙(2023년 9월 14일 시행)

**제21조 【동산의 감정평가】** ① 감정평가법인등은 동산을 감정평가할 때에는 거래사례비교법을 적용해야 한다. 다만, 본래 용도의 효용가치가 없는 물건은 해체처분가액으로 감정평가할 수 있다.

② 제1항 본문에도 불구하고 기계 · 기구류를 감정평가할 때에는 원가법을 적용해야 한다.

## 4. 시산가액

### (1) 시산가액의 의의

① 시산가액은 원가법, 거래사례비교법, 수익환원법에 의해 산출된 적산가액, 비준가액, 수익가액을 의미한다.

② 시산가액은 최종평가액이 아니라 최종평가액이 되기 전(前) 중간과정으로서의 가격이다.

(2) 시산가액의 조정

① 부동산시장은 불완전경쟁시장이므로 평가 3방식에 의한 부동산의 시산가액은 각각 다르게 된다.

② 대상부동산의 최종평가액을 결정하기 위해서는 시산가액의 조정이 필요하다.

③ 시산가액의 조정은 주된 방식과 부수방식의 가중평균치로 계산한다.

④ 시산가액의 조정에 사용되는 자료에는 확인자료, 요인자료, 사례자료 등이 있다.

참고 조성비용은 원가방식, 거래사례비교법은 비교방식, 임대료는 수익방식의 가중치를 적용한다.

### ☑ 감정평가에 관한 규칙

**제12조 【감정평가방법의 적용 및 시산가액 조정】**

① 감정평가법인등은 대상물건별로 정한 감정평가방법의 주된 방법을 적용하여 감정평가하여야 한다. 다만, 주된 방법을 적용하는 것이 곤란하거나 부적절한 경우에는 다른 감정평가방법을 적용할 수 있다.

② 감정평가법인등은 대상물건의 감정평가액을 결정하기 위하여 어느 하나의 감정평가방법을 적용하여 산정한 시산가액을 다른 감정평가방식에 속하는 하나 이상의 감정평가방법으로 산출한 시산가액과 비교하여 합리성을 검토하여야 한다. 다만, 대상물건의 특성 등으로 인하여 다른 감정평가방법을 적용하는 것이 곤란하거나 불필요한 경우에는 그러하지 아니하다(이 경우 공시지가기준법과 그 밖의 비교방식에 속한 감정평가방법은 서로 다른 감정평가방식에 속한 것으로 본다).

③ 감정평가법인등은 제2항에 따른 검토 결과 제1항에 따라 산출한 시산가액의 합리성이 없다고 판단되는 경우에는 주된 방법 및 다른 감정평가방법으로 산출한 시산가액을 조정하여 감정평가액을 결정할 수 있다.

| VS | 시산가액 | 적산 · 비준 · 수익가액, 전, 중간과정 | vs | 최종평가액 | 시산가액조정, 가중평균 |
|---|---|---|---|---|---|

▶ **출제 포인트** **시산가액의 조정**

1. **시산가액** : 적산가액, 비준가액, 수익가액(최종평가액이 되기 전의 중간과정의 가액)
2. 시산가액을 조정하여 최종평가액 산정, 시산가액 조정시 가중평균(산술평균 ×)

**01 감정평가에 관한 규칙에 규정된 내용으로 틀린 것은?** [제33회]

① 기준시점이란 대상물건의 감정평가액을 결정하는 기준이 되는 날짜를 말한다.
② 하나의 대상물건이라도 가치를 달리하는 부분은 이를 구분하여 감정평가할 수 있다.
③ 거래사례비교법은 감정평가방식 중 비교방식에 해당되나, 공시지가기준법은 비교방식에 해당되지 않는다.
④ 감정평가법인등은 대상물건별로 정한 감정평가방법(이하 "주된 방법"이라 함)을 적용하여 감정평가하되, 주된 방법을 적용하는 것이 곤란하거나 부적절한 경우에는 다른 감정평가방법을 적용할 수 있다.
⑤ 감정평가법인등은 감정평가서를 감정평가 의뢰인과 이해관계자가 이해할 수 있도록 명확하고 일관성 있게 작성해야 한다.

**해설▸** ③ 거래사례비교법은 감정평가방식 중 비교방식에 해당되며, 공시지가기준법도 비교방식에 해당된다.

**정답▸** ③

**02 감정평가에 관한 규칙상 시산가액 조정에 관한 설명으로 옳지 않은 것은?** [감평 4회]

① 평가대상물건별로 정한 감정평가방법을 적용하여 산정한 가액을 시산가액이라 한다.
② 평가대상물건의 시산가액은 감정평가 3방식 중 다른 감정평가방식에 속하는 하나 이상의 감정평가방법으로 산정한 시산가액과 비교하여 합리성을 검토하여야 한다.
③ 시산가액 조정시 공시지가기준법과 거래사례비교법은 같은 감정평가방식으로 본다.
④ 대상물건의 특성 등으로 인하여 다른 감정평가방법을 적용하는 것이 곤란하거나 불필요한 경우에는 시산가액 조정을 생략할 수 있다.
⑤ 산출한 시산가액의 합리성이 없다고 판단되는 경우에는 주된 방법 및 다른 감정평가방법으로 산출한 시산가액을 조정하여 감정평가액을 결정할 수 있다.

**해설▸** 시산가액 조정시 공시지가기준법과 그 밖의 비교방식에 속한 감정평가방법은 서로 다른 방식에 속한 것으로 본다.

> **제12조【감정평가방법의 적용 및 시산가액 조정】**
> ① 감정평가법인등이 제14조부터 제26조까지의 규정에서 대상물건별로 정한 감정평가방법(이하 "주된 방법"이라 한다)을 적용하여 감정평가하여야 한다. 다만, 주된 방법을 적용하는 것이 곤란하거나 부적절한 경우에는 다른 감정평가방법을 적용할 수 있다.
> ② 감정평가법인등이 대상물건의 감정평가액을 결정하기 위하여 제1항에 따라 어느 하나의 감정평가방법을 적용하여 산정(算定)한 가액[이하 "시산가액(試算價額)"이라 한다]을 제11조 각 호의 감정평가방식 중 다른 감정평가방식에 속하는 하나 이상의 감정평가방법(이 경우 공시지가기준법과 그 밖의 비교방식에 속한 감정평가방법은 서로 다른 감정평가방식에 속한 것으로 본다)으로 산출한 시산가액과 비교하여 합리성을 검토하여야 한다. 다만, 대상물건의 특성 등으로 인하여 다른 감정평가방법을 적용하는 것이 곤란하거나 불필요한 경우에는 그러하지 아니하다.
> ③ 감정평가법인등이 제2항에 따른 검토 결과 제1항에 따라 산출한 시산가액의 합리성이 없다고 판단되는 경우에는 주된 방법 및 다른 감정평가방법으로 산출한 시산가액을 조정하여 감정평가액을 결정할 수 있다.

**정답▸** ③

## 03 감정평가에 관한 규칙상 감정평가방법에 관한 설명으로 틀린 것은? [제16회]

① 건물의 주된 평가방법은 원가법이다.
② 「집합건물의 소유 및 관리에 관한 법률」에 따른 구분소유권의 대상이 되는 건물부분과 그 대지사용권을 일괄하여 감정평가하는 경우 거래사례비교법을 주된 평가방법으로 적용한다.
③ 임대료를 평가할 때는 적산법을 주된 평가방법으로 적용한다.
④ 영업권, 특허권 등 무형자산은 수익환원법을 주된 평가방법으로 적용한다.
⑤ 자동차의 주된 평가방법과 선박 및 항공기의 주된 평가방법은 다르다.

**해설▸** 감정평가법인등은 임대료를 감정평가할 때에 임대사례비교법을 적용하여야 한다.[감정평가에 관한 규칙 제22조(임대료의 감정평가)]

**정답▸** ③

**04 감정평가에 관한 규칙상 감정평가에 관한 설명으로 옳지 않은 것은?** [감평 1회]

① 토지를 감정평가할 때에 감정평가 및 감정평가사에 관한 법률에 따라 공시지가기준법을 적용하여야 한다.
② 공시지가기준법에 따라 토지를 감정평가할 때에는 비교표준지 선정, 시점수정 지역요인 비교, 개별요인 비교, 그 밖의 요인 보정의 순서에 따라야 한다.
③ 건물을 감정평가할 때에 원가법을 원칙적으로 적용하여야 한다.
④ 과수원을 감정평가할 때에 수익환원법을 원칙적으로 적용하여야 한다.
⑤ 자동차를 감정평가할 때에 거래사례비교법을 원칙적으로 적용하여야 하나, 본래 용도의 효용가치가 없는 물건은 해체처분가액으로 감정평가할 수 있다.

**해설▸** 과수원을 감정평가할 때에 거래사례비교법을 원칙적으로 적용하여야 한다.
**정답▸** ④

**05 감정평가에 관한 규칙상 대상물건별로 정한 감정평가방법(주된 방법)이 수익환원법인 대상물건은 모두 몇 개인가?** [제34회]

| | |
|---|---|
| • 상표권 | • 임대료 |
| • 저작권 | • 특허권 |
| • 과수원 | • 기업가치 |
| • 광업재단 | • 실용신안권 |

① 2개 ② 3개 ③ 4개
④ 5개 ⑤ 6개

**해설▸** ⑤ 상표권, 저작권, 특허권, 기업가치, 광업재단, 실용신안권은 수익환원법으로 평가한다. 임대료는 임대사례비교법을 적용하며, 과수원은 거래사례비교법을 적용해야 한다.
**정답▸** ⑤

**06 감정평가에 관한 규칙상 대상물건별로 정한 감정평가방법**(주된 감정평가방법)**에 관한 설명으로 옳은 것을 모두 고른 것은?** [제35회]

> ㉠ 건물의 주된 감정평가방법은 원가법이다.
> ㉡ 「집합건물의 소유 및 관리에 관한 법률」에 따른 구분소유권의 대상이 되는 건물부분과 그 대지사용권을 일괄하여 감정평가하는 경우의 주된 감정평가방법은 거래사례비교법이다.
> ㉢ 자동차와 선박의 주된 감정평가방법은 거래사례비교법이다. 다만, 본래 용도의 효용가치가 없는 물건은 해체처분가액으로 감정평가할 수 있다.
> ㉣ 영업권과 특허권의 주된 감정평가방법은 수익분석법이다.

① ㉠, ㉡ ② ㉡, ㉣ ③ ㉠, ㉡, ㉢
④ ㉠, ㉡, ㉣ ⑤ ㉠, ㉢, ㉣

**해설▸** ① 옳은 것은 ㉠, ㉡이다.
㉢ 선박의 주된 감정평가방법은 원가법이다.
㉣ 영업권과 특허권의 주된 감정평가방법은 수익환원법이다.

**정답▸** ①

| 36회 적중예상 핵심내용 | | | 기출 | | | | | | | |
|---|---|---|---|---|---|---|---|---|---|---|
| 테마 38 | 01 | 원가방식, 원가법(이론문제)(계산문제16) | 28 | 29 | | 31 | 32 | 33 | 34 | 35 |
| | 02 | 수익방식, 수익환원법(이론문제)(계산문제17) | 28 | | 30 | | 32 | 33 | | 35 |

## 01 원가방식, 원가법(이론문제)(계산문제16)

**1. 원가법의 산식** : '적산가격 = 재조달원가 − 감가누계액(감가수정)'

원가법이란 대상물건의 재조달원가에 감가수정을 하여 대상물건의 가액을 산정하는 감정평가방법을 말한다. **암기법** 원재감

**2. 재조달원가**

재조달원가는 대상물건을 일반적인 방법으로 생산하거나 취득하는 데 드는 비용으로 하되, 제세공과금도 포함된다.

① 의의 : 기준시점, 일반적 방법, 신축비용, 적산가격의 상한선(재조달원가 ≥ 적산가격)

② 종류 : 복제원가(물리적, 최근, 물·기·경 감가) | 대치원가(효용적, 오래된, 물·×·경 감가)

**참고** 대치원가는 기능적 감가가 없다.

③ 산정기준 : 도급건설 기준

㉠ 건설비용(직접·간접 공사비, 수급인 이윤) + ㉡ 부대비용(이자, 감독비, 조세, 감독비)

④ 산정방법 : 직접법, 간접법(병용 가능)

㉠ 총가격적산법 ㉡ 부분별 단가적용법 ㉢ 단위비교법 ㉣ 변동률적용법

**3. 감가수정**

① 감가요인 : 물리적(마멸, 손상, 파손, 노후화 − 변동의 원칙), 기능적(설계, 설비, 형식, 디자인, 외관 − 균형의 원칙), 경제적(인근, 부근, 시장성 감퇴 − 적합의 원칙)

② 감가수정방법 : 내용연수에 의한 방법(률·액·기), 관찰감가법(주관), 분해법, 시장추출법, 임대료손실환원법

③ 정률법 : 상각잔고에 상각률 적용, 후기로 갈수록 상각액이 체감(상각률 불변)

④ 초기 감가액 : 정률법 > 정액법 > 상환기금법

⑤ 감가수정과 감가상각 비교

- 감가수정(부동산평가) : 실제 가치감소분 반영
- 감가상각(기업회계) : 발생비용의 형식적 기간배분

## 4. 적산법 ✚암기법 적산기기필임

적산임료 = 기초가액 × 기대이율 + 필요제경비

적산법이란 대상물건의 기초가액에 기대이율을 곱하여 산정된 기대수익에 대상물건을 계속하여 임대하는 데에 필요한 경비를 더하여 대상물건의 임대료를 산정하는 감정평가방법을 말한다.

**01 다음 자료를 활용하여 산정한 A건물의 m²당 재조달원가는?** [제20회]

- A건물은 10년 전에 준공된 4층 건물이다.
  (대지면적 400m², 연면적 1,250m²)
- A건물의 준공 당시 공사비 내역(단위 : 천원)
  직접공사비 : 270,000
  간접공사비 : 30,000
  공사비 계 : 300,000
  개발사업자의 이윤 : 60,000
  총계 : 360,000
- 10년 전 건축비지수 100, 기준시점 현재 135

① 388,800원/m²
② 324,000원/m²
③ 288,000원/m²
④ 240,000원/m²
⑤ 216,000원/m²

**해설▸** 10년 전 공사비 = 직접공사비 + 간접공사비 + 개발사업자의 이윤 = 360,000천원

1. 기준시점 현재 360,000천원 $\times \frac{135}{100}$ = 486,000천원

2. m²당 재조달원가 = $\frac{486{,}000\text{천원}}{1{,}250\text{m}^2}$ = 388,800원/m²

**계산기▸** 360,000,000 × 1.35 ÷ 1,250 =

**정답▸** ①

## 02 감가수정에 관한 설명으로 옳은 것을 모두 고른 것은? [제33회]

㉠ 감가수정과 관련된 내용연수는 경제적 내용연수가 아닌 물리적 내용연수를 의미한다.
㉡ 대상물건에 대한 재조원가를 감액할 요인이 있는 경우에는 물리적 감가, 기능적 감가, 경제적 감가 등을 고려한다.
㉢ 감가수정방법에는 내용연수법, 관찰감가법, 분해법 등이 있다.
㉣ 내용연수법으로는 정액법, 정률법, 상환기금법이 있다.
㉤ 정률법은 매년 일정한 감가율을 곱하여 감가액을 구하는 방법으로 매년 감가액이 일정하다.

① ㉠, ㉡
② ㉡, ㉢
③ ㉢, ㉣
④ ㉡, ㉢, ㉣
⑤ ㉢, ㉣, ㉤

**해설▸** ④ 옳은 지문은 ㉡, ㉢, ㉣이다.
㉠ 감가수정과 관련된 내용연수는 경제적 내용연수를 의미한다.
㉤ 정률법은 매년 일정한 감가율을 곱하여 감가액을 구하는 방법으로 매년 감가액은 첫 해가 가장 크고 기간이 경과할수록 체감한다.

**정답▸** ④

## 03 원가법에서의 재조달원가에 관한 설명으로 틀린 것은? [제35회]

① 재조달원가란 대상물건을 기준시점에 재생산하거나 재취득하는 데 필요한 적정원가의 총액을 말한다.
② 총량조사법, 구성단위법, 비용지수법은 재조달원가의 산정방법에 해당한다.
③ 재조달원가는 대상물건을 일반적인 방법으로 생산하거나 취득하는 데 드는 비용으로 하되, 제세공과금은 제외한다.
④ 재조달원가를 구성하는 표준적 건설비에는 수급인의 적정이윤이 포함된다.
⑤ 재조달원가를 구할 때 직접법과 간접법을 병용할 수 있다.

**해설▸** ③ 제세공과금은 제외한다. ⇨ 제세공과금을 포함한다.

**정답▸** ③

**04 감정평가에 관한 규칙상 용어 정의로 틀린 것은?** [제24회]

① 시장가치는 감정평가의 대상이 되는 토지 등이 통상적인 시장에서 충분한 기간 동안 거래를 위하여 공개된 후 그 대상물건의 내용에 정통한 당사자 사이에 신중하고 자발적인 거래가 있을 경우 성립될 가능성이 가장 높다고 인정되는 대상물건의 가액을 말한다.

② 동일수급권은 대상부동산과 대체 · 경쟁관계가 성립하고 가치 형성에 서로 영향을 미치는 관계에 있는 다른 부동산이 존재하는 권역을 말하며, 인근지역과 유사지역을 포함한다.

③ 기준시점은 대상물건의 감정평가액을 결정하는 기준이 되는 날짜를 말한다.

④ 적산법은 대상물건의 기초가액에 기대이율을 곱하여 산정된 기대수익에 대상물건을 계속하여 임대하는 데에 필요한 경비를 더하여 대상물건의 임대료를 산정하는 감정평가방법을 말한다.

⑤ 감가수정이란 대상물건에 대한 재조달원가를 감액하여야 할 요인이 있는 경우에 물리적 감가, 기능적 감가 또는 경제적 감가 등을 고려하여 그에 해당하는 금액을 재조달원가에 가산하여 기준시점에 있어서의 대상물건의 가액을 적정화하는 작업을 말한다.

**해설▸** 감가수정은 재조달원가에 감가수정액을 가산하는 것이 아니라 재조달원가에서 차감하여 계산한다.

**정답▸** ⑤

**05 감정평가에 관한 규칙에 규정된 내용으로 틀린 것은?** [제34회]

① 수익분석법이란 대상물건의 기초가액에 기대이율을 곱하여 산정된 기대수익에 대상물건을 계속하여 임대하는 데에 필요한 경비를 더하여 대상물건의 임대료를 산정하는 감정평가방법을 말한다.

② 가치형성요인이란 대상물건의 경제적 가치에 영향을 미치는 일반요인, 지역요인 및 개별요인 등을 말한다.

③ 감정평가법인등은 법령에 다른 규정이 있는 경우에는 기준시점의 가치형성요인 등을 실제와 다르게 가정하거나 특수한 경우로 한정하는 조건을 붙여 감정평가할 수 있다.

④ 일체로 이용되고 있는 대상물건의 일부분에 대하여 감정평가하여야 할 특수한 목적이나 합리적인 이유가 있는 경우에는 그 부분에 대하여 감정평가할 수 있다.

⑤ 감정평가법인등은 법령에 다른 규정이 있는 경우에는 대상물건의 감정평가액을 시장가치 외의 가치를 기준으로 결정할 수 있다.

**해설▸** ①은 적산법에 대한 설명이다.

**정답▸** ①

**06 다음 자료를 활용하여 원가법으로 산정한 대상건물의 시산가액은?** (단, 주어진 조건에 한함)

[제34회]

- 대상건물 현황: 철근콘크리트조, 단독주택, 연면적 250m²
- 기준시점: 2023.10.28.
- 사용승인일: 2015.10.28.
- 사용승인일의 신축공사비: 1,200,000원/m²(신축 공사비는 적정함)
- 건축비지수(건설공사비지수)
  - 2015.10.28.: 100
  - 2023.10.28.: 150
- 경제적 내용연수: 50년
- 감가수정방법: 정액법
- 내용연수 만료시 잔존가치 없음

① 246,000,000원 ② 252,000,000원
③ 258,000,000원 ④ 369,000,000원
⑤ 378,000,000원

**해설▸** 적산가격 = 재조달원가 − 감가누계액

- 재조달원가 ⇨ 비용지수법으로 계산
  1,200,000원 × (150/100) = 1,800,000원/m²
  250m² × 1,800,000원 = 4억 5,000만원
- 감가누계액 ⇨ 정액법으로 계산
  매년감가액 = 4억 5,000만원/50년 = 900만원
  감가누계액 = 900만원 × 8년 = 7,200만원

∴ 적산가격 = 4억 5,000만원 − 7,200만원 = 3억 7,800만원

**계산기▸** 450,000,000 (메모) ÷ 50 × 8 − 450,000,000 =

**정답▸** ⑤

## 02 수익방식, 수익환원법(이론문제)(계산문제17)

### 1. 수익환원법

수익환원법이랑 대상물건이 장래 산출한 것으로 기대되는 순수익이나 미래의 현금흐름을 환원하거나 할인하여 대상물건의 가액을 산정하는 감정평가방법을 말한다.

⇨ 수익가격 $= \dfrac{\text{순수익}}{\text{환원이율}}$

### 2. 환원이율

① 자본수익률(할인율) + 자본회수율(상각률)

② $\dfrac{\text{순영업소득}}{\text{가격}}$

③ 저당상수 × 부채감당률 × 대부비율

④ 순수이율 + 위험률

### 3. 자본환원율(환원이율) : 총투자액에 대한 순영업소득의 비율이다. 이론문제로 나올 때에는 자본환원율은 요구수익률로 해석한다.

## 기출문제

1. 자본의 기회비용을 반영하므로, 자본시장에서 시장금리가 상승하면 함께 상승한다. (○)
2. 부동산자산이 창출하는 순영업소득에 해당자산의 가격을 곱한 값이다. (×)
3. 자산가격 상승에 대한 투자자들의 기대를 반영한다. (○)
4. 자본환원율이 상승하면 자산가격이 상승한다. (×)
5. 프로젝트의 위험이 높아지면 자본환원율도 상승한다. (○)
6. 자본환원율은 자본의 기회비용을 반영하며, 금리의 상승은 자본환원율을 높이는 요인이 된다. (○) [제33회]
7. 순영업소득(NOI)이 일정할 때 투자수요의 증가로 인한 자산가격 상승은 자본환원율을 높이는 요인이 된다. (×) [제33회]
8. 투자위험의 감소는 자본환원율을 낮추는 요인이 된다. (○) [제33회]
9. 부동산시장이 균형을 이루더라도 자산의 유형, 위치 등 특성에 따라 자본환원율이 서로 다른 부동산들이 존재할 수 있다. (○) [제33회]

산정방법 : 환원이율의 산정방법 : 조. 시. 투. 엘. 부 **암기법** 조씨가 12명

| | |
|---|---|
| 1. 시장추출법 | 최근에 거래된 유사부동산에서 도출 |
| 2. 조성법<br>(요소구성법) | 환원이율 = 순수이율 + 위험률, 요구수익률 산정과 유사, 주관개입 |
| 3. 투자결합법 | ① 물리적 투자결합법 : 순수익을 발생하는 능력은 토지와 건물이 서로 다르며, 분리될 수 있다는 가정하에 근거하여 성립<br>개별환원이율을 가중평균해서 종합환원이율 도출한다.<br>－토지환원율 × 토지가격구성비 + 건물환원율 × 건물가격구성비<br>② 금융적 투자결합법 : 저당투자자의 요구수익률과 지분투자자의 요구수익률이 서로 다르며, 분리할 수 있다는 가정하에 근거하여 성립<br>－저당환원율 × 대부비율 + 지분환원율 × 지분비율 |
| 4. 엘우드법<br>(저당지분환원법) | 지분투자자(차입자) 입장, 매기간의 현금수지, 가치변화분, 지분형성분 세전현금수지 기준(저당 고려, 세금 불고려) |
| 5. 부채감당법 | ㉠ 저당투자자의 입장에서 환원이율을 구하는 방법이다.<br>㉡ 환원이율 = 저당상수 × 부채감당률 × 대부비율<br>**암기법** 저당 · 감당 · 대? 저부대 |

## 4. 수익분석법

수익임료 = 순수익 + 필요제경비

수익분석법이란 일반기업 경영에 의하여 산출된 총수익을 분석하여 대상물건이 일정한 기간에 산출할 것으로 기대되는 순수익에 대상물건을 계속하여 임대하는 데에 필요한 경비를 더하여 대상물건의 임대료를 산정하는 감정평가방법을 말한다.

**07 자본환원율에 관한 설명으로 틀린 것은?** (단, 다른 조건은 동일함) [제33회]

① 자본환원율은 시장추출법, 조성법, 투자결합법 등을 통해 구할 수 있다.
② 자본환원율은 자본의 기회비용을 반영하며, 금리의 상승은 자본환원율을 높이는 요인이 된다.
③ 순영업소득(NOI)이 일정할 때 투자수요의 증가로 인한 자산가격 상승은 자본환원율을 높이는 요인이 된다.
④ 투자위험의 감소는 자본환원율을 낮추는 요인이 된다.
⑤ 부동산시장이 균형을 이루더라도 자산의 유형, 위치 등 특성에 따라 자본환원율이 서로 다른 부동산들이 존재할 수 있다.

**해설▸** ③ (자본환원율 = 순영업소득/부동산가격)이므로 순영업소득(NOI)이 일정할 때 자산가격이 상승하면 자본환원율은 낮아진다.

**정답▸** ③

**08 자본환원율에 관한 설명으로 틀린 것은?** (단, 다른 조건은 동일함) [제35회]

① 자본환원율은 순영업소득을 부동산의 가격으로 나누어 구할 수 있다.
② 부동산시장이 균형을 이루더라도 자산의 유형, 위치 등 특성에 따라 자본환원율이 서로 다른 부동산들이 존재할 수 있다.
③ 자본환원율은 자본의 기회비용을 반영하며, 금리의 상승은 자본환원율을 낮추는 요인이 된다.
④ 투자위험의 증가는 자본환원율을 높이는 요인이 된다.
⑤ 서로 다른 유형별, 지역별 부동산시장을 비교하여 분석하는데 활용될 수 있다.

**해설▸** ③ 금리의 상승은 자본환원율을 낮추는 요인 ⇨ 금리의 상승은 자본환원율을 높이는 요인

**정답▸** ③

**09 수익방식의 자본환원이율을 결정하는 방법이다. 옳은 것은?** [제25회]

① 시장추출법은 대상부동산과 유사한 최근의 매매사례를 분석하여 직접 자본환원율을 추정하는 방법이다.

② 조성법(요소구성법)이란 대상부동산에 관한 위험을 여러 가지 구성요소로 분해하고 개별적인 위험에 따라 위험할증률을 더해감으로써 환원이율을 구하는 방법으로 객관적이다.

③ 물리적 투자결합법은 토지와 건물의 수익이 동일하며, 분리될 수 없다는 것에 착안하여 환원이율을 구하는 방법이다.

④ 엘우드법은 저당투자자의 입장에서 환원이율을 구할 때 매기간의 현금수지, 가치변화분, 지분형성분을 고려하는 방법이다.

⑤ 부채감당법이란 지분투자자의 입장에서 대상부동산의 순수익이 과연 매기간 원금과 이자를 지불할 수 있느냐 하는 부채감당률에 근거하여 환원이율을 구하는 방법이다.

**해설▸** ② 객관적 ⇨ 주관적
③ 동일하며 ⇨ 다르며, 분리될 수 없다. ⇨ 분리될 수 있다.
④ 저당투자자 ⇨ 지분투자자
⑤ 지분투자자 ⇨ 저당투자자

**정답▸** ①

**10 감정평가에 관한 규칙상의 용어의 정의로 옳은 것은?** [제24회]

① '기준시점'이란 대상물건의 감정평가액을 결정하기 위해 현장조사를 완료한 날짜를 말한다.

② '유사지역'이란 대상부동산이 속한 지역으로서 부동산의 이용이 동질적이고 가치형성요인 중 지역요인을 공유하는 지역을 말한다.

③ '적산법'이란 대상물건의 재조달원가에 감가수정을 하여 대상물건의 가액을 산정하는 감정평가방법을 말한다.

④ '수익분석법'이란 대상물건이 장래 산출할 것으로 기대되는 순수익이나 미래의 현금흐름을 환원하거나 할인하여 대상물건의 가액을 산정하는 감정평가방법을 말한다.

⑤ '가치형성요인'이란 대상물건의 경제적 가치에 영향을 미치는 일반요인, 지역요인 및 개별요인 등을 말한다.

**해설▸** ① 현장조사를 완료한 날짜 ⇨ 가격조사를 완료한 날짜
② 유사지역 ⇨ 인근지역
③ 적산법 ⇨ 원가법
④ 수익분석법 ⇨ 수익환원법

**정답▸** ⑤

**11 감정평가에 관한 규칙상 용어의 정의로 옳지 않은 것은?** [2020년 감평]

① 기준시점이란 대상물건의 감정평가액을 결정하는 기준이 되는 날짜를 말한다.
② 가치형성요인이란 대상물건의 경제적 가치에 영향을 미치는 일반요인, 지역요인 및 개별요인 등을 말한다.
③ 동일수급권이란 대상부동산과 대체·경쟁 관계가 성립하고 가치 형성에 서로 영향을 미치는 관계에 있는 다른 부동산이 존재하는 권역을 말하며, 인근지역과 유사지역을 포함한다.
④ 임대사례비교법이란 대상물건과 가치형성요인이 같거나 비슷한 물건의 임대사례와 비교하여 대상물건의 현황에 맞게 사정보정, 시점수정, 가치형성요인 비교 등의 과정을 거쳐 대상물건의 임대료를 산정하는 감정평가방법을 말한다.
⑤ 수익분석법이란 대상물건이 장래 산출할 것으로 기대되는 순수익이나 미래의 현금흐름을 환원하거나 할인하여 대상물건의 가액을 산정하는 감정평가방법을 말한다.

**해설▸** ⑤ 수익분석법 ⇨ 수익환원법
- 수익환원법이란 대상물건이 장래 산출할 것으로 기대되는 순수익이나 미래의 현금흐름을 환원하거나 할인하여 대상물건의 가액을 산정하는 감정평가방법을 말한다.
- 수익분석법이란 일반기업 경영에 의하여 산출된 총수익을 분석하여 대상물건이 일정한 기간에 산출할 것으로 기대되는 순수익에 대상물건을 계속하여 임대하는 데에 필요한 경비를 더하여 대상물건의 임대료를 산정하는 감정평가방법을 말한다.

**정답▸** ⑤

**12 다음과 같은 조건에서 대상부동산의 수익가치 산정시 적용할 환원이율**(capitalization rate, %)**은?** [제24회]

- 순영업소득(NOI) : 연 30,000,000원
- 부채서비스액(debt service) : 연 15,000,000원
- 지분비율 : 대부비율 = 60% : 40%
- 대출조건 : 이자율 연 12%로 10년간 매년 원리금균등상환
- 저당상수(이자율 연 12%, 기간 10년) : 0.177

① 3.54 ② 5.31 ③ 14.16
④ 20.40 ⑤ 21.24

**해설▸** 부채감당법에 의한 환원이율 = 부채감당률($=\frac{\text{순영업소득}}{\text{부채서비스액}}$) × 대부비율 × 저당상수

$=\frac{3,000\text{만}}{1,500\text{만}}\times 0.4\times 0.177 = 0.1416(14.16\%)$

**계산기▸** 환원이율 = 저당상수(0.177) × 부채감당률(2) × 대부비율(0.4) = 0.1416

**정답▸** ③

**13 다음 자료를 활용하여 산정한 대상부동산의 수익가액은?** (단, 연간 기준이며, 주어진 조건에 한함) [제33회]

- 가능총소득(PGI) : 44,000,000원
- 공실손실상당액 및 대손충당금 : 가능총소득의 10%
- 운영경비(OE) : 가능총소득의 2.5%
- 대상부동산의 가치구성비율 : 토지(60%), 건물(40%)
- 토지환원율 : 5%, 건물환원율 : 10%
- 환원방법 : 직접환원법
- 환원율 산정방법 : 물리적 투자결합법

① 396,000,000원 ② 440,000,000원
③ 550,000,000원 ④ 770,000,000원
⑤ 792,000,000원

**해설▸** ③ 수익가격 = 순영업소득/환원이율 = 3,850만원/0.07 = 5억 5,000만원

- 순영업소득 계산
  가능총소득(4,400만원) − 공실손실상당액 및 대손충당금(440만원)
  = 유효조소득(3,960만원) − 운영경비(110만원) = 순영업소득(3,850만원)
- 물리적 투자결합법에 의한 환원이율 계산
  (토지비율 × 토지환원율) + (건물비율 × 건물환원율) = (60% × 5%) + (40% × 10%) = 0.07

**정답▸** ③

**14** **다음 자료에서 수익방식에 의한 대상부동산의 시산가액 산정시 적용된 환원율은?** (단, 연간 기준이며, 주어진 조건에 한함) [제35회]

- 가능총수익(PGI) : 50,000,000원
- 공실손실상당액 및 대손충당금 : 가능총수익(PGI)의 10%
- 운영경비(OE) : 가능총수익(PGI)의 20%
- 환원방법 : 직접환원법
- 수익방식에 의한 대상부동산의 시산가액 : 500,000,000원

① 7.0%　② 7.2%　③ 8.0%
④ 8.1%　⑤ 9.0%

**해설▸** 환원율(7.0%) = 순영업소득/수익가격 = 3,500만원/50,000만원

- 가능총수익(5,000만원) − 공실상당액 및 대손충당금(500만원) = 유효조소득(4,500만원)
  − 영업경비(1,000만원) = 순영업소득(3,500만원)

**정답▸** ①

| 36회 적중예상 핵심내용 | | | 기출 | | | | | | | |
|---|---|---|---|---|---|---|---|---|---|---|
| 테마 39 | 01 | 비교방식 이론 | | | | | | | | |
| | 02 | 비교방식(계산문제18) | 28 | 29 | 30 | 31 | 32 | 33 | 34 | 35 |

## 01 비교방식 이론

### 1. 의 의

① 공시지가기준(비교×)법 : 비교표준지의 공시지가를 기준으로 ~~시점수정, 지역요인 및 개별요인 비교, 그 밖의 요인의 보정을 거쳐 대상토지의 가액을 산정

② 거래사례비교법 : 거래사례와 비교하여 ~~사정보정, 시점수정, 가치형성요인 비교 등의 과정을 거쳐 대상물건의 가액을 산정하는 감정평가방법이다.

③ 임대사례비교법 : 임대사례와 비교하여 ~~사정보정, 시점수정, 가치형성요인 비교 등의 과정을 거쳐 대상물건의 임대료를 산정하는 감정평가방법이다.

### 2. 사례의 정상화(사례부동산의 상황을 대상부동산의 상황으로 바꾸는 작업이다)

① 정상화의 내용 : 사정보정, 시점수정, 지역요인비교, 개별요인비교, 면적비교 등

② 방법(상승식 – 수정치를 곱해나가는 방법) : 대상이 사례보다 5% 우세면(100% + 5%) 105%(1.05)를 곱하고, 대상이 사례보다 15% 열세(100%−15%)이면 85%(0.85)를 곱한다.

| | |
|---|---|
| $\frac{\text{분자}}{\text{분모}}$ $\frac{\text{대상부동산}}{\text{사례부동산}}$ $\frac{\text{기준시점}}{\text{거래시점}}$ | 1. ~은, ~는, ~이, ~가 ⇨ 조정<br>2. ~보다 ⇨ 100 |

단, 사정보정치의 경우에는 사례가 정상가격보다 10% 싸게 거래되었다면

⇨ $\frac{100}{90}$ (방법 : ×100 ÷ 90)을 곱한다. [제33회]

③ 사례를 인근지역에서 구한 경우에는 '지역요인비교'를 하지 않는다.

④ 공시지가기준법에서는 '사정보정'은 하지 않는다.

## 3. 공시지가기준법 : 토지가격의 산정(감칙)

| |
|---|
| 토지를 감정평가할 때에는 공시지가기준법을 적용하여야 한다. 즉, 감정평가법인등은 토지를 감정평가하는 경우에는 그 토지와 이용가치가 비슷하다고 인정되는 표준지공시지가를 기준으로 하여야 한다. 다만, 적정한 실거래가가 있는 경우에는 이를 기준으로 할 수 있다. 감정평가법인등은 적정한 실거래가를 기준으로 토지를 감정평가할 때에는 거래사례비교법을 적용하여야 한다. 단, 해당 토지의 임대료, 조성비용 등을 고려하여 감정평가할 수 있다. |

적정한 실거래가란 부동산 거래신고에 관한 법률에 따라 신고된 실제 거래가격으로서 거래시점이 도시지역은 3년 이내, 그 밖의 지역은 5년 이내인 거래가격 중에서 감정평가법인등은 인근지역의 지가수준 등을 고려하여 감정평가의 기준으로 적용하기에 적정하다고 판단하는 거래가격을 말한다.

### (1) 토지가격산정의 과정

| |
|---|
| ① 비교표준지 선정 ⇨ ② 시점수정 ⇨ ③ 지역요인 비교 ⇨ ④ 개별요인 비교 ⇨ ⑤ 그 밖의 요인 보정 |

① 공시지가기준법 적용 : 표준지공시지가 기준

② 거래사례비교법 적용 : 적정한 실거래가 기준

③ 임대료, 조성비용 기준

### (2) 토지가격의 산정

① 비교표준지 선정

㉠ 인근지역에 있는 표준지 선정(예외적으로 유사지역에 있는 표준지를 선정 가능)

㉡ 표준지공시지가를 기준으로 토지가격 산정시 사정보정을 하지 않는다.

② 시점수정 : 지가변동률을 적용하는 것이 불가능하거나 적절하지 아니한 경우에는 한국은행이 조사・발표하는 생산자물가지수에 따라 산정된 생산자물가상승률을 적용할 것

**01 감정평가법인등이 감정평가에 관한 규칙에 의거하여 공시지가기준법으로 토지를 감정평가하는 경우 필요항목을 순서대로 나열한 것은?** [제25회]

| | |
|---|---|
| ㉠ 비교표준지 선정 | ㉡ 감가수정 |
| ㉢ 감가상각 | ㉣ 사정보정 |
| ㉤ 시점수정 | ㉥ 지역요인 비교 |
| ㉦ 개별요인 비교 | ㉧ 면적요인 비교 |
| ㉨ 그 밖의 요인보정 | |

① ㉠ - ㉡ - ㉥ - ㉦ - ㉨
② ㉠ - ㉢ - ㉥ - ㉦ - ㉨
③ ㉠ - ㉣ - ㉤ - ㉥ - ㉨
④ ㉠ - ㉣ - ㉦ - ㉧ - ㉨
⑤ ㉠ - ㉤ - ㉥ - ㉦ - ㉨

**해설▸** ㉠ - ㉤ - ㉥ - ㉦ - ㉨이다(「감정평가에 관한 규칙」 제14조 ③항 참조).
**정답▸** ⑤

**02 감정평가에 관한 규칙의 내용으로 옳지 않은 것은?** [감평 2회]

① 대상물건에 대한 감정평가액은 시장가치를 기준으로 결정하나, 감정평가 의뢰인이 요청하는 경우 등에는 시장가치 외의 가치를 기준으로 결정할 수 있다.
② 적정한 실거래가는 부동산 거래신고에 관한 법률에 따라 신고된 실제 거래가격으로서 거래 시점이 도시지역은 3년 이내, 그 밖의 지역은 5년 이내인 거래가격 중에서 감정평가법인등이 인근지역의 지가수준 등을 고려하여 감정평가의 기준으로 적용하기에 적정하다고 판단하는 거래가격을 말한다.
③ 가치형성요인은 대상물건의 경제적 가치에 영향을 미치는 일반요인, 지역요인 및 개별요인 등을 말한다.
④ 시장가치는 감정평가의 대상이 되는 토지 등(이하 “대상물건”)이 통상적인 시장에서 충분한 기간 동안 거래를 위하여 공개된 후 그 대상물건의 내용에 정통한 당사자 사이에 신중하고 자발적인 거래가 있을 경우 성립될 가능성이 가장 높다고 인정되는 대상물건의 가액을 말한다.
⑤ 유사지역은 감정평가의 대상이 된 부동산이 속한 지역으로서 부동산의 이용이 동질적이고 가치형성요인 중 지역요인을 공유하는 지역을 말한다.

**해설▸** 유사지역 ⇨ 인근지역
**정답▸** ⑤

**03 다음 자료를 활용하여 거래사례비교법으로 산정한 대상토지의 감정평가액은?** (단, 주어진 조건에 한함) [제31회]

- 대상토지 : A시 B동 150번지, 토지 120m² 제3종 일반주거지역
- 기준시점 : 2018. 9. 1.
- 거래사례의 내역
  - 소재지 및 면적 : A시 B동 123번지, 토지 100m²
  - 용도지역 : 제3종 일반주거지역
  - 거래사례가격 : 3억원
  - 거래시점 : 2018. 3. 1.
  - 거래사례의 사정보정 요인은 없음
- 지가변동률(2018. 3. 1. ~ 9. 1.) : A시 주거지역 4% 상승함
- 지역요인 : 대상토지는 거래사례의 인근지역에 위치함
- 개별요인 : 대상토지는 거래사례에 비해 5% 열세함
- 상승식으로 계산할 것

① 285,680,000원
② 296,400,000원
③ 327,600,000원
④ 355,680,000원
⑤ 360,400,000원

**해설1▸** 대상토지의 감정평가액 $= 3\text{억원} \times \frac{104}{100} \times \frac{95}{100} \times \frac{120}{100}$

$= 3\text{억원} \times 1.04 \times 0.95 \times 1.2 = 355{,}680{,}000\text{원}$

**해설2▸** 거래사례를 정상적인 단가(m²)로 수정 : 300,000,000원/100m² = 3,000,000원/m²

**계산기▸** (거거지)거지가격 = 3,000,000원 × 1.04 × 0.95 × 120m² = 355,680,000원

**정답▸** ④

**04** **다음 자료를 활용하여 공시지가기준법으로 산정한 대상토지의 단위면적당 시산가액은? (단, 주어진 조건에 한함)** [제34회]

- 대상토지 현황 : A시 B구 C동 120번지, 일반상업지역, 상업용
- 기준시점 : 2023. 10. 28
- 표준지공시지가(A시 B구 C동, 2023.01.01. 기준)

| 기 호 | 소재지 | 용도지역 | 이용상황 |
|---|---|---|---|
| 1 | C동 110 | 준주거지역 | 상업용 |
| 2 | C동 130 | 일반상업지역 | 상업용 |

- 지가변동률(A시 B구, 2023. 01. 01 ~ 2023. 10. 28.)
  - 주거지역 : 3% 상승
  - 상업지역 : 5% 상승
- 지역요인 : 표준지와 대상토지는 인근지역에 위치하여 지역요인 동일함
- 개별요인 : 대상토지는 표준지 기호 1에 비해 개별요인 10% 우세하고, 표준지 기호 2에 비해 개별요인 3% 열세함
- 그 밖의 요인 보정 : 대상토지 인근지역의 가치형성요인이 유사한 정상적인 거래사례 및 평가사례 등을 고려하여 그 밖의 요인으로 50% 증액 보정함
- 상승식으로 계산할 것

① 6,798,000원/m²
② 8,148,000원/m²
③ 10,197,000원/m²
④ 12,222,000원/m²
⑤ 13,860,000원/m²

**해설▸** 대상토지가 일반상업지역에 상업용이므로 표준지도 기호 2번의 공시지가를 기준으로 계산한다.

- 지가변동률 = (1 + 0.05) = 1.05
- 개별요인비교 = 표준지 기호 2에 비해 3% 열세 ⇨ 97/100 = 0.97
- 그 밖에 요인 보정 = 50% 증액 보정 ⇨ 150/100 = 1.5
- 대상토지 시산가액 = 표준지공시지가 × 시점수정 × 지역요인비교 × 개별요인비교 × 그 밖의 요인보정

∴ 시산가액 = 8,000,000원 × 1.05 × 0.97 × 1.5 = 12,222,000원/m²

**정답▸** ④

**05 다음 자료를 활용하여 거래사례비교법으로 산정한 대상토지의 시산가액은?** (단, 주어진 조건에 한함) [제35회]

- 대상토지
  - 소재지 : A시 B구 C동 150번지
  - 용도지역 : 제3종일반주거지역
  - 이용상황, 지목, 면적 : 상업용, 대, 100m²
- 기준시점 : 2024.10.26.
- 거래사례
  - 소재지 : A시 B구 C동 120번지
  - 용도지역 : 제3종일반주거지역
  - 이용상황, 지목, 면적 : 상업용, 대, 200m²
  - 거래가액 : 625,000,000원(가격구성비율은 토지 80%, 건물 20%임)
  - 사정 개입이 없는 정상적인 거래사례임
  - 거래시점 : 2024.05.01.
- 지가변동률(A시 B구, 2024.05.01.~2024.10.26.) : 주거지역 4% 상승, 상업지역 5% 상승
- 지역요인 : 대상토지와 거래사례 토지는 인근지역에 위치함
- 개별요인 : 대상토지는 거래사례 토지에 비해 10% 우세함
- 상승식으로 계산

① 234,000,000원 ② 286,000,000원 ③ 288,750,000원
④ 572,000,000원 ⑤ 577,500,000원

해설 ▸

| | |
|---|---|
| • **대상토지**<br><br><br><br>• **기준시점** | • 대상토지<br>– 소재지 : A시 B구 C동 150번지<br>– 용도지역 : 제3종일반주거지역<br>– 이용상황, 지목, 면적 : 상업용, 대, $100m^2$<br>• 기준시점 : 2024.10.26 |
| • 거래사례**의 내역** | • 거래사례<br>– 소재지 : A시 B구 C동 120번지<br>– 용도지역 : 제3종일반주거지역<br>– 이용상황, 지목, 면적 : 상업용, 대, $200m^2$<br>– 거래가격 : 625,000,000원(가격 구성 비율은 토지 80%, 건물 20%임)<br>– 사정개입이 없는 정상적인 거래사례임<br>– 거래시점 : 2024.05.01 |
| • 지가변동**률**<br><br>• **지역요인**<br>• **개별요인** | • 지가변동률(A시 B구, 2024.05.01.~2024.10.26.)<br>: 주거지역 4% 상승, 상업지역 5% 상승<br>• 지역요인 : 대상토지와 거래사례 토지는 인근지역에 위치함<br>• 개별요인 : 대상토지는 거래사례 토지에 비해 10% 우세함 |

**계산기 활용** ▸ $625,000,000 \times 100 \div 200(\frac{100}{200}) \times 0.8$(토지가격구성비) $\times 1.04$(주거지역) $\times 1.1$(개별) $= 286,000,000$원

**정답** ▸ 286,000,000원

| 36회 적중예상 핵심내용 | | | 기출 | | | | | | | |
|---|---|---|---|---|---|---|---|---|---|---|
| 테마 40 | 01 | 부동산 가격공시제도 | 28 | 29 | 30 | 31 | 32 | 33 | 34 | 35 |

## 1. 부동산 가격공시제도

<table>
<tr><th colspan="3">구 분</th><th>공시주체</th><th>공시일자<br>(가격 기준일<br>1월 1일)</th></tr>
<tr><td colspan="2" rowspan="2">토지<br>(감정평가법인)<br>공시해야 한다.</td><td>1. 표준지공시지가<br>(심의기구)</td><td>국토교통부장관<br>(중앙부동산가격공시위원회)</td><td>2월 말일까지</td></tr>
<tr><td>2. 개별공시지가<br>(심의기구)</td><td>시・군・구청장<br>(시・군・구<br>부동산가격공시위원회)</td><td>5월 31일까지</td></tr>
<tr><td rowspan="3">주택<br>(한국부동산원)<br>공시해야 한다.</td><td rowspan="2">단독</td><td>3. 표준주택가격<br>(심의기구)</td><td>국토교통부장관<br>(중앙부동산가격공시위원회)</td><td>1월 31일까지</td></tr>
<tr><td>4. 개별주택가격<br>(심의기구)</td><td>시・군・구청장<br>(시・군・구<br>부동산가격공시위원회)</td><td>4월 30일까지</td></tr>
<tr><td>공동</td><td>5. 공동주택가격<br>(전수조사)<br>(심의기구)</td><td>국토교통부장관<br>(중앙부동산가격공시위원회)</td><td>4월 30일까지</td></tr>
<tr><td rowspan="3">비주거용<br>(감정 또는 한국)<br>공시할 수 있다.</td><td rowspan="2">일반</td><td>6. 표준부동산가격</td><td>국토교통부장관</td><td>1월 31일까지</td></tr>
<tr><td>7. 개별부동산가격</td><td>시・군・구청장</td><td>4월 30일까지</td></tr>
<tr><td>집합</td><td>8. 집합부동산가격<br>(전수조사)</td><td>국토교통부장관</td><td>4월 30일까지</td></tr>
</table>

**참고** 토지와 주택의 가격공시(1-5)는 필수적 평가로 반드시 공시하여야 하지만, 비주거용 부동산의 가격공시(6-8)는 임의적 평가로 반드시 공시하여야 하는 것은 아니고 공시할 수 있다.

### (1) 표준지 선정 기준

① 대표성(지가수준)
② 중용성(이용상황)
③ 확정성(확인용이)
④ 안정성(지속적)

### (2) 이의신청

① 이의가 있는 자
② 공시권자에게
③ 공시일로부터 30일 이내
④ 서면으로

### (3) 표준지 평가기준

① 적정가격
② 실제용도(공시기준일 현재)
③ 나지(독립, 조건부)평가
④ 공법상 제약 반영 ○
⑤ 개발이익 반영 ○

### (4) 표준지 공시사항(토지에 관한 사항만)

① 표준지의 지번
② 표준지의 단위면적당 가격
③ 표준지의 면적 및 형상
④ 표준지 및 주변토지의 이용상황
⑤ 대통령령이 정하는 사항 : 지목, 지리적 위치, 토지용도제한, 도로상황, 지세 등

### (5) 표준주택 공시사항(토지 + 건물에 관한 사항)

① 표준주택 지번
② 표준주택 가격
③ 표준주택 대지면적 및 형상
④ 지목, 지리적 위치, 도로상황, 용도제한
⑤ 표주주택 용도, 연면적, 구조, 사용승인일(임시사용승인일 포함)

**✔ 참고**

1. 표준지 공시사항에는 건물에 관한 사항(용도, 연면적, 구조, 사용승인일, 임시사용승인일)이 포함되지 않는다.
2. 표준지 또는 표준주택가격 공시사항에는 토지소유자, 건축허가일은 공시되지 않는다.

| 구 분 | 표준지공시지가 | 개별공시지가 |
| --- | --- | --- |
| 공 시 | ① 국토교통부장관이 공시<br>② 심의 : 중앙 부동산가격공시위원회<br>③ 공시기준일 : 1월 1일,<br>공시일 : 2월 말까지 | ① 시 · 군 · 구청장이 공시<br>② 심의 : 시 · 군 · 구 부동산가격공시위원회<br>③ 공시기준일 : 1월 1일,<br>공시일 : 5월 31일까지 |
| 평가 기준 | ① 적정가격 기준<br>② (공시기준일 현재)실제지목 및 실제용도 기준<br>③ 나지상정 기준(조건부, 독립평가)<br>④ 공법상 제한 받는 상태 기준<br>⑤ 개발이익으로 인한 지가상승분 등 고려 | ① 표준지공시지가를 기준으로 한 비교방식 적용<br>② 개별공시지가 산정 = 표준지공시지가 × 토지가격비준표상의 가격배율 |

| | | |
|---|---|---|
| 공시 내용 | 표준지의 지번, 단위면적당 가격, 면적 및 형상, 주변토지의 이용상황, 지목, 용도지역, 도로상황 | ① 개별토지의 지번<br>② 개별토지의 단위면적당 가격 |
| 효 력 | ① 토지시장의 정보제공<br>② 일반 토지거래의 지표<br>③ 국가업무, 토지수용시 보상금산정 기준<br>④ 감정평가법인등이 개별토지가격의 산정 기준<br>⑤ 개별공시지가 산정, 토지가격비준표 기준 | ☑ 참고 징수(3)<br>① 국세, 지방세 등 과세가격 산정 기준 (재산세, 종합부동산세)<br>② 각종 부담금 부과 기준<br>③ 사용료, 대부료 산정을 위한 기준 |

| 단독주택가격의 공시 | 공동주택가격의 공시 |
|---|---|
| 1. 표준주택가격공시<br>① 공시주체: 국토교통부장관<br>② 심의: 중앙 부동산가격공시위원회<br>③ 공시기준일: 1월 1일, 공시일: 1월 31일<br>④ 효력: 개별주택가격 산정기준(약22만호)<br>⑤ 공시내용: ㉠ 지번 ㉡ 가격 ㉢ 대지면적 및 형상 ㉣ 용도·연면적·구조·사용승인일(임시사용승인일) ㉤ 지목, 용도지역, 도로상황<br>☑ 참고 건축허가일 ×, 소유자 ×<br><br>2. 개별주택가격공시<br>① 공시주체: 시·군·구청장<br>② 심의: 시·군·구 부동산가격공시위원회<br>③ 공시기준일: 1월 1일, 공시일: 4월 30일<br>④ 효력: 주택시장의 가격정보 제공 및 과세기준<br>⑤ 공시내용: 개별주택의 ㉠ 지번, ㉡ 가격 | ① 공시주체: 국토교통부장관<br>② 심의: 중앙 부동산가격공시위원회<br>③ 공시기준일: 1월 1일, 공시일: 4월 30일<br>④ 효력: 주택시장가격정보제공 및 과세기준<br>⑤ 대상: 한국부동산원 전수조사(약900만호)<br>⑥ 공동주택의 공시사항<br>㉠ 지번<br>㉡ 가격<br>㉢ 면적<br>㉣ 명칭<br>㉤ 동, 호수<br>☑ 참고 공동주택가격공시는 표준주택과 개별주택으로 구분하지 않고 국토교통부장관이 공시한다(한국부동산원에서 전수조사함). |

▶ **출제 포인트** **부동산 가격공시제도**

1. ① 개별공시지가(사용료 · 대부료 · 과세 · 부담금) ② 표준지공시지가(그 외)
2. ① 표준주택가격 ⇨ 개별주택산정기준
   ② 개별주택가격 · 공동주택가격 ⇨ 가격정보제공, 과세기준
3. ① 단독**주택**: 표준주택과 개별주택으로 구분하여 공시
   ② 공동**주택**: 표준주택과 개별주택의 구분 없음
4. 표준지로 선정된 토지에 대해서는 당해 토지의 공시지가를 개별공시지가로 본다.
5. 표준주택으로 선정된 주택에 대하여는 당해 표준주택가격을 개별주택가격으로 본다.
6. **이의신청**: ① 이의가 있는 자 ② 공시권자에게 ③ 공시일로부터 30일 이내 ④ 서면으로

## 2. 기 타

### (1) 표준지공시지가 공시사항과 표준주택가격의 공시사항 비교

| 표준지공시지가의 공시사항(제5조) | 표준주택가격의 공시사항(제16조) |
|---|---|
| 1. 표준지의 지번<br>2. 표준지의 단위면적당 가격<br>3. 표준지의 면적 및 형상<br>4. 표준지 및 주변토지의 이용상황<br>5. 대통령령(지목, 용도지역, 도로상황) | 1. 표준주택의 지번<br>2. 표준주택가격<br>3. 표준주택의 대지면적 및 형상<br>4. 표준주택의 용도, 연면적, 구조 및 사용승인일(임시사용승인일을 포함한다)<br>5. 대통령령(지목, 용도지역, 도로상황) |

### (2) 공시기준일 이후 분할 · 합병 · 신축이 발생한 경우의 공시기준일과 공시일

| 구 분 | | 공시기준일 | 공시일 |
|---|---|---|---|
| 개별공시지가 | 원 칙 | 1월 1일 | 5월 31일까지 |
| | 분할, 합병 발생 | 1월 1일 ~ 6월 30일: 7월 1일 | 10월 31일까지 |
| | | 7월 1일 ~ 12월 31일: 1월 1일 | 5월 31일까지 |
| 개별주택가격<br>공동주택가격 | 원 칙 | 1월 1일 | 4월 30일까지 |
| | 분할, 합병,<br>신축 발생 | 1월 1일 ~ 5월 31일: 6월 1일 | 9월 30일까지 |
| | | 6월 1일 ~ 12월 31일: 1월 1일 | 4월 30일까지 |

(3) 적중예상지문

1. 표준지 공시사항에는 건물에 관한 사항(용도, 연면적, 구조, 사용승인일, 임시사용승인일)이 포함되지 않는다.
2. 표준지 또는 표준주택가격 공시사항에는 토지소유자, 건축허가일은 공시되지 않는다.
3. 표준지에 건물 또는 그 밖의 정착물이 있거나 지상권 또는 그 밖의 토지의 사용·수익을 제한하는 권리가 설정되어 있을 때에는 그 정착물 또는 권리가 존재하지 아니하는 것으로 보고 표준지공시지가를 평가하여야 한다.
4. 표준주택, 공동주택에 전세권 또는 그 밖에 단독주택의 사용·수익을 제한하는 권리가 설정되어 있을 때에는 그 권리가 존재하지 아니하는 것으로 보고 적정가격을 산정하여야 한다.
5. 농지전용부담금·개발부담금 등의 부과대상이 아닌 토지와 국세 또는 지방세의 부과대상이 아닌 토지는 개별공시지가를 공시하지 아니한다.
6. 아파트에 해당되는 공동주택은 국세청장이 국토교통부장관과 협의하여 그 공동주택가격을 별도로 결정·고시할 수 있다.
7. 공동주택가격의 공시에는 공동주택의 면적이 포함되며 표준지에 대한 용도지역은 표준지공시지가의 공시사항에 포함된다.

**01** **부동산 가격공시에 관한 법령에 규정된 내용으로 틀린 것은?** [제34회]

① 표준지공시지가는 토지시장에 지가정보를 제공하고 일반적인 토지거래의 지표가 되며, 국가·지방자치단체 등이 그 업무와 관련하여 지가를 산정하거나 감정평가법인등이 개별적으로 토지를 감정평가하는 경우에 기준이 된다.

② 국토교통부장관이 표준지공시지가를 조사·산정할 때에는 「한국부동산원법」에 따른 한국부동산원에게 이를 의뢰하여야 한다.

③ 표준지공시지가에 이의가 있는 자는 그 공시일부터 30일 이내에 서면(전자문서를 포함한다)으로 국토교통부장관에게 이의를 신청할 수 있다.

④ 시장·군수 또는 구청장이 개별공시지가를 결정·공시하는 경우에는 해당 토지와 유사한 이용가치를 지닌다고 인정되는 하나 또는 둘 이상의 표준지의 공시지가를 기준으로 토지가격비준표를 사용하여 지가를 산정하되, 해당 토지의 가격과 표준지공시지가가 균형을 유지하도록 하여야 한다.

⑤ 표준지로 선정된 토지에 대하여는 개별공시지가를 결정·공시하지 아니할 수 있다. 이 경우 표준지로 선정된 토지에 대하여는 해당 토지의 표준지공시지가를 개별공시지가로 본다.

**해설▸** ② 국토교통부장관이 표준지공시지가를 조사·산정할 때에는 업무실적, 신인도 등을 고려하여 둘 이상의 「감정평가 및 감정평가사에 관한 법률」에 따른 감정평가법인등에게 이를 의뢰하여야 한다.

**정답▸** ②

**02** **다음은 부동산 가격공시와 그 활용에 대한 연결이다. 가장 옳은 것은?** [제25회]

① 표준지공시지가 - 국공유재산 사용료, 대부료 산정의 기준

② 개별공시지가 - 일반적 토지거래의 지표, 보상금산정 기준

③ 개별공시지가 - 국세 및 지방세의 기준, 부담금산정 기준

④ 공동주택가격 - 개별주택가격 산정의 기준

⑤ 개별주택가격, 표준주택가격 - 주택시장의 가격정보제공, 과세기준

**해설▸** ① 표준지공시지가 ⇨ 개별공시지가

② 개별공시지가 ⇨ 표준지공시지가

④ 공동주택가격 ⇨ 표준주택가격

⑤ 개별주택가격, 표준주택가격 ⇨ 개별주택가격, 공동주택가격

**정답▸** ③

**03 부동산 가격공시에 관한 법령에 규정된 내용으로 옳은 것은?** [제33회]

① 국토교통부장관이 표준지공시지가를 조사·평가할 때에는 반드시 둘 이상의 감정평가법인등에게 의뢰하여야 한다.

② 표준지공시지가의 공시에는 표준지의 지번, 표준지의 단위면적당 가격, 표준지의 면적 및 형상, 표준지 및 주변토지의 이용상황, 그 밖의 대통령령으로 정하는 사항이 포함되어야 한다.

③ 국토교통부장관은 표준주택에 대하여 매년 공시기준일 현재 적정가격을 조사·산정하고, 시·군·구 부동산가격공시위원회의 심의를 거쳐 이를 공시하여야 한다.

④ 국토교통부장관은 표준주택가격을 조사·산정하고자 할 때에는 감정평가법인등 또는 한국부동산원에 의뢰한다.

⑤ 표준공동주택가격은 개별공동주택가격을 산정하는 경우에 그 기준이 된다.

**해설▸** ① 국토교통부장관이 표준지공시지가를 조사·평가할 때에는 업무실적, 신인도(信認度) 등을 고려하여 둘 이상의 감정평가법인등에게 이를 의뢰하여야 한다. 다만, 지가 변동이 작은 경우 등 대통령령으로 정하는 기준에 해당하는 표준지에 대해서는 하나의 감정평가법인등에 의뢰할 수 있다.

③ 국토교통부장관은 표준주택에 대하여 매년 공시기준일 현재 적정가격을 조사·산정하고, 중앙부동산가격공시위원회의 심의를 거쳐 이를 공시하여야 한다.

④ 국토교통부장관은 표준주택가격을 조사·산정하고자 할 때에는 한국부동산원에 의뢰한다.

⑤ 표준주택가격은 개별주택가격을 산정하는 경우에 그 기준이 된다.

**정답▸** ②

## 04 부동산 가격공시제도에 대한 설명 중 가장 옳은 것은? [제22회]

① 표준지공시지가를 공시할 때 건물면적, 구조 및 사용승인일 등 건물에 대한 사항도 공시한다.

② 공동주택가격은 표준주택가격과 개별주택가격으로 구분하여 공시된다.

③ 개별공시지가에 대하여 이의가 있는 자는 개별공시지가의 결정·공시일부터 60일 이내에 서면으로 국토교통부장관에게 이의를 신청할 수 있다.

④ 개별주택가격은 매년 1월 1일까지 결정·공시된다.

⑤ 표준주택 가격은 국가·지방자치단체 등의 기관이 그 업무와 관련하여 개별주택가격을 산정하는 경우에 그 기준이 된다.

**해설▸** ① 표준지공시지가 ⇨ 표준주택가격
② 공동주택가격 ⇨ 단독주택가격
③ 60일 ⇨ 30일, 국토교통부장관 ⇨ 시장, 군수, 구청장
④ 1월 1일 ⇨ 4월 30일 (1월 1일은 가격기준일)

**정답▸** ⑤

## 05 부동산 가격공시제도에 관한 설명으로 가장 옳은 것은? [2020년 감평]

① 시장, 군수, 구청장은 개별공시지가 및 개별주택가격을 매년 5월 31일까지 공시해야 한다.

② 표준지로 산정된 토지에 대해서는 당해 토지의 공시지가를 개별공시지가로 본다.

③ 표준주택을 선정할 때에는 일반적으로 유사하다고 인정되는 일단의 단독주택 및 공동주택에서 해당 일단의 주택을 대표할 수 있는 주택을 선정하여야 한다.

④ 개별공시지가 및 표준주택의 가격은 국가, 지방자치단체 등의 기관이 조세를 부과할 때 기준이 된다.

⑤ 표준주택가격의 공시에는 표준주택의 지번, 표준주택 가격, 표준주택의 대지면적 및 형상, 표준주택의 용도, 연면적, 구조 및 사용승인일, 건축허가일, 그 밖에 대통령령이 정하는 사항 등이 공시된다.

**해설▸** ① 개별주택가격은 4월 30일까지 공시
③ 표준주택을 선정하는 것은 단독주택 중에서이고, 공동주택의 경우는 따로 표준주택을 선정하지 않는다.
④ 표준주택가격 ⇨ 개별주택가격 또는 공동주택가격
⑤ 사용승인일(임시사용승인일 포함)만 공시되지 건축허가일은 공시되지 않음

**정답▸** ②

**06** **우리나라 부동산 가격공시제도에 관한 설명으로 옳은 것은?** [감평 3회]

① 다가구주택은 공동주택가격의 공시대상이다.
② 개별공시지가의 공시기준일이 6월 1일인 경우도 있다.
③ 표준주택에 그 주택의 사용·수익을 제한하는 권리가 설정되어 있을 때에는 이를 반영하여 적정가격을 산정해야 한다.
④ 국세 또는 지방세 부과대상이 아닌 단독주택은 개별주택가격을 결정·공시하지 아니할 수 있다.
⑤ 표준지공시지가의 공시권자는 시장·군수·구청장이다.

**해설▸** ① 다가구주택은 단독주택가격의 공시대상이다.
② 개별공시지가의 공시기준일이 7월 1일인 경우도 있다.
③ 표준주택, 공동주택에 전세권 또는 그 밖에 단독주택의 사용·수익을 제한하는 권리가 설정되어 있을 때에는 그 권리가 존재하지 아니하는 것으로 보고 적정가격을 산정하여야 한다.
⑤ 표준지공시지가의 공시권자는 국토교통부장관이다.

**정답▸** ④

**07** **부동산 가격공시에 관한 법령상 부동산 가격공시제도에 관한 내용으로 <u>틀린</u> 것은?** [제35회]

① 표준주택으로 선정된 단독주택, 국세 또는 지방세 부과대상이 아닌 단독주택에 대하여는 개별주택가격을 결정·공시하지 아니할 수 있다.
② 표준주택가격은 국가·지방자치단체 등이 그 업무와 관련하여 개별주택가격을 산정하는 경우에 그 기준이 된다.
③ 개별주택가격 및 공동주택가격은 주택시장의 가격정보를 제공하고, 국가·지방자치단체 등이 과세 등의 업무와 관련하여 주택의 가격을 산정하는 경우에 그 기준으로 활용될 수 있다.
④ 개별주택가격에 이의가 있는 자는 그 결정·공시일부터 30일 이내에 서면(전자문서를 포함한다)으로 시장·군수 또는 구청장에게 이의를 신청할 수 있다.
⑤ 시장·군수 또는 구청장은 공시기준일 이후에 토지의 분할·합병이나 건축물의 신축 등이 발생한 경우에는 대통령령으로 정하는 날을 기준으로 하여 공동주택가격을 결정·공시하여야 한다.

**해설▸** ⑤ 공동주택가격을 결정·공시하는 것은 국토교통부장관이다.

**정답▸** ⑤

제36회 공인중개사 시험대비 **전면개정판**

# 2025 박문각 공인중개사

## 송우석 기출문제 1차 부동산학개론

**초판인쇄** | 2025. 1. 5. **초판발행** | 2025. 1. 10. **편저** | 송우석 편저
**발행인** | 박 용 **발행처** | (주)박문각출판 **등록** | 2015년 4월 29일 제2019-000137호
**주소** | 06654 서울시 서초구 효령로 283 서경빌딩 4층 **팩스** | (02)584-2927
**전화** | 교재 주문 (02)6466-7202, 동영상문의 (02)6466-7201

저자와의
협의하에
인지생략



정가 23,000원
ISBN 979-11-7262-487-3